batterien

karl kollmann
bernd mattheus

briefe über die sprache

matthes & seitz verlag
münchen

alle rechte vorbehalten. © matthes & seitz verlag gmbh, dietlindenstraße 14, 8000 münchen 40. umschlagentwurf von edith klupsch. gesamtherstellung: kösel, kempten. printed in germany. isbn 3 88221 204 7

inhalt

karl kollmann/bernd mattheus: briefe über die sprache 7
karl kollmann: sozusagen als nachbemerkung 116

anhang

bernd mattheus: briefe an horst lummert 123
jede wahre sprache ist unverständlich 137
impotenz als tugend 144
thomas bernhard spielt sich selbst oder der dichter
als autobiograph 148
fragmentarisches über peter rosei 155
rolf dieter brinkmann ist tot 158
anmerkung zu »der körper ist der körper« 163
notizen 166
nachweise 212

(kassel 25./26. 1. 1975)

lieber karl,

die idee der publikation der briefe solltest du nicht wörtlich nehmen: es wäre nur eine möglichkeit – für uns alle – zur selbstkritik. auf die studie* bezogen wären die briefe inhaltlich unergiebig. –
[...] und fast jeder wehrt sich gegen die konzeptionelle freiheit, die ich jedem gewähren will. ich verstehe nicht, wieso lektoratswillkür und herausgeberische autorität überhaupt noch gewünscht werden können.
ich meine, mit der kopierten einladung »wahn und sprache/a. artaud«, ist alles gesagt und der rest ist die mehr oder weniger große artaudunkenntnis und der mehr oder weniger ausgeprägte sprachtheoretische hintergrund, der meine thesen abstützen kann.
in aller naivität war ich auch der ansicht, daß jeder irgendwelche kommunale kontakte pflegt, die dem projekt zum start und zur ausführung verhelfen können. offensichtlich existieren wir in einem sozialen vacuum – aber das geht mir nicht anders.
ich hatte auch daran gedacht, daß jeder seinen individuellen brief gleichzeitig an alle beteiligten verschickt und somit mehr kommunikation und information erzeugt; aber im jetzigen stadium ist das zu spät.
bisher konnte ich nur f. muller (steinsel/lux.), der **quartal** herausgibt, für das projekt interessieren. d. h. ich kann ihm lediglich die texte schicken und seine entscheidung abwarten.
ich habe deinen beitrag hier, meinen (oh!) und den von imhoff. reimar ist wieder nach dortmund (alte adresse) gezogen und deshalb anderweitig ziemlich engagiert, so daß sich sein beitrag verzögern wird. ich warte jetzt noch auf stalter und ploog.
imhoff hat ganz konsequent im stil von **pyrrho** reagiert und eine seite mit buchstabenfragmenten geschickt. er könne arto nicht in meinem sinn problematisieren, ihn allenfalls fortsetzen, vernichten.
woran soll ich nun deinen text messen, welchen maßstab anlegen? zudem ist es schwieriger, im positiven sinn etwas zu sagen als umgekehrt.
richtig ist, daß der künstler narrenfreiheit genießt – ja gefördert wird – denn er tut ja keinem weh.
allerdings muß man da differenzieren: wenn heute einer das macht, was nitsch vor 10 jahren gemacht hat, muß er immer noch mit der reaktion der rechten rechnen und dem ›einschreiten‹ der staatswichtel.
arto postulierte, daß er seines körpers und also auch seiner sprache beraubt sei und er folglich nur die marionette des demiurg sei, die das

---

* es handelt sich hier um die textsammlung *artaud oder der andere atem*. vgl. *kuckuck* 12 (sommer 1976) und 13–14 (april 1977).

soufflierte von sich geben muß. deshalb sein mißtrauen der rationalen, diskursiven sprache gegenüber, der er sich – seit seiner internierung – kaum noch bedient.
er zertrümmert die sprache und gebraucht sie unter klanglich-rhythmischen gesichtspunkten – wie er es im ›theater und sein double‹ gefordert hatte. artaud verkörpert das theater der grausamkeit: er schreit und grimassiert während seiner vorträge, er spielt sich selbst.
wir sind uns, glaube ich, darüber einig, daß eine formale änderung des geschriebenen – die als stil in die annalen der literaturgeschichte eingehen wird – nichts bewirkt. wenngleich auch die surrealisten – und die sind bisher unübertroffen – die richtung angedeutet haben: einerseits automatisches schreiben und simulationsversuche in schizophasien, andererseits der aufruf zur aktion (rehabilitierung der geisteskranken etc.). insofern beurteile ich die aktionen von baader/meinhof als praktizierten surrealismus. insofern doubelt das leben das theater. und wo anders sehen wir praktizierte alternativen als in den (staats-) gefängnissen, den irrenanstalten? wer bricht mit der norm, wenn nicht der junkie, der säufer, der wahnsinnige?
nur sind jene auch wieder relativ ungefährlich: als an der wirklichkeit irr gewordene – werden sie entdeckt und konfiniert. ließe sich aber nicht ein bewußt sich-schizophren-gebender denken, der – als der wirklich intelligente – unentdeckt bleibt, der wahn evoziert, wo es angebracht ist und eine eierhandgranate wirft, wenn die gelegenheit günstig ist?
ich lache über die freiwillig geschaffenen ghettos einer subkultur, die für diesen luxus ihrer lebensweise von den kleinbürgern ausgebeutet wird, ebenso über den illusionismus der sich als engagiert verstehenden, die eine klasse befreien wollen, die diese befreiung gar nicht anstrebt.*
das widerlichste ist aber die missionarisch wirkende haltung jener, die – unvorbereitet, mit ihrem rucksack voll theorie – fortlaufend prügel einstecken, um sich ihren freiraum zu erhalten. nein, ein ›typischer‹ kapitalist ist weniger vom anarchisten entfernt als die kleinbürgerlichen intellektuellen, die sich als städter nur mittels kunst/filosofie/politik/religion etc. vom suizid oder vom terror ablenken und diese ihre wünsche verdrängen ... während sie sich nach dem dasein des agrariers sehnen, der auf die erde starrt und darauf wartet, daß dort etwas herauskommt.

* prospektive behauptung. ich denke vor allem an die theoretiker der praxis, an die neuen ökonomen, welche – sollten sie sich aus der bourgeoisie rekrutieren – im namen sozialer errungenschaften der kultur den grauton eines arbeitslagers verschaffen werden. jede massen-kultur regredierte immer schon unversehens zum guten/alten/schönen, zu natur und natürlichkeit; reterritorialisierungsversuch (siehe bretons surrealismus), der sich beim auftreten des die tugend reinstallierenden puritanismus zu erkennen gibt, spätestens dann, wenn er sich der mittel der diffamierung und des terrors bedient. kurz, ich bedaure den eifer und die naivität, mit welcher sich die unzufriedenen der überidentifikation mit einer gruppe ergeben (19-4-77).

und ich selbst kann mir nur noch eine existenz gegen die gesellschaft vorstellen, eingedenk aller konsequenzen, der letzten konsequenz. was also mit der sprache anfangen, soll sie nichtaffirmativ sein. wir könnten wenigstens [...] die normbildenden mechanismen analysieren ... zeigen, daß die sprache es ist, die repressalien ermöglicht und verhindert, daß unser ›bewußtsein‹ mehr als der abklatsch der sanktionierten wirklichkeit ist. daß die medien diese bestrebungen nicht auf die dauer unterschlagen oder ignorieren können, zeichnet sich seit geraumer zeit ab.

vom sprachlichen her gefällt mir dein text ... er ist nicht so essayistisch, so intellektuell-salbadernd. ich hatte selbst auch an so etwas wie ein artaud-interview gedacht. aber es ist unverantwortlich, dich dazu zu ermutigen, denn ich kann nicht garantieren, daß die studie je erscheinen wird.

vielleicht ist dieser punkt auch nicht der wichtigste; ich meine, der lernprozeß während der arbeit ist der eigentliche gewinn.

25-1-75

um es besser zu formulieren: gemeint sind aktionen, für die den wichteln die begriffe fehlen, die paragrafen fehlen und die unter akutem definitionsmangel leiden. die einzige chance, der kybernetik in gestalt von therapie und strafvollzug zu entkommen. daß diese möglichen strategien nicht decodiert werden sollten – da gebe ich dir recht.
die bedeutung eines wortes sei bestimmt durch sein assoziationsmuster. mit hilfe empirisch ermittelter standards (wie häufig tritt eine bestimmte assoziation im zusammenhang mit einem reizwort auf) läßt sich die normative von der deviierenden sprache scheiden, d. h. die semantisch von diesem muster abweichende sprache geht als anomalie ins aus und ihr sprecher in die anstalt.
kennen wir jetzt den spracherwerb und damit die denk- und bewußtseins-erziehung, können wir selbst unsere träume – für freud wohl der gipfel des unbewußten – nicht mehr unser eigen nennen. jedes bestreben, das bewußtsein und seine einschränkungen – die sprachlicher genese sind – zu analysieren, stößt auf die schwierigkeit, mit eben dieser sprache sprache überführen zu wollen. rein theoretisch muß ich dazu »sprache« und sprache, eine metasprache, zur verfügung haben. das problem erinnert an das bekannte beispiel des satzes: ich lüge. (wie hilflos wir eigentlich sind, zeigt sich, wenn wir erfahrungen von der anderen seite des bewußtseins verbalisieren wollen: ob nun durch drogen induziert oder nicht – wir gehen unvorbereitet in die irre.)
manch einer gibt sich allerdings schon mit neuen schreibtechniken oder der erweiterung der bedeutung von worten/begriffen ... der zerstörung der werthierarchie, mit denen jene beladen sind, zufrieden.
warum sage ich das? wenn nicht eine bestimmte klasse, sondern die

sprache selbst subjekt der herrschaft ist, bin ich in der lage, auch unsere
A. A. studie realistisch einzuschätzen. [...]
26-1-75

(linz 25. 2. 1975)

lieber bernd,

entschuldige bitte, daß ich deinen brief längere zeit unbeantwortet ließ. der tod eines menschen bringt auch kommunikative zäsuren. (es ist dann relativ einfach, das so auszudrücken.) hatte mit ploog versucht, über den artaud'schen hintergrund zu reflektieren, aber der briefliche weg erwies sich als zu lang. nun, ich meine, um die beobachtungen die ich gemacht habe zu verschärfen, daß heute jeder aktionismus wohl wünschenswert ist, der einzelne sich allerdings dazu nicht durchringen kann: der »praktizierte surrealismus«, wie du es genannt hast, wird nur in lapidaren aktivitäten weniger greifbar, sonst bleiben denkversuche. das ist das einzige, was noch geht. arp, tzara, das ging nach 1920 noch, da dort potential da war (das sich in einem nur zu leeren raum verpufft hat), breton und artaud mitgemeint. aber heute tanzen wir ins leere. die konzeption einer nichtaffirmativen sprache endet in der konkreten poesie (und ähnlich cut up) und läuft sich hier methodisch tot: in der form, sie bleibt langfristig konstant. auch weibel quatscht nur über die form, was video-art alles sein könne; ich habe solche experimente gemacht, vor zwei jahren: spielerei mit apparaten, es wird schnell gaghaft.
ich meinte das mit initiierter und verbreiteter dementia praecox ernst, ich würde eine irrsinnige welt begrüßen, geisteskranke bewohner, mit allen klinischen anzeichen. abgesehen davon, daß eine sublimierte art von irrsein heute allgemein festzustellen ist und das individuum sowieso psychosomatisch verseucht, krank ist. aber das hindert nichts an seiner funktionalität. tatsächlich irrsinnige wären schlecht funktionabel. wie aber sie dazu bringen? die versuche dazu wären auch immens gefährdet: selbst im irrenhaus eliminiert zu werden. schreiben – als ausweg – um fixpunkte für sich zu haben – stationen des denkens, zwangsaufenthalte. ich denke nicht, daß das schreiben deswegen vor sich geht, weil einer den andern nicht doubeln könnte. was wären schon worte. inhaltsbeschreibungen, wie wir sie im deutschunterricht der ersten gymnasialklassen gelernt haben, sind letztlich die basis der arabesken. wo geschriebenes in existentielles übergeht. der satz unmittelbar erfahren wird.
deine bemerkungen zur subkultur finde ich zutreffend: das gerede –

stolz und pueril – daß dieses und dort subcultur sei usw. (inclusive persönlicher konsequenzen), hat mehr geschadet als genützt: die selbstghettoisierung hat die leute – und uns auch – von den rändern der gesellschaft abgeriegelt und das scheinparadies tatsächlich voll in das integrationszentrum dieser gesellschaft gerückt. freiräume, spielereien die keine mehr sind. zudem hat jene die denkversuche verhindert: die meisten protagonisten der subkultur denken ja nicht, sondern agieren taumelnd vor sich hin, naive handwerkelei, gefälligkeitsphraseologie. ähnlich der mystizismus, der über drogen betrieben wurde. angekränkeltes bewußtsein sucht sich halt an miniaturexzerpeten fernöstlicher prägung. formeln, die sich adaptieren lassen und so nichts bedeuten. schließlich eine korpulente mischung aller möglichen phrasen, aus zutaten einen kuchen würzen, microbiotik & zen, bißchen psychologie & metaphysischen überriß, bunte vergagte pop-bildchen + der zugehörigen seichten musik + schleife im haar & eine kleine zeitung oder ein paar infantile gedichte oder nachgeahmte poesie. – konkrete poesie wäre unmittelbar auf unbewältigte motorik rückzuführen, damit hat sich das, was jeweils mehr wäre: das potential, das hinter allen einzelnen bewegungen und bereichen steckt, verhöhnen lassen. eigentlich war subkultur immer. tatsächlich war sie nie, fantasiegespinst von ein paar linken brüdern, wir sind alle drauf reingefallen.
ja – konfuse notizen, ich bin noch nicht recht hoch. das wetter hier ist auch nicht richtig, seit mehr als einem monat heiß, wie im spätfrühling. hoffe wieder bald von dir zu hören.
das beste von hier /karl

(kassel 26. 5. 1975)

lieber karl: die nicht-affirmative literatur endet und ermüdet und erschöpft sich in der konkreten poesie, lautet dein resümee. ich könnte den faden weiterspinnen und konstatieren: die antibürgerliche (studentische) erhebung endet in wohngemeinschaften, in der selbstghettoisierung ... die sexuelle revolte etabliert die promiskuität und wiederum ghettos für sexuell deviante ... die zielsetzung der psychiatrie ist trotz laing, trotz cooper und berke keine andere als zu zeiten sigmunds geworden ... die kritische paranoia dalís schlug um in zynische dollarphilie ... nitsch's hedonismus muß sich zunehmend gegen den faschismusverdacht verteidigen ... der aktionismus, einst aggressiv, hält sich in der kompatiblen form der performance künstlich am leben. diese partiellen normverletzungen verweisen deutlich auf diejenigen, die sie angestrengt, thematisiert, analysiert, propagiert etc. haben: die mehr oder weniger institutionell organisierten intellektuellen, welche eine entgrenzung fordern, ohne sie selbst zu vollziehen. ich meine die subversion des zu verändernden gegebenen bis zu einem punkt, über den hinaus die eigene existenz gefährdet wäre.

die eigentliche, ja wesentlichste einschränkung des akademischen potentials ist aber seine ideologische fixierung. nicht zu sprechen von ginsberg, kerouac, burroughs und deren gefolge: noch nie war es leichter, sich mit einem stück literatur zu identifizieren.

sicherlich ist die negation eine geniale geste und kein born der verantwortlichkeit. nur ist die verbale kraftmeierei jener, an deren fersen sich die avantgarde hängt, völlig unangebracht ... zeigt es sich doch, daß die, welche am meisten von der abweichung sprechen, auch am meisten gegen sie einzuwenden haben.

von der unzulänglichkeit und bescheidenheit burroughs'scher sprachbanalysen einmal abgesehen, gilt der satz, daß jede subversion der sprache (mittels sprache) ihrer aufwertung gleichkommt.

wenn die grenzen meiner welt, meines bewußtseins durch die sprache abgesteckt sind, muß eine mögliche dekonditionierung/ent-adjustierung des bewußtseins entgrenzung, transgression heißen.

daß die funktion der kommunikation gestört werde, daß die identifikationen abgebaut werden, dazu bedarf es einer flucht aus dem jeweiligen genre (z. b. kunst und literatur). science-fiction tritt an die stelle der tagesnachrichten, forschungsberichte nehmen den platz der belletristik ein usw.

sofern die kommunikation die wahrnehmung steuert und die kognitiven fähigkeiten determiniert, muß *ich* die kommunikation unter kontrolle bringen. das könnte analog dem obigen beispiel geschehen, durch einen bruch mit dem guten ton, durch nicht-diskursiven sprachgebrauch. den dialog in die richtung drängen, die *mir* genehm ist und – sobald sich der partner darauf eingestellt hat – sofort eine andere richtung einschlagen. sich auf keine terminologie einlassen, sondern eine konträre wählen ... neue begriffe erfinden ... fiktive theorien als bekannte ausgeben und ins spiel bringen usf.

universumstulp nenne ich den prozeß der emanzipation von sinn und vernunft. was nichts mit der semantischen abweichung der im fache der poesie dilettierenden linguisten zu tun hat. distanz auch zu einem neuen irrationalismus oder zu einer variante der bewußtseinserweiterung, die bisher nur eine schmerzlosere anpassung ermöglicht hat.

ich meine dagegen die fähigkeit, privatsprachen zu entwickeln, die zwar (gegenüber den sprachbürgern) verständigung ausschließen, aber authentizität (als ausdrucksmittel) und synästhesie des erlebens (als apperzeptionsmittel) gewährleisten.

(ich gehe davon aus, daß uns eine außersprachliche perzeption nicht möglich ist. ebensowenig wie das denken meinem willen untersteht, ist doch sein ausdruck in jedem fall sprache.)

außerdem schließt dieser prozeß die aufgabe des ich-ideals, der individualität ein.
bekanntlich werden privatsprachen und depersonalisationsphänomene als schizofrenie bestraft.
die strategie des bewußt-verrückt-seins ist weder reduktion des intellekts noch eine art von regression.
die transgression, schreibt bataille, überschreitet die norm, ohne sie zu destruieren.
der universumstulp kann nur erreicht werden, wenn die abweichung, besser: das abweichende ins gegebene integriert werden kann: opportunismus also.
entitäten nicht abschaffen, sondern eine vielzahl von neuen eigenen erzeugen, so daß der begriff entität ungültig wird. der kampf, der einer externen herrschaft gilt, scheitert nicht allein daran, daß seine strategien bekannt sind und er also interpretierbar ist: er verfehlt den sitz der herrschaft, der im bewußtsein zu suchen ist.
daß ich nicht von der anderen sprache mit der kommunikativen sprache sprechen/schreiben kann, liegt daran, daß ich mich nur über die sprache selbst verständigen kann, nicht aber über das ›außen‹, das die sprache übersteigt.
dieses handikap wäre ein argument, mit dem schreiben aufzuhören, denn man hat nichts zu sagen. andererseits ist es anlaß dazu, diese bedingtheit und relative unfähigkeit zu artikulieren und sich nach etwas anderem umzusehen.
alles gute: /martial

(linz 21. 6. 1975)

lieber bernd,

der surrealen form wäre stets auch was expressionistisches entgegenzuhalten: dort wo es um das **leiden**, psychische und physische deformation geht; fragt sich nur, ob ein mit napalm flambiertes kind schon wieder appetitlich wirkt. das nur peripher, obschon das überlappte unmittelbar ins zentrum geht. später ...
die dinge, die du im letzten brief angeschnitten hast, geben den zusammenhalt; dalí, kerouac, burroughs, laing: vor allem symptome – ich teile gern deine bemerkungen über burroughs ... er ist und bleibt ein verbaler gaukler ... aber als symptom wartet er auf seinen ort: typisch für ihn der reinfall auf ein paar hygienische floskeln der allerweltspsychologie. eine fliege, die sich im netz, das sie für die allgemeine welt hält, verfängt. zur infragestellung reicht es ihm nicht, weil er sie nicht

kennt, die fragen, die zu stellen wären. erinnern wir uns an marcuse. wer hat ihn verstanden ... die einwände: undeutlich gehörte sekundärliteratur und ein bißchen linksdogmatischer schwachsinn. burroughs würde marcuse nicht verstehen können, genausowenig wie er an den europäischen universitäten verstanden werden könnte. darum seine fehler. nenne es konnotatives potential oder historische annullierung. (klar, daß eine vernamentlichung eine verdinglichung ist, darum hier als abkürzung verstanden, ich weiß, daß du den symbolischen charakter von namen aufschlägst.) warum ich das beispielsweise angeführt habe? ich verstehe kunst, philosophie, gesellschaftspolitische theoreme, psychologische füllsel, träume, vokabeln und unsere ängste als gesamtphänomen; jede differenzierung geht details auf den leim, bleibt am ornamentalen hängen. jede agitation – ausgenommen der bewußt angezielte praktizierte ›irrsinn‹ – ist nur partial möglich: fragmentarisch – sie hätte sich deshalb synchron mit einer denkgestalt zu kontrollieren, die dieses partiale ins total einführt. fraglich ob das (heute?) möglich ist. scheint nicht ...
du schreibst, unser (je vereinzelter?) wille ist heteronomes kalkül. der reflex, der das konstatiert, auch?
exemplarisch: der selbst›mord‹, das freiwillige ende. ist es nicht autonomer wille, dem individuellen leiden ein ende zu machen? wahrscheinlich nicht, wenn der impuls dahingeht, sich zu destruieren, statt die ›landschaft‹ rundum, die das leiden verursacht. also ein ökonomisches und stabilisierendes kalkül. auf der anderen seite fiele der ›terror aus notwehr‹ jenem introjezierten suicidverbot in die falle ... wendet, um das ›über-ich gebot‹ der nicht-selbstdestruktion zu erfüllen, die patterns zwar deviant, aber kulturell normiert (fest in der hand) gegen ein paar drittklassige protagonisten. hier geht eine (krass vereinfacht) dialektik leer, verharscht sich – aber das denken, das dieses leergchen feststellt, ist noch am relativ autonomsten vom epochalen logikzwang, vom zeitgeist. es kontrolliert und weist nur das kritisierte als fehlschlag aus, sperrt sich gegen das heteronome, indem es sich als (nur mehr) denken hält und erhält. und das ist auch die einzig mögliche kritik. aber selbst diese wird zurückweisbar, wenn das radikale denken postuliert, daß jene kritik an ihm beweisen soll, daß dieses denken falsifizierbar sei: damit aufgehoben werde, vielleicht fortgetragen in eine bessere ›landschaft‹.
jedenfalls – so sieht es aus – klafft zwischen radikaler agitation und radikalem denken eine ziemlich unüberbrückbare kluft: jede aktivität ist affirmierend, letztlich suggeriert, dem ganzen dienlich. und das denken? es bewahrt sich kasteiisch autonomie. und der wille zur autonomie ist – sieht man davon ab, daß diese kulturell-historische gewordenheit (als insgesamt negative) ein ihre süßlichkeit negierendes denken ((sozusagen als ›bedingung der möglichkeit‹)) ›bedingt‹ – autonom (vom ge-

horsamszwang) ... tickets in den abstellraum ... läßt sich ›wahnsinn‹ als agitatorisches moment anwenden? zuerst: soll das zynische spiel mit dem a-normierten nicht eine art tripseligkeit für stunden oder wochenenden ausarten, muß sich eine a-normierte verfassung totalisieren – es gibt dann nur den wahnsinn oder es gibt ihn nicht – ist aber damit der sich entnormierende einzelne nicht vollends der norm unterworfen ... d. h. er kann sie (die kontrolle) vermittels ihrer eigenen (zwangs)logik nicht mehr erfassen, analysieren, sozusagen ›immanent‹ das blatt aufdecken. macht die subjektive »wohltat« (wie es die gräfin in thomas mann's königlicher hoheit nennt – zumindest in der verfilmung, die ich kürzlich per zufall mit ansah) das individuum nicht zum spielball einer unkontrollierbaren aber stahlharten objektivität ((die zwangsrealität ist zweifellos objektiv)). ist a-normiertheit dann nicht irreversible, autonom (mit vorbehalt siehe ff.) gewählte heteronomie, als bedingte verweigerung; bedingt vom realen, dem das subjekt als einzig erkennbare alternative seinen widerstand entgegensetzt. statt selbstmord, das zimmer in den ›sanatorien‹. solcherart ist autonomie (wie vorhin) jedenfalls nicht mehr als wahlfreiheit (zwischen vorgegebenem, möglichem, gestattetem). faschistisches kolorit scheint der (fiktive?) vorschlag zu bekommen, der andere in die anormität schicken will, sich aber der kontrolle wegen in jeglicher distanz hält. aber müßte man nicht ein korruptes kontinuum mit seiner eigenen strategie schlagen, destruieren: ein modifizierbares beispiel: stoff in die wasserleitung, wenn alle süchtig sind, werden sie umgedreht. aus dem alten gewand herausschälen ... im konsumierbaren bereich, der mittlerweile ohnedies alles umfaßt, läufts ähnlich: mechanisierungstendenzen der perzeption usw. ... bislang noch zu einer fixeren kontrolle, aber machbar ist und wäre schon vieles. übrigens wäre eine burroughs'sche taktik analog. die wege sind ähnlich, fragt sich, ob sie alle in eine affirmative richtung führen ... ohne exzentrische kontrolle sicher ... das denken, wie vorhin erwähnt, verhält sich autonom (und damit abgeriegelt). autonom ist nur die qualität der befragung eines gegenstandes; das produkt – nicht die weise. begrifflich bleibt sprache suggestiv (und das denken denkt ja, wie du im brief schriebst, in der sprache), der einzelne hat sich ihr immer schon unterworfen: nur als unterworfenem ist ihm die diagnose der unterworfenheit möglich. insofern ist das zwanghafte (die unterwerfung) verbindlich, mit ihren eigenen kommunikativen mitteln (sozusagen umgedreht) verbindlich mitteilbar. eine schilderung des leidens objektiviert sie und fordert implizit (zumindest) das aufhören des leidens. zudem ist leid unvermittelt – aus ihm selbst fordert es die beendigung dieses zustands. werden entitäten ›nihiliert‹, so heißt das, daß diese langfristige anthropologisch-soziale konstante (das leiden, der physische schmerz) unverbindlich wird. eine privatsprache, die nach subjektivem, je individuell

differentem gutdünken operiert, vervollständigt nur einen – sich ausbreitenden – prozeß: subjektivierung von vernunft, reduktion ihrer vermittlung: sprache und denken nimmt vollends die warenform an ...
da die warenform eine, heute die kommunikationsform ist, bleibt für ein denken oder streben, das sich beim bestehenden nicht bescheiden kann, kein kriterium von objektivität übrig, auf das sich berufen läßt. mit anderen worten wird ein ›anspruch‹ allgemeingültig: wenn du leidest, bist du selbst dran schuld! der scheinpluralismus läßt sodann platz für bevorzugte verhaltensmuster. (dahin geht die gesamtkulturelle tendenz, wohlgemerkt, heute ist es noch nicht soweit, aber ansätze sind schon bemerkbar, daß es dazu kommt.)
die beschäftigung – in destruktiver (weit begriffen) absicht – mit der sprache und den aus ihr entspringenden strukturen ist zentral, da einzig das geblieben ist ... malerei existiert heute nur mehr als kunstgewerbe, wie wohl die meiste belletristik, obschon diese nicht vollständig – ich meine die paar versuche, die ohne zweifelhafte deckinteressen unternommen werden, vielmehr aus dem grund, jenes zweifelhafte zu verlassen, es zu touchieren.
gerade hierbei ist eines zu beachten: monologisch läßt sich nur farbiges vorgaukeln: der impuls resultiert aus dem aufbrechen der monade. fernwirkung. unternehmungen für die schublade haben ›perversen‹ anstrich: sie verhärten meine situation bloß, um letztlich daran zugrunde zu gehen. aus der erfahrung, mit der tödlichen tragödie schluß zu machen (die etliche tausend jahre vermutlich schon läuft), resultiert im weitesten sinne selbstmord oder aufklärung (was durchaus initiierung von destruktiven prozessen bedeuten kann, um platz für besseres zu machen). aber – gibt's überhaupt hoffnung auf besseres? ich glaube, nicht mehr. verlassen wir den microgeistigen rahmen und blenden auf, auf das planetarische geschehen: ökologische vernichtung, im produzierten chemismus ist der tödliche ausgang schon angelegt. möglich, daß in dreißig jahren menschliches leben ausgerottet ist (ohne an abc waffen zu denken), oder zumindest sich am boden windet und auf das gattungsgeschichtliche ende zu krepiert, vor schmerzen und schäden ...
ohne hoffnung. agitation jedweder art ist sinnlos, macht sie vorerst nicht radikal schluß mit der verseuchung des planeten. da das auch nicht möglich ist – die suggestiven und sensiblen vorgänge aus der waren- und sozialstruktur verhindern dies, bleibt die zynische dokumentation des geschehens, zuschauer beim gattungsselbstmord zu sein. und daran beteiligt zu sein. in welcher form auch immer. klar, daß eine mögliche mutation der gattung drin wäre, sozusagen eine ungewollt produzierte (durch veränderung der lebenswelt und deren rückwirkung aufs individuum) brechung auch der psychischen struktur. das gälte es zynisch, beim eigenen zugrundegehen, abzuwarten ...
sonst, aus dem entschwinden jeder hoffnung auf wünschenswertere um-

stände, bleibt der rückzug ins private. sich vor der katastrophe zurückziehen – scheinhalber, vorderhand, sie verdrängen: dieser langfristigen konstante, die hoffnung heißt, nachgeben. insofern die affirmativität des universumstulp. solcherart wird der, oder ein zunehmender rückzug ins subjektiv unverbindliche ausgenützt, um das prinzip hoffnung weiter zu nähren.
es sollte aber destruiert werden. nicht nur verbal. beispielsweise scheint mir in der neueren musik, etwa webern als ausgangspunkt, das ans licht bringbar. mit ein grund, warum sie von den wenigsten gehört werden mag, dürfte in ihrer verzweiflung, im emotional hoffnungslosen charakter zu suchen sein. aldous huxley – nur als beispiel – schreibt in den pforten der wahrnehmung von der »zwölfton-seelenqual« ... bezeichnet die ablehnung des desillusionierenden nicht den ansatzpunkt, eine empfindliche stelle der physiognomie des grauenhaften. – und möglicherweise auch gerade die ablehnung dieses elements. keine strategie, nur der verdacht, daß es nicht schaden könne, in den lametta des makabren etwas sperriges, hoffnungsloses, verzweifeltes einsickern zu lassen: nicht hoffnungslos das hoffnungslose auszustellen, sondern zynisch es zu injizieren ...
jedenfalls vorerst eine möglichkeit, die das denken – die sprache – nicht wahrhaben will, aber begreifen kann. verlassen können wir das kontinuum ohnedies nicht, der traum, sich vom planeten abzuschießen, bleibt wunschvorstellung, vor dem ende unrealisierbar ... wir sind aufs denken angewiesen. auf den grenzen beharrend ... chancenlos ... (träume als sentimentale ausflucht, irgendwo ein bißchen, eine spur mensch zu sein, das zu sein, was man sein könnte) ... bleiben fahrige wischer am papier und der gewöhnliche schrecken, der mittlerweile auch schon zur phrase zu werden droht. tatsächlich gälte es, seine negativität zu bewahren, zu was anderem sind wir nicht – nicht fähig, nur nicht imstande.
das beste von hier   /karl

ps ... es wäre tatsächlich zu überlegen, ob die etablierte literatur nicht mit reflexiver zu konfrontieren wäre ... der naiven literatur der arbeitswelt theorie entgegenstellen und der etablierten theorie (postreflexive) literatur ... vorerst (um die persönliche erfahrung zu kompromittieren) in diesen zwei bereichen synchron aber ›umgedreht‹ verkehren. bspw. walter benjamin umkehren – ›lyrik‹ statt theorie, ›philosophie‹ statt archaischer prosa.

(kassel 26. 6. 1975)

lieber karl,
selbstverständlich ist der reflex, der konstatiert, daß es weder souveränität des denkens noch des willens gibt, auch heteronomes kalkül – wie du es nennst. das heißt, daß ich erkenne, indem ich unsere sprache auf das unbekannte projiziere. den verlust des willens reklamierte ja auch arto, der nicht nur in diesem punkt in die nähe nietzsches rückt.
mit recht behauptest du, daß die wahnsinnigen (in den anstalten) zwar bewußtseinsmäßig emanzipiert, aber entmündigt sind.
aus diesem grunde habe ich nicht dazu aufgerufen, daß man schizofren werden, sondern das bewußtsein eines schizos erlangen müsse. zur unterscheidung von der lokalisierbaren geisteskrankheit, die ja keine ist, nannte ich diesen prozeß universumstulp.
gemeint ist der intelligente schizo, der opportunistisch genug ist, um der konfinierung zu entgehen, aber den wahnsinn gegen sinn und vernunft ausspielt.
ich denke nicht daran, die staatswichtel per drogen in den wahn zu schicken! voraussetzung ist der wahnwille, und dieser mutant wird bewußt seine ›krankheit‹ als waffe gebrauchen können.
daß eine rehabilitierung der schizos beispielsweise durch eine (noch zu gründende) gewerkschaft nicht nur zweifelhaft ist, sondern ins gegenteil umschlagen kann, leuchtet ein.
wenn du von der irreversibilität der expedition in den wahn sprichst, drückst du deine angst vor dieser unternehmung aus. geisteskrankheit und heilanstalten halten aber, so ähnlich formulierte es wiener, ihre schrecken nur für den bereit, der seine zwecke unwiderruflich an der kommunikation geeicht hat.
wie die privatsprache zur ware wird ... da kann ich dir nicht ganz folgen (nicht verstehen wäre schon das charakteristikum von privatsprachen). ich fasse sie eher als erweiterung (des sinnhorizonts), als autokommunikation auf, denn *ich* will ja einen zugewinn und nicht, mich in erster linie (verständlich) über etwas verständigen, das schon längst geklärt ist.
arto schrieb von einer privatsprache, die für sich genommen gültig sei; diese müsse der angst entspringen, der angst als begleiterin des schmerzes. jetzt ist aber gerade der schmerz ohne die sprachrelation nicht vorstellbar. meine, nicht anders als etwas negatives, als indikator für eine krankheit. die einzig ihm (dem schmerz) gemäße sprache ist der schrei, ist das grimassieren: könnte aber ein unbefangener beobachter beides nicht als lustbekundungen auffassen?
du schreibst vom zynischen gebrauch der verzweiflung.
unwillkürlich assoziiere ich mit dem auftauchen der worte hoffnungslosigkeit etc. depression, neurose.

angesichts des drangs zur selbstannullierung bei jenen ist jede kritik unangebracht. dem suizid-kandidaten ist eine besondere logik eigen: hält er doch diesen akt für den einzig souveränen, der ihm gestattet ist.
allein die überlegung, daß es das kollektive bewußtsein der gesellschaft ist (so a. a.), die den einzelnen zu dieser lösung (anstelle von euthanasie) drängt, hat mich davor bewahrt, ihr zu verfallen. wenn du so willst, sind die ›gespräche mit k.‹ ein protokoll dieses zustands, in dem ich – höchst unvollkommen zwar – den wahnsinn als mögliche zelle des widerstands beschreibe.
der staat verwechselt sehr wohl demenz nicht mit schizofrenie und läßt diejenigen unbehelligt, die sich eine neurose leisten oder per psychopharmaka normalität simulieren, weil sie bei der stange, funktionabel bleiben ...
herzlichst: bm

ps: meinst du nicht, daß wir deinen letzten brief, als appendix deines theoretischen textes, in die arto-geschichte mit hineinnehmen sollten? [...]
solltest du einmal in der nähe von k. sein, würde ich dich gern hier sehen.

(linz 3. 8. 1975)

lieber bernd:
inzwischen liegt dein essay im ›kuckuck‹ vor mir am tisch und dann dein letzter brief. ich hatte mir schon ein bandgerät gerichtet, dann aber doch die maschine hergenommen, weil ich mir nicht sicher bin, ob du das band abhören könntest.
ja – flucht in den kommunikativen akt, wenn die realität sonst nichts mehr trägt, und hier nicht nur der gedanke, daß die intuition die sperren, diffus geahnten schranken auflösen könnte; was ja die essenz jeder form ›automatischen schreibens‹ wäre ... sozusagen im automatismus, bei unterdrückter ratio, gegen den anderen (nur anders gedachten?) automatismus der lebenswelt angehen wollen.
du schreibst, daß ich nach einem realisierbaren modell zu suchen scheine ... wäre die ausdrückliche methodenlosigkeit nicht konsequent auch eine methode? .. ein gegensatz bleibt immer dem verbunden, dessen gegensatz er ist, das ihn erst dazu macht. das ist ein faktum, das einer linearen, eindimensionalen ratio entkommt. über dieser gibt es jedoch noch – vorläufig und kürzelhaft gesprochen – jene vernunft, die (wir) als negative (bezeichnen können), weil sie wesentlich verneint, nichts invariantes gelten läßt. (hier liegt übrigens der angelpunkt einer kritischen gesellschaftstheoretischen reflexion; wenn alles variant ist, gibt es

keinen anhaltspunkt, keinen beweis, daß ein glücklicheres dasein notwendig und vordringlichst ist: weil sich die voll fungible zweite natur des menschen vollständig über die physische – in anthropogenetischer hinsicht – legt, jene diese eliminiert.)
in allgemeiner kontingenz bleibt das glück, bleiben die versuche, uns für augenblicke wohl zu fühlen, schal. ein paar freie atemzüge, spielerisch sich satt fühlen zu können, so ein aufblitzen einer ahnung von freude, wie ein luftzug, der dich streift, spüren, was sie für uns bedeuten könnte. momente, in welchen unsere geschundene physis, unsere zertretene psyche sich schmerzfrei wähnen: für minuten träumen, was leben sein könnte ...
sie sind selten, diese augenblicke, in denen man sich etwas größer, nicht mehr allein fühlt: ähneln den wolkenfetzen, aus welchen die sonne blitze zu sprühen scheint, die sich über tanzendes laub hinwegbewegen ... augenblicke, die immer dann vorbei sind, wenn man sie dichter bemerkt: sie wahrnimmt. die dann »romantisch« wirken, fade – trist.
an die eigene bescheidene existenz denken, an die kurze zeit, die man zu leben hat: an die qualen, die gleichsam auf uns warten und dann das jähe ende einer freudlosen existenz, in der alles umsonst war. sogar die denkfähigkeit, die sich immer mit einem besseren abmühte, und unsagbar litt. aus verzweiflung das glas rotwein in die hand nehmen, um wenigstens ein paar stunden leichter schlafen zu können. in die dumpfheit versinken, wenigstens eine kurze spanne lang. das gleiche verlangen, von dem die roboterhafte menschheit getrieben wird, sprödes käufliches glück, ein bißchen glanz an der deckschicht zu finden, bevor es zuende geht: bevor alles aus ist, bevor die letzten sekunden kommen, der tod, der noch den allerletzten gequälten schrei erstickt, den unendlich angstvollen blick gerinnen läßt.
das ist der bann, der übriges zu boden drückt, beiseiteschiebt, das denken von anbeginn an hypnotisiert und wogegen es sich verzweifelt wehrt; im bewußtsein, daß dieser versuch immer umsonst ist ... ich leide auch darunter; die zeit wird wenig, sie verfliegt und man weiß sich im bann.
das suchen nach einer methode wird so zu einer vertrackten dimension der hoffnung, auch wenn festzustellen ist, daß alle bisherigen methoden nichts taugten. darin liegt die desillusionierende hoffnung. nahe dazu die hoffnungslosigkeit der vernunft. vor allem betrifft das den prozeß des suchens selbst – nicht etwa nur ein resultat, das etwas des prozesses. hoffnung und ihr kritischer antagonist sind schon (in der) intention.
das wäre in der beziehung des einzigen physischen prinzips zu sehen, das unumschränkt auch am menschen geltung hat: das der physis immanente drängen, die bewegung. klar, daß jetzt nur das resultat interessiert, nicht psychophysische geschichte, die trennung von psyche – oder, ich sage besser: geist – und physis ist evident. das hat auch schon der

alte fechner gewußt – und (im anfangskapitel der ›elemente der psychophysik‹) bedauert. die trennung nicht nur von subjekt und subjekt, sondern noch davor die trennung von sinnlichkeit und vernunft, und in letzterer die trennung in 1.: kritische reflexion, die sich – auch wenn sie, wie meist, vulgär bleibt, jedenfalls aber beim bestehenden sich nicht so recht bescheiden will und 2.: rationalität, das formallogische kalkül. kritisch kann die vernunft wohl nur sein, wenn sie sich auf sinnlichkeit bezieht, auf diese zurückgreift. ((hier gleich zu deinem einwand im brief: du schreibst von der dritten größe, an der wahrnehmung zu messen sei – zu sprache und dem denken, was über jene hinauswill :: zur ratio, der besetzbaren sprache, dem fungiblen kalkül, tritt sinnlichkeit – denken bringt beides ins verhältnis, in beziehung zueinander. denken: die kritische vernunft entläßt die sinnlichkeit aus ihrer unterordnung unter die ratio, gibt jener ihr recht zurück. sinnlichkeit begreift ja lust, wie die kritische vernunft ihren ausdruck im freien willen findet. an der ratio rühren beide mittlerweile nicht mehr, bestenfalls kratzen sie sie noch an, nur selten und dann auch nur individuell gewinnen sie oberhand.))
jenes, vernunft und sinnlichkeit, wäre als geist zu begreifen; ein noch unbesetztes wort, entfernt man das mystifizielle.
jedenfalls parallelisiert sich der geist zur physis, zum prinzip des kleineren widerstandes, zum prinzip des ›auslebens‹. dabei muß man – will man nicht in idealistisches spekulierertum à la jargonhaftem pseudohumanismus verfallen – die priorität der physis als lebensträger, daseinsgrundlage, annehmen. dieser dient die unterwerfung, gleichschaltung des geistes, – indem sie ihn sich unterordnet, verhält sie ihn dazu, ihrem prinzip, ihrer bewegung nicht ein außerphysisches ende zu machen, ihr entgegenzuwirken — wenngleich das unbewußt, neurotisch etwa, durchaus und heute weitgehend geschieht; ein trick, sozusagen, des geistes, um die dominanz der physis zu unterlaufen — nämlich selbstmord zu begehen angesichts der verheerenden umstände, die der geist sich schuf, indem er seine spezifischen qualitäten leugnete (für andere, denken wir an die korrektheit marx'scher theorie, auch reich, was die vordergründige befriedigung einzelner auf kosten anderer betrifft), und die er als zu stabil, zu gewalttätig für sein kurzes leben findet.
der der affirmativen – und selbst tatsächlich bewußtlosen – psychotherapie (eine deutliche verbindung zu deinem essay, nicht in der feststellung, vor allem in der konsequenz) als anomal erscheinende; der psychotische, paranoide, der der einzelne dann ist, wenn er selbstmord begeht und ihn begehen will, wäre also nur ein individuum mit potentem, arbeitendem geist: ein geistreicheres, da bei ihm der geist die physis dominiert und ihr nahelegt, dem grauen ein (jedenfalls subjektives) ende zu bereiten.
die phrase »selbstmord begehen« weist nicht nur der psychotherapie,

sondern den allgemeinen verhältnissen deren zwangscharakter auf: daß nämlich *freiheit* des subjekts *nur darin bestehe, sich freiwilligst jenem zwanghaften unterzuordnen.* selbstmord ist mord, verbrechen an etwas, das – obwohl lebensgrundlage des einzelnen – diesem selbst nicht mehr gehört: was eigentum der gesellschaft ist, nämlich die physis des einzelnen. hierbei ist auch an die gesundheitsvorsorge, ökologie, nahrungsmittelverseuchung usw. des einzelnen zu denken; die gesellschaft bestimmt, was ihm zuträglich ist, sie höhnt allen ideologischen fragmenten der spuren von freiheit. dumpfheit, bewußtlosigkeit gießt sich immer weiter über den planeten; immer dichter, falls es überhaupt noch dichter geht.

hier wäre auch das marx'sche kalkül infrage gestellt, überdacht, wo jene konzeption, jener befund dem individuum noch ›eigentum an ihm selbst‹ beläßt, weil dieses ja in freiem austausch sich austauschen kann. mit der *dominanz des physischen ist die von gesellschaft* gesichert.

fragt sich, ob als entwurfsversuch das bleibt, was als tatsache für den einzelnen in bezug zu seiner lebenswelt und fallweise als rezept in fragwürdigen situationen (die gedanken an, das spiel mit, der wunsch zum selbstmord) geltung hat – eine feststellung des yang (irgend ein lehrer oder weiser), »wenn man schon einmal im leben steht, so muß man es unwichtig nehmen und über sich ergehen lassen, seine wünsche beobachten und so den tod erwarten ...« fragt sich, ob solches mehr als fallweiser trost ist, ob sich der geist, gleichsam in seinen historischen, gesellschaftlichen letzten zuckungen nicht dagegen wehrt ... (die zitatquelle weiß ich momentan nicht, ein zettel, wo ich es kürzlich gefunden hatte.)

zu artaud – der nur ein exempel unter vielen ist: ernesto grassi hat ein kurzes mehr deskriptives kapitel über ihn in »macht des bildes: *ohnmacht der sprache*« dumont 72, nur als tip, falls du es noch nicht kennen solltest.

ja – sonst – privat, ein warten, auf was auch immer ... das beste   /karl (möglich, daß ich ende august in die brd komme, vielleicht sehe ich dich dann!?)

(kassel 29. 8. 1975)

lieber karl,
vor etwa 5 jahren habe ich mit brück u. a. per tonband zu kommunizieren versucht und ich glaube, wir haben es kurz vor dem moment abgebrochen, wo eine gewöhnung an das medium eingetreten wäre; seitdem besitze ich auch tatsächlich kein gerät mehr und meine vorbehalte sind eher größer geworden. vorbehalte grundsätzlicher art, wie

vor all dem, was besonders als zeichen bedeutungsschwanger daherkommt, selbstsicher und potent diagnostiziert, analysiert, prognosen stellt und urteile fällt. das trifft natürlich auch für all meine eigenen äußerungen über die sprache etc. zu: es sind übergangslösungen, die einen bestimmten stil erfordern, von dem ich nicht sagen könnte, daß ich ihn mag. und du hast recht, wenn du sagst, jede ausgesprochene methodenlosigkeit sei dann doch wieder methode. ich hatte mir von dem begriff opportunismus erhofft, daß er eben dieses nicht-lokalisierbare verdeutlicht.

deinen folgenden überlegungen kann ich nur zustimmen: der allgemeine eindruck, daß nichts gehalten hat, am wenigsten jene schrift, die diese ordnung zusammenklammert, kohärenz und authentizität immer dort vorspiegelt, wo es gar keine gibt. – wie wenig das geschriebene eigentlich zu halten vermag, sieht man m. e. am deutlichsten bei eigenen texten, die etwas zurückliegen. ich kann sogar sagen, daß sie ihre wirksamkeit innerhalb einiger stunden einbüßen.

das gleiche passiert auf dem gebiet der empfindung: gewisse emotionen erscheinen plötzlich trivial, nichtauthentisch, entkräftet, verfälscht etc. was ich einer veränderten einstellung zur sprache zuschreiben möchte. der aversion gegen empfindungsstereotypien, welche sprachlich, d. h. durch eindimensionale wahrnehmung, evoziert werden – gegen meinen willen. denn du bringst den begriff sinnlichkeit ins spiel, sinnlichkeit, von der ich eben meine, daß sie uns um wesentliches betrügt. denn mit sinnlichkeit argumentieren ja auch jene poheten, die sich gegen den stumpfsinn engagierter literatur erheben – aber wo soll diese denn dann auftauchen, in den alltagsgedichten etwa, die dabei herauskommen? dennoch verstehe ich sehr wohl, daß sich jeder dagegen wehrt, als etwas zu gelten, das er nicht mehr selbst steuern kann. als funktionierender körper, der vom zeichenprozeß abhängig ist und der besonders dann gut funktioniert, wenn er diese beziehung bereits verinnerlicht hat. der schwache protest, dieses »die fantasie an die macht!« ist bereits teil dieser funktion.

mit der dominanz des physischen greifst du ein problem auf, das artauds denken fortwährend bestimmt hat.

er sprach dann auch davon, seinen körper neu zu konstruieren, ohne diejenigen organe, die seinem körper unaufhörlich etwas zuführten, was er ihm verweigere: was letztlich leben heißt. ähnliche ambivalenzen finden sich bei ihm überall: verneinung der dominanz des geistes, ablehnung der ratio – dann rückkehr zu einer alltäglichen metaphysik usw.

für meine schreibpause gibt es verschiedene gründe: dazwischen lag ein emotionales tief, permanente recherchen für eine artaud-chronik, an der ich arbeite, unangenehme »notwendigkeiten« zwecks unterhaltssicherung und dergleichen scheiße mehr – schwache ausläufer davon gehen wohl auch in diesen brief ein. sofern es nicht zu spät ist: du kannst jederzeit kommen und hier übernachten.

(linz 7. 9. 1975)

lieber bernd:

natürlich sind da probleme. auch private; sie finden sich in den sätzen verschmiert. kitt, der aus den fugen herausschaut, das ganze aber doch zusammenhält. ein glissando: die kontinuierlich zynische bemerkung, daß alles anders hätte sein können.
jedenfalls, will man ehrlich sein, so kommt man drauf, daß man selbst von den neurotischen sequenzen nicht verschont ist. vermessen, das gegenteil zu behaupten. hier kommt auch die vertrackte sinnlichkeit zum vorschein, der du so ausdrücklich mißtraust. mir ist klar, daß sowohl die strikte befürwortung wie die strikte ablehnung des sinnlichen ein neurotisches symptom ist. das sinnliche kann wie durchfall sein oder wie ein glas weicher port ... klar, daß diese pervertierte ›sinnlichkeit‹, diese »alltagsgeschichten«, wie du schreibst, genau das gegenteil ist. ich verlang mirs nicht nach lesbaren, wiedererkennbaren patterns – sondern nach der phantasie, der du offenbar nicht über den weg traust.
die träume. sich verlieren, die alte metaphysik beim joint, beim high auf dem teppich, und der rüden und sentimentalen musik aus den lautsprechern. eine erfahrung, die ich nicht missen möchte. ich war einmal sehr von gelpkes buch eingenommen, vielleicht kennst du es (drogen und seelenerweiterung). es tritt dort ein gültiges element auf; der ausdruck: »das ruhige beiseitewischen des irritierenden«, trifft den sachverhalt am besten, scheint mir. der versuch, für stunden oder augenblicke gelassen zu sein, offen, die beschreibbaren schemata verlassen. manchmal ließe sich diese identität von mensch und natur wiederherstellen. eine ankerstelle für die chronologie ...
ich hoffe, du verstehst das annähernd in meinem sinn. ein freund der erfahrung sein, die man gar nicht machen kann. – die alten ›phänomenologen‹ sprachen einmal vom evidenzerlebnis, von jener erfahrungsweise, die ›hyperlogisch‹, auch keine sprache mehr hat. nicht daß es mir jetzt um mystisches ginge. vielmehr darum, an das entscheidende problem von einer möglichen seite heranzugehen. nichts ist rein falsch oder rein wahr. überall steckt ein gültiges quentchen. auch in der selbstverzauberung – auch in der träumerei. wir spielen mit wasser und machen uns kaum naß dabei. träumer, die mit halbwachen vorstellungen durch die abblätternden alleen laufen, im spärlichen laub rascheln. (der herbst ist wohl meistens die zeit, welche die ›wehmut‹ versüßt – schläfrig und

gleichgültig macht) der singsang der stimmen von der straße, die durch die dunstige luft schwappen. man vergißt auf grenzen, auf die eckpunkte; auf die differenzen zwischen stereotypie und deren versuchter verneinung, die immer auch noch ans stereotype gebunden bleibt. eine eiskalte dialektik.
übrigens mag ich diesen begriff nicht. man nimmt ihn zuleicht in den mund und gurgelt damit. es fällt ja alles der verwertung, dem schema anheim – trotzdem der versuch, noch nicht allzu abgegriffene worte zu gebrauchen: vielleicht spürt man noch etwas, das sich nicht vollends gefügt hat, verbraucht worden ist.
rahmenhandlung. man sitzt im zimmer und denkt sich von sich weg. existentielle spielereien, denen ernst ist. jede sekunde, jeder tag ist zu schnell vorbei, zu kostbar. man hat nicht allzuviele –
ja, deine bedenken gegen magnetophon-bänder haben schon etwas für sich; ich persönlich habe eine ambivalente ›haltung‹ dazu. die stimme kann manchmal einen hintergrund des wortes, eine vergessene bedeutung verraten. sprache wird – ›bewußt‹ – gesprochen, zweidimensional.
ja, immer wieder anders zu fragen versuchen, und warten – verwarten. wie du, voll zu recht, schreibst: »übergangslösungen«, ... alles bleibt wässrig. jedenfalls das allerbeste   /dein karl

ps. ich komme jetzt wieder nicht von hier weg, aber hoffentlich mitte okt. – immer aufschub, immer verzögert sich was, überall.

(linz 14. 9. 1975)

lieber bernd:
der brief an dich blieb hier liegen, ich war – und bins wohl noch immer – etwas krank, eine art erkältung. jedenfalls lästig. vielleicht auch nur eine ruhepause, recreation für die physis, die sich in die krankheit flüchten mag. ein verkehrter rettungsanker. spuren wahrscheinlich schon im brief, der hier dem vorangeht. ein nachgeben: abfedern der psychischen sperren. eine erfahrung, die mir – aus der introspektion verallgemeinert – symptomatisch scheint: dafür, daß man gerne bereit ist, sich ans überleben zu klammern. immer zumindest dann, wenn sich dieses in bedrohung befindet, und diese sich aus dem angekränkelten zustand sehr wohl aufs allgemeine übertragen läßt. hier nur nicht mehr auffällt. jedenfalls subtiles indiz für das scheint, was man (wohlwissend, wem hier zu folgen ist) als pattern jener zweiten natur erfassen kann. jener, die der bewußtseinsmäßigen kontrolle entzogen, das schwerwiegende hindernis ist, wenn's um die auseinanderblätterung der fesseln geht, die uns so sehr und so unerträglich im griff haben.

trotzdem, was bleibt übrig: das denken, auch wenn ihm praxis entzogen ist. soviel ich weiß, hat das adorno irgendwo gesagt. es trifft den sachverhalt. wir entwerfen »übergangslösungen«, wie du es im letzten brief nanntest. und nicht einmal dieses entwerfen ist eine art freier akt, sondern bloße reaktion: passivität, weil wir – was ich für entscheidend halte – über die zeit, in der wir mittreiben müssen, nicht hinauskönnen. exzentralität gibt's nur relativ zur gegenwart. retrospektiv vor allem und dann in der konkreten negation. prospektiv geht nichts. nichts mehr? ...
ja, vorderhand – und etwas anderes ist auch nicht abzusehen – finde ich die aktuelle aufgabe darin, von hier aus (wie immer man dieses ›hier‹ nimmt) das schwärmerische, diffuse und verzärtelte anzupacken, umzudrehen: von der unterseite her, auf der es steht, wie eine gewichtige plastik, abzutasten, abzuklopfen: auf die hohlheit zu horchen ...
ein essay, den ich an horst lummert sandte und bei dem mir deine bemerkungen hilfreiche korrekturen waren. nur kurz, weil die länge sich selbst gefährdet. nicht nur die lesbarkeit, sondern auch die formulierung. übrigens eine konkretion nach und aus dem artaud-essay, deinem im kuckuck 6 und meinem, das ich dir geschickt hatte. aber zurück zur formulierung: ich halte – du sprichst im brief davon, daß texte nach stunden schon ungültig werden können – prinzipiell nichtprivates über wochen zurück und formuliere es dabei kontinuierlich um. eine tendenz, die sich auch schon bei briefen bemerkbar macht, sogar bei notizen, die briefen vorangehen und auch bei notizen, die für mich ganz allein sind. man wiegt das wort ab, mißtraut ihm, dreht's und wendet's, rückt es hin und her: um irrtümer zu vermeiden, um dieses autonom gewordene kalkül (nachdem es also gesagt worden, geschrieben worden wäre) in seiner breite und verzackung so weit als möglich ausgeschöpft zu haben. ganze ›bedeutungs-büschel‹ – um diesen ziemlich trivialen ausdruck bildhaft vorzustellen – gehen ja aus einem text heraus. ich vergeheimnisse jetzt nicht, sondern mir geht's um den symbol- besser: analogiecharakter des wortes ... um das, was trotz des sprachgefängnisses mit diesem anzufangen wäre. solange es nicht gangbare wege aus dem gefängnis gibt, es hinter gittern verunsichern, zynisch in vibration bringen ... ich kann mir vorstellen, daß es möglich ist, einen text daraufhin anzulegen, daß er schwebung behält. gesprochen geht hier noch mehr, oder erst mehr als geschrieben. ich habe das (wahrscheinlich in zu privater weise) auf einer cassette, die ich zeiteinbahn nannte, im zweiten teil versucht; vor allem deswegen, weil sie noch abläuft, der ablauf noch nicht ständig präsent ist. ich verstehe deine bedenken gegen bänder. wahrscheinlich ist es [ein tonband] statt eines briefes unbrauchbar, oder nur sehr beschränkt. besser als dokumentativer akt. ich würde hier auch gern wieder einmal mit video arbeiten. aber die gefahr simpler spielerei, des krampfhaft experimentellen ist hier sehr groß. etwa

export, weibel u. a., was dann schon kindische frozzelei ist. arnulf rainer hätte hier (abgesehen von der ausschlachtung) die besseren ansätze.
das allerbeste /karl

(kassel 14. 9. 1975)
ich will mich heute bemühen nachzuholen, was mir vor ein paar tagen versagt war.
den spruch, den du ausgegraben hast, diesem stetigen »don't worry« der asiaten kann man nur widersprechen. denn was daran auffällt ist das fortwährende insistieren auf diesem prinzip, das wiederum auf seine schwächen verweist. streng genommen haben wir ja mit der forderung nach selbstloser anpassung und selbstaufgabe hier und jetzt eine pervertierte variante des zen. und wenn ich ganz naiv frage, wie es kommt, daß der staat die after-mystiker unbehelligt läßt, aber immer noch hexenjagd nach drogenfreaks oder sogenannten radikalen macht, entpuppt sich die neue religiosität als kollektiver weg, einen erträglichen grad von bewußtlosigkeit zu erreichen.
ich sage das, weil ich meine, daß wir im gegenteil hier ein richtig appliziertes maß an aggressivität brauchen und weil das, was ich in praxi gesehen habe, die resignation selbst ist, die inhaltsleer ist – denn resignation setzt doch irgendeine gebremste aktivität, einen willen voraus, von dem ich nur seine abwesenheit bemerkte.
was wir eigentlich alle erwartet hatten, eine legalisierung der drogen, trat nicht ein, weil es sich zeigte, daß auch so die adepten der öffentlichen bewußtseinskontrolle noch unterstanden und dieses eingeständnis nun überflüssig geworden war.
während man das funktionelle gros unbehelligt läßt, jagt man nun all jene, die dem kollektiven bewußtseinsstand zu entfliehen drohen. hier muß man allerdings den ausdruck »realitätsflucht«, der zur diffamierung benutzt wurde, offen machen, schärfen, d. h. umkehren: alle die als realitätsflüchtige bezeichnen, die merkmale von beteiligtsein zeigen, für die wirklichkeit so etwas wie ein heiligtum ist, denen diese realität einen raum schafft, der ihnen geborgenheit sichert – kurz: wer in der kommunikation steht, sich identifiziert, einen realitätsflüchtigen nennen und jede form dieser beschränkten ökonomie, dieser selbstbeschränkung darin einschließen.
jene transgression umschreibt der term universumstulp oder schizofrenie, begriff, der durch das von-der-spur-abkommen wieder in seine rechte eingesetzt wird.
ich spreche von einer bewegung nicht im sinne eines ziels: sie führt zu

keinem ort, der dem denken einen fixpunkt gewähren würde, und das heißt für den derart aktiven grausamkeit – grausamkeit der entflieht, wer in der sprache steht. (es ist ganz unnötig irgendwelche ideologien zu zitieren, die lediglich das umfeld der kommunikation bilden, die doch die quelle jeder transzendenz ist.)
dann gibt es, wie du schreibst, nichts invariantes mehr, weil jeder sinn, sobald er zu keimen beginnt, abgeschossen wird. (eine ähnlichkeit hat das schon mit der fluktuation innerhalb des surrealistischen clans: die öffentlich bekannt gewordenen motive für die ausschlüsse könnten ein vorwand gewesen sein, um zu verhindern, daß sich eine gruppe überhaupt erst konstituieren konnte.
ganz so habe ich es übrigens auch mit freundschaften gehalten.)
aber zurück zur sprache: du hast einen text zum affirmativen charakter von kunst geschrieben, und durch die textur hindurch sehe ich die ganzen negativen fälle auf mich zukommen, nur beängstigen sie mich nicht – schon weil der begriff kunst für mich inhaltsleer geworden ist, weil er von der anlage her zu beschränkt ist (zugegeben sollten wir härter im urteil werden und wirkliche scheiße, immer wenn sie sich zeigt, als solche ausweisen – sie wird aber in unmassen produziert, so daß man gar nicht nachkäme.
auf scheiße in seinem kuckuck habe ich nebenbei lummert aufmerksam machen wollen, nur hat er, einem proletkult-mystizismus verfallen, kein organ dafür; selbstredend hat er »jede wahre sprache ...« nach schema f interpretiert).
und ich habe nie den eindruck gehabt, daß ich mich mit kunst beschäftige, sondern mit leuten, die erfinder, verrückte, monomanen etc. waren, die die unerträglichste existenzform sich ausgesucht haben und unterwegs zeichen gegeben haben – was man allgemein unter mißlungenen oder existenzentwürfen mit absolutheitsanspruch subsumiert.
ein beispiel für die entgrenzung des körpers ist rudolf schwarzkogler, der eine neue empfindungsskala eingeführt hat und dessen pläne bis zur veränderung der äußeren natur gingen. aber das ist so, sprachlich, nur sehr ungenau erfaßbar, da er sich ja außerhalb deren grenzen bewegt hat. (wie man so etwas verkitscht, haben die literaten demonstriert, die dem brinkmann einen literaturpreis in die gruft nachgeworfen haben.
obwohl ich gedichte nicht mag, kann ich sagen, daß brinkmanns letzte gedichte die aggressivität enthalten, die den preisverteilern abgegangen ist).
ich muß fast glauben, daß sich alle vorurteile über beruflich mit literatur befaßte bewahrheiten – das trifft für das arto-projekt um so mehr zu. (die, die ohne garantien zu arbeiten bereit sind, dilettieren oder sind unzuverlässig; die anderen interessieren sich nur für honorare, ver-

lage, klingende namen etc. das fällt nur deshalb so sehr auf, weil ich glaubte, daß sich die leute mit ihrem sonstigen geschriebenen identifizieren). wenn du es willst, schicke ich dir die manuskripte der anderen einmal zum lesen?

(linz 27. 9. 1975)

lieber bernd,

für die nachricht wegen **quartal** schönen dank. mein letzter brief hat sich offensichtlich mit deinem gekreuzt (mit deinem kam das heft von lummert): die post hierher dauert immer etwas länger; und wenn bei unseren gemächlichen verhältnissen noch die drucksachen kontrolliert werden – vom zoll – dann dauert das eben, auch drei wochen wie neulich ein buch von einer münchner buchhandlung. alles fein säuberlich aufgeschnitten.
habe mich noch nicht recht erholt, eine bleierne müdigkeit hält einen gefesselt. nein, keine kommentare zur alltagspolitik, nur worte: proben. sprachliche kalküle plätschern dahin und bringen die ganze trostlosigkeit immer wieder in erinnerung. ja, auch ich bin von fixen ideen geplagt, die mich bis in die träume verfolgen. man versucht, sie mit dem vorfindlichen einigermaßen – und immer schlechter – in den griff zu bekommen. so war auch meine intention zu jenem tao-zitat – eine private lebenshilfe für die stillen privaten stunden. ich glaube, so ein verschämtes überlebensprinzip haben wir alle: auch wenn versucht wird, nicht stillzuhalten. aber in diesen gedämpften räumen sind selbst die grellsten schreie unhörbar. ein monotones gemurmel. ich teile deine prinzipielle ansicht, daß jeder – zumal heute – auf sich selbst verwiesen ist. daß also eine bestimmte art von cliquengeist zu vermeiden ist. auch schon der anflug eines -ismus, weil sonst die sachverhalte des realen durch eine scheinbar gesicherte gegen-objektivität verschleiert werden. ich persönlich habe mich etwa nie mit cut up identifiziert; ich fand's – übrigens auch heute noch in speziellen fällen – als passable hilfsmethode, um divergenzen auf die spur zu kommen. die relative isoliertheit: sie ähnelt verdammt sartre's konzept, das ja maßgeschneidert für die momentanen (und auch zukünftigen) verhältnisse zu sein scheint. wie du beobachtet hast, war die notiz zur affirmativen kultur* genau für den träger bestimmt, auf dem sie erschien. die gedichte ... ich verwechsle sie andauernd mit dem aufguß des futurismus, der sich in ziemlich schäbiger und geschmackloser form dann »konkrete poesie« nennt. celan und auch fauser lassen sich kaum als lyrik klassifizieren, eher als

* cf. kollmann, k.: *die grainierte zeit. zur gebrauchsästhetik.* kuckuck 8 (1975).

bruch einer abgußform der realität. sonst, von der erscheinung her, gefällt mir die zeitschrift* gut. übrigens, zu deinem text**, daß wahrheit nur insofern festgestellt werden kann, als das jeweils in den augenschein genommene nicht wahr ist, das liegt in der natur der sache, geht man davon aus, daß wahrnehmungsweisen konstruiert sind usw.; jedenfalls ist zu bedenken, daß ein absoluter relativismus genauso ›idealistisch‹ wäre wie ein strikter materialismus.
zu kritisieren ist im grunde genommen alles und jedes. metaphysik ist stets auf den sprung zur hintertür bereit. dazu die monotone müdigkeit, die alles irgendwann einmal abbricht, inkonsequent ist ... privat ist das ganze noch schwieriger: wo zieht man abteilungsstriche, soll man jemanden vor den kopf stoßen, unglücklich (wie man das noch immer nennt) machen, oder mitspielen. ich habe einmal gedacht, wenn ich mich so zurückziehe, daß ich unmittelbar physischen kontakt kontrollieren kann, ließen sich manche probleme leichter lösen – (sie lösten sich durch die bequemlichkeit der leute, die man halt trifft usw.) auch ein irrtum. jedenfalls eine praktisch-ethische frage – wenn jemand gezwungen wurde, so zu werden, wie er ist, inwieweit ist er dann zur verantwortung zu ziehen? wie verhält man sich? jedenfalls introvertiert. sicher aber noch besser, als ganz zu verblöden.
ich versuche, soweit es geht, etwas kitt auszubürsten, auch ein überlebensprinzip; wenn dellen sichtbar werden, ist es gut ... eine flasche wein wäre halt stets in reserve zu halten. man lernt alles ...
herzlichst /dein karl

(kassel 9. 10. 1975)

lieber: ich will den frühen morgenstunden die zeit entreißen, um dir ein zeichen zu geben – gewissermaßen als fortsetzung der anderen stunden, verlängerung des kontinuierlichen notierens mit nur halber bewußtheit, physischer exhaustion, der ich mit analeptika begegne.
hast du die koinzidenz unserer beiden briefe gesehen – die sich kreuzten – dieser eine punkt, dieser drogen-mythos?
es wäre jetzt lächerlich, irgendeine position zu beziehen, wenn es sich um substanzen handelt, deren chemismus ebenso unerforscht ist (d. h. auch deren anwendbarkeit) wie der vergleichbarer mystischer oder religiöser zustände. die versuche, diese eselsbrücken, die man gebaut hat, sind hilflose versuche der lokalisierung, der verklammerung innerhalb dieser sprache – so der neuerliche ansatz, geistes›krankheiten‹ den phy-

---

* kuckuck.
** *jede wahre sprache ist unverständlich* (s. p. 137 ff.).

siologen zuzuschieben und auf ein paar chemische reaktionen zu reduzieren.
aber alle erfahrung spricht gegen einen abstrakten chemismus.
nein, das konnte nicht die frage sein. vielmehr will ich sagen, daß die rezepte der orientalen nicht auf dieses rauhe klima applizierbar sind: ich kann das zu der forderung reduzieren: *vollkommene bewußtheit*. das schließt das bewußtsein der absurdität wie der determiniertheit unserer existenz ein und die gesamte negativskala – was zu einer art der transgression drängen sollte, was schon mit einem stetigen zurückweisen dessen beginnen könnte, was einem angeboten (vorgekotzt) wird.
du sagst überlebenswille und meinst das zurückweichen vor dieser bewußtheit, ist sie doch nur selten schmerzfrei. wogegen ich mich erhebe, das sind die als progression getarnten anästhesiewünsche, denn für mich unterscheidet sich der rausch gewisser freaks in nichts vom konsumrausch des staatswichtels.
muß ich sagen, daß ich hier nicht theoretisiere, sondern daß die vorstellung von der notwendigkeit dieser art von transgression der fortwährenden konfrontation mit dem entstammt, was man sich nicht entblödet realität zu nennen, was sprachprojektion heißen müßte. wenn du aus der spur kommst, wenn du *reagierst*, heißt man das delinquentismus, illusionismus, verkennung der klassengegensätze, neurose, etc.: ein berg von deplazierten –ismen und manien steht denen zur verfügung, die fixieren wollen, was sich ihrem begriffsvermögen entzieht.
hélas! ich bin wieder da angelangt, wo ich voriges jahr (bei dir) angefangen habe.
nein, neurosen schrecken mich nicht, der ganze psychosymbolische schmarrn schon gar nicht mehr – seitdem ich jedes prädikatausteilen als bumerang auffasse. nichts gegen die sucht, verborgene beziehungen aufzuspüren: etwas ist zeichen für *vieles,* nur sollte man es bis zum äußersten punkt treiben, auf daß der sinn verschwinde, d. h. die formel: alles geschriebene ist *vorschrift*.
es wird immer gelingen, etwas konträr zu interpretieren: wenn ich zweimal nein sage, es als akzentuiertes ja auffassen oder die art, in der einer schreibt, als kryptografie – was hieße, daß einer etwas tut, um etwas anderes zu unterdrücken usw.

sich nicht zu identifizieren: das ist beinahe unmöglich, wenn du in irgendeiner weise aktiv bist. ganz konsequent versagt es dir nicht nur jede physische, sondern auch jede *sichtbare* mentale aktivität. vor allem sich nicht mit sich selbst identifizieren: das passiert vielleicht weniger willentlich, das widerstreben, irgend etwas zu unterschreiben oder wenn dir auffällt, daß sich deine signatur verändert hat oder wenn du – auf dem band oder film – diesen mr. jones statt deiner akustisch und optisch erfährst.

ich meine nicht-identifikation hat etwas von der paralyse, von der interesselosigkeit: und da gebe ich dir recht: die utopien bestätigen den status quo, die kritik verifiziert das kritisierte.
worauf ich setze weißt du.

rasch noch ein wort zu der artaud-geschichte.
retrospektiv will ich dir nicht das kompliment vorenthalten, daß deine arbeiten m. e. mit abstand die besten sind – im vergleich zu dem, was dazu gekommen ist.
quartal ist nicht die ideale lösung, denn die realisation entzieht sich meinem einfluß und ich unterstelle dem herausgeber, daß seine begeisterung für die arbeiten auf die unkenntnis des subjekts zurückzuführen ist. – er ediert außerdem eine anthologie österr. autoren.
ja, er hatte mich noch um vitae von allen mitarbeitern gebeten: vielleicht schickst du ihm ein paar autobiografische zeilen.
es freut mich, daß du als einziger einmal nicht die buchmesse erwähnst!

(linz 18. 10. 1975)

lieber bernd,

sicherlich, die asiatischen rezepte taugen nicht viel für uns; deren ›medikamente‹ sind nur für die (für meine) erinnerung, erinnerungshilfen. trotzdem, ich will jene stellen nicht missen. ich denke jetzt an artaud's notizen über das balinesische theater: drogen und voodoo, können *wir* damit etwas anfangen? anders herum, können wir unseren erdteil jemals (psychisch) verlassen? um auf dein schreiben zurückzukommen: wenn wir sagen, »alles geschriebene ist vorschrift« bzw. »alles geschriebene ist schweinerei«, dann können wir das nur mit der sprache, mit dem denken, das sich selbst somit verurteilt. aber es ist immer noch die alte sprache, das alte denken, welches sowas feststellt. dies erkennen zu müssen folgt nicht einer kritischen haltung um jeden preis, sondern bringt nur die sache in ihren kontext: zurück – das meinte ich auch mit der feststellung, daß letztlich alles zu kritisieren sei.
ich komme mit meinem denken nur soweit, daß mir andere, bessere denkarten denkbar werden, daß mir klar wird, daß es bspw. andere logiken geben könnte; meine logik, die das feststellt, kann ich niemals mehr verlassen. das ist auch das problem der umwälzungen in der geschichte. angenommen, es könnte eine bessere, glückhaftere form des daseins schon in der nächsten generation möglich sein – für uns käme sie immer zu spät! ähnlich ja platon im staat, die bedingungen, die eine

generation konstituierten, könnten erst ab der nächsten ungültig gemacht werden.
das ist jene realität, die sich *nicht* als sprachprojektion darstellen bzw. erfassen läßt. konkret: setze ich mich gegen eine ungerechtigkeit zur wehr, und komme ich etwa wegen bedrohung (von eigentum und leben) oder wegen gewalttätigkeit ins gefängnis, dann ist das sehr handfeste realität. daß die konstitution dieser realität im einzelnen in seiner erziehung mittels sprache von denen vorgenommen wird, die jener realität bereits handfest unterworfen sind, ist deutlich. und weiter, sollte ich für mich, privat, das erlernte denken verlassen können, so bin ich doch konstant auf dieses weiter verwiesen: ich bin, wir alle sind eingespannt in *diese* kultur – funktionieren wir zumindest dem anschein nach nicht mehr, droht die anstalt oder das gefängnis unweigerlich. eine tarnung ist also zumindest vonnöten. und genau hier ist der ansatzpunkt. sind neurosen und -ismen in der welt, und negieren wir ihre existenz, so ist es für andere, für die ordnungshüter der kultur, ein leichtes, uns mit einem jener begriffe zu identifizieren; dagegen zur wehr setzen kann ich mich nur, wenn ich (kommunizierbar) nachweise, daß eben gerade jene gesellschaft neurotisch ist...
und hier auch genau die kontraposition zu deiner bemerkung, daß nicht-identifikation mit »paralyse oder interesselosigkeit« verwandt sei. nein – sie ist die totalisierte kritik, eben *an allem* der vorgegebenen kultur: zwar bloß ›theoretisch‹, aber siehe oben – wir sind eben das produkt dieser kultur. weiter als zur feststellung, daß sie eben im gesamten falsch ist und bis zum spezifizierten nachweis im besten fall – bei genügender zeit usw. – reicht es nicht. sich der kultur zu verweigern, bestätigt sie ebenso, wie sie zu kritisieren: man kommt nicht aus ihr heraus, wir können den planeten nicht verlassen. (verweigern ... – hier ist egal, ob die begründung (sich selbst) klargemacht wurde, oder nur diffus wahrgenommen bleibt. für den apparat zählt nur die verhaltensweise; verweigerung, wird sie sichtbar, wird bestraft, mehr oder weniger streng ... je nach ihrer trag- und reichweite.)
im besten fall noch spuren dessen ahnen, wie es hätte sein können. ich denke dabei an die utopia des thomas morus; und genau diese ist wieder ein aufweis, daß man sich immer gegen die herrschende kultur gestellt hat, mehr oder weniger deutlich nach dem besseren, erträglicheren geschrien hat.
wir sind uns einig, daß die praktizierte art, dasein über die runde zu bringen, verkehrt und qualvoll ist. und wir sind uns einig, daß wir nichts ausrichten werden. wir warten auf unseren tod, und wir tun alles mögliche, um uns vor seiner grauenhaftigkeit abzulenken. deswegen so grauenhaft, weil wir wissen, daß wir ein glücklicheres dasein, ein gänzlich anderes, leben könnten. warum nicht das leiden abkürzen? die frage ist durch kein argument aus der welt zu schaffen, abzustellen.

wenn wir trotzdem den suicid beiseiteschieben, dann einzig aus einer *ethischen überlegung:* man läßt nichts unversucht! wir wollen uns selbst sagen können, uns selbst beweisen, daß wir unser möglichstes getan haben; für uns und für andere das dasein nicht: ›erträglicher‹ gemacht zu haben, sondern möglichkeiten eines besseren aufgezeigt zu haben. (wenn ich zur feststellung komme, daß dieses dasein falsch ist, weist das unmittelbar auf andere, richtigere möglichkeiten hin.)
prinzipiell sehe ich keine unterschiede zwischen deinen überlegungen und meinen versuchen. worauf es mir nur zusätzlich ankommt, ist, daß nicht alles geschriebene unwahr ist. um bei thomas morus zu bleiben: ein versuch, der so etwas wie wahrheit und auch gültigkeit-heute-noch erkennen läßt, desgleichen baudelaire, beethoven, rilke, berg, balla, duchamp, freud, kafka und mehr noch ... man hätte zu spezifizieren, sachverhalte herauszuschälen. kritik nicht um der kritik willen, sondern um der sache willen. du schreibst es ja, »verborgene beziehungen auf(zu)spüren: etwas ist zeichen für vieles ...«. erst im umfassenden rahmen zeigt sich die einzelheit – und ihre beziehung zu ihm ...
ja ich sitze hier, die maschine funktioniert nicht recht (sie stand im kalten, hier bei nur vier grad). es ist mittlerweile drei uhr früh. der vierte whisky; von einem flüchtigen bekannten eine flasche johnny walker spendiert bekommen ... ein paar texte dafür durchgesehen, etwas ›juridische‹ beratung. immerhin, sonst trinke ich nur wein, rotwein, weil das ausländische zeug hier zu teuer ist. sah letzte woche im tv wolfgang bauers »gespenster« (ich mag ihn nicht, aber das theaterstück hat gute stellen). hier auch, alkohol als mittel, um noch am leben bleiben zu können. das stück könnte übrigens eine ›milieuschilderung‹ von fauser sein, die bilder gleichen sich. mir geht es die meiste zeit ähnlich, todes›angst‹ wechselt mit todes›sehnsucht‹, nach endgültiger ruhe. aber die biologie versucht recht wirksam, sich mittels des verstandes am leben zu erhalten. man injiziert sich halt das tödliche in kleinsten dosen. dies, der versteckte suicid, ist exakt der kern der psychosomatischen krankheiten: das *un*bewußt gewordene selbstmordprinzip. die hintertür ...
du schriebst in deinem vorletzten brief von deinem greuel vor den professionell-mit-literatur-befaßten. ich stimme dir zu.
trotzdem sollten wir verstärkt darangehen – mit hinsicht auf jenes ethische prinzip das uns am leben hält? – die weihrauchfässer der literatur und theorie zu zertrümmern. du weißt, ich stimme deinen sprachkritischen bemerkungen zu, ich halte sie für notwendig – nur sind sie für jene tempelwächter der literatur relativ unproblematisch: sie berühren sie wenig bis gar nicht, und es wird munter weitergewerkelt, pseudoreflektiert über literaten und werke ... ich denke, man sollte versuchen, konkreter zu werden, um jene literarischen tafelgerichte zu versalzen. das ist natürlich auch eine frage der publikationsmöglichkeiten. trotzdem, goethe wäre zu entlarven, richtigzustellen, auch rilke, auch

joseph conrad, von dem ploog so schwärmt, auch huxley! der vielleicht besonders. klar, auch burroughs und breton. ich hatte schon wieder einmal an eine eigene zeitung gedacht, aber das ist teuer und beschränkt (und zur zeit auch kein geld). subversion wäre trotzdem verstärkt zu betreiben.
nur, die puerile lyrik und sentimentale prosa überdeckt zuviel, sie nimmt den wichtigen platz weg. diese ›subkultur‹ hat sich selbst verkitscht. ich hatte vor, diesen sommer ältere texte von mir zu überarbeiten, zu ergänzen: mit einer korrektur von burroughs usw. ... und einen verleger zu finden versuchen. ich habe gar nicht erst angefangen. ich mag nicht bei der dünkelhaftigkeit der miniaturverleger betteln gehen. aber das ist jetzt auch nicht so wichtig. zu **quartal**: immerhin, die bemerkungen zu artaud sind wichtiger als eine anthologie österr. autoren, die der herausgeber vorhatte, von der du geschrieben hast. hier schadet es gar nicht, platz wegzunehmen. naja, solange man noch immer staatsgrenzen zieht, bernhard jetzt, die »ursache«, seit längerer zeit doch wieder etwas aus dem land hier, was mich das geld nicht reut ...
soweit – das beste   /karl

lieber bernd – eine kurze n. b.
schließlich sind wir in den jährlichen rhythmus verhakt ... ich glaube auch, daß sich nichts konstant fortsetzt, vielmehr immer wieder an alte punkte zurückstößt.
ich habe alte gedichte von mir ausgegraben – etwas, das sich über zwei vernichtungen von texten drüberrettete, bewahrte. habe mich dabei ertappt, wie ich anfing, sie neu zu schreiben! nur trümmer, die von vornweg trümmerhaft gedacht sind, fassadenlos, kantig.
das mit den ›literaturkritiken‹ ist absolut ernst gemeint. hatte ein pfaffessay* vorbereitet, sicher nicht stillhalten; sicher auch, daß in solcher hinsicht immer in sprache einzusteigen ist. auch mit ›pfeil und bogen‹ sind kleine revolten zu machen. es ist das eine frage des allgemeinheitsgrades. jedenfalls ich, wir, können uns kaum gegen das eingeschliffene wehren: nur innerhalb der schienenstränge, der kanalisation ... nach wie vor das beste   karl

* *kunst für die verwaltete zukunft.* kuckuck 9 (1975).

(kassel 31. 10. 1975)

»das verbrechen ist ein brücke, die vom wahnsinn in die ordnung führt. bedenkt, daß sie auch in die andere richtung gangbar ist!«*
gewiß ist das nicht-identifizierte individuum beinahe ein ideal – die frage ist nur, ob/wie man so überhaupt existieren kann. ich betrachte die identifikation als etwas transitives: so findet z. b. beim übergang von der norm in den wahn eine ablösung statt, der natürlich eine destruktion der ehemaligen indentifikationen vorausgeht, die aber m. e. durch eine andere art von identifikation ersetzt wird usw. wenn ich per sprache über dieselbe befinden will, muß ich mich – in dem augenblick, in dem ich schreibe – damit identifizieren, um alle argumente, die *gegen* diese tätigkeit sprechen, auszuräumen, d. h. zu verschieben: je nach mentalität identifiziert man sich früher oder später nicht mehr mit dem geschriebenen, nicht weil es gänzlich überholt ist, sondern weil es ein anhalten, eine selektion innerhalb eines fortschreitenden prozesses ist (vergleichbar mit einem einzelbild aus einem film: soviele ausschnitte ich auch herausnehme, ich erhalte niemals den film an sich).
artauds magisch-rituelles theater würde ich – um es in bezug zu gegenwärtigen versuchen zu setzen – neben das OM-theater nitschs stellen: beide stehen sich dennoch oppositionell gegenüber, auch wenn sie vorgeben, das gleiche ziel zu haben (die spekulatiton mit der katharsis – der eine durch evokation einer art metaphysischen angst, der andere durch ein fest der sinne).
bekanntlich wandte sich dann artaud vom orient ab und wurde selbst, was sich hinter der hieroglyphe theater verbirgt. deshalb mache ich diesen bogen um sein théâtre alfred jarry – das noch an die bühne, die theatralität gebunden ist – welches per psycho-drama die leute erreichen wollte: es mißlang, wie fast alle ihm gleichenden experimente, unter welchem namen sie sich auch in die kunstgeschichtsschreibung einschreiben werden. (die geschichten selbst gleichen sich: provokation/entrüstung der öffentlichkeit/einschreiten des staates/verteilung des prädikats avantgarde/etablierung oder resignation – je nach atem.)
nein, ich umgehe diesen theatralischen rahmen, um auf ausdrucksformen hinzusteuern, die nur schwer in jenen kunstkontext zu bringen sind. z. b. in dem text »a. artaud, der selbsmörder ...«, der in den protokollen 2/75 erscheinen soll, tangiere ich diese frage. ich hatte einige aktionisten genannt, um unmittelbar zu jener form überzugehen, die keine differenz erzeugt, um kunstverdächtig (konsumierbar, kapitalisierbar etc.) zu werden. denn bisher hatten alle offenen formen der ak-

---

* zitat: oswald wiener. *ein verbrechen, das auf dem papier begangen wird.* die schastrommel 2 (1970).

tion zwar die rezipienten der gefahr ausgesetzt, die akteure gingen das gleiche risiko nur selten ein.
das gleiche trifft nach meinem empfinden auf intellektuelle zu, die ihre aktivitäten als gegenkulturelle verstanden. es kommt vielleicht weniger darauf an, das schizofrene denken zu idealisieren, die ausdrucksleistungen dieser leute zu kunst zu deklarieren (wie es andré breton getan hat), sozusagen als provisorische gewerkschaft für deren rechte oder als befürworter eines diskurses zwischen dem wahn und der norm (wie es foucault tat) aufzutreten.
es käme darauf an, diese bewußtseinsstufe selbst zu erreichen, die expedition zu wagen – wozu man verzweifelt genug sein muß.
leicht ist es gerade nicht, diesen hypothetischen weg anders denn als endgültigen bruch – einschließlich der zu erwartenden entmündigung und repression – zu sehen. der artaud der jahre 1946–48 könnte jedoch dieses bild transformieren. wenn wir das wesentliche gefängnis inkorporiert haben (und die unbefriedigenden ansätze, ihm in irgendeiner art von rausch zu entkommen, sprechen dafür) – welche schrecken hat dann noch ein reales?
die idee, ein forum für konkrete kritik zu errichten, ist interessant. muß dich aber korrigieren: ich betreibe nicht kritik um der kritik wegen – es gilt hier vielmehr den spielraum zu nutzen, den papierverkäufer (schriftsteller), wissenschaftler und systemphilosophen nicht haben (wollen?). wenn du so willst: interdisziplinäre kritik oder kritik der interpretationssysteme, kontextanalyse (psychoanalyse, linguistik, strukturalismus, materialismus etc.). ((die diskussion um »jede wahre sprache ...« mit lummert zieht sich nun schon über monate hin. es ist fast so schwierig mit einem marxisten zu reden, wie mit ...))
mit den herausgebern der offiziellen kult-ur-zs. ist kaum zu reden, die alternativen möglichkeiten sind beschränkt (innen & außen!). vielleicht ergibt sich aber etwas aus dem artaud-projekt:
ein teil der texte erscheint in nr. 10 von quartal (anfang '76), der andere im nächsten heft (sommer). sollte ich noch weitere beiträge bekommen – ich erwähnte schon, daß ich nochmals leute aufgefordert hatte – will sie f. muller in die folgenden ausgaben aufnehmen. [...]
jedenfalls will ich aktivitäten dieser art einfrieren ((es ist sinnlos, wenn ein editor etwas publiziert, was er nicht begreift)).
kennst du das werk von georges bataille? er problematisiert den tod in einer weise, für die ich kein äquivalent kenne. man braucht den tod, glaube ich, gar nicht ausdrücklich in sprache zu gießen, deren schatten er schon ist. kürzlich erhielt ich einen brief, in dem jemand ziemlich heftig diese tendenz in meinem geschriebenen reklamierte. –
momentan, wo wir zunehmend mit einschränkungen von staats wegen bedacht werden, scheint es unerträglich zu sein, auch noch die letzten krücken anzusägen – anstatt sie zu verleugnen ... auf was sich nahezu

alle kunstproduzenten verschworen zu haben scheinen. lieber karl! wenn es geht, dann schreibe auf jeden fall mit der maschine – ich kann deine handschrift nur mit mühe dechiffrieren –

(linz 11. 11. 1975)

lieber bernd,

beschäftige mich seit tagen mit relativ alten gedichtfragmenten – mit speziell geordneten sätzen, worten wäre wohl der bessere ausdruck dafür – ich hatte früher einmal, als ich die ersten cut up texte notiert hatte, sie noch niedergeschrieben; ich habe begonnen, sie neu zu ordnen. ich weiß selbst nicht, was mich jetzt dabei so fasziniert. es ist merkwürdig, aber mir kommt vor, als fänden sich hier – in diesen ganz frühen versuchen von artikulation – spuren all dessen wieder, was seit jahrhunderten bis heute zwischen den zeilen geschrieben wurde. ich hatte die ›blumen des bösen‹ erst später gelesen, also nach diesen skizzen; vorgestern ungefähr, baudelaire wieder zur hand genommen: irgendwie verbindungslinien ... ein ähnlicher geruch im raum ...
dein beispiel vom film, dem einzelbild – angehalten – analog zum text, ist sehr plausibel. ein subtiles verhältnis mit dem stets vergangenen. jedoch scheint mir jenes stillstellen (in jeder hinsicht) so etwas wie eine anthropologische konstante zu sein – nur langfristig veränderbar, heute ein zwang. du schreibst in deinem brief etwas, was ich als drehpunkt überhaupt ansehe. ähnliches hatte auch horst lummert geschrieben, dessen brief – ich hatte ihm eine kleine kritik* übersandt (zur ästhetischen rezeption) – übrigens am selben tag hier eintraf, wie deiner.
wohl mehr als ein zufall, vielmehr zeichen, daß die sache objektiv zutage tritt:
du schreibst: »es käme darauf an ... die expedition zu wagen – wozu man verzweifelt genug sein muß«; und h. l.: »die hoffnungslosigkeit ... ist offenbar nicht, oder noch nicht tief, nicht schwer genug.«
ich gestehe es offen, für mich selbst – und als allgemeines kriterium der ›öffentlichkeit‹, wir sind nicht verzweifelt, nicht hoffnungslos genug. man findet trost bei einem, zwei gläsern port oder was immer. andererseits: selbst wenn ich jene expedition gewagt haben sollte, bin ich mir sicher, daß ich physische schmerzen immer noch zu verspüren habe. verstehst du: ich will keine schmerzen mehr haben. seien es zahn-, kopf-, magen- oder andere schmerzen. als ausweg bliebe nur jenes o. –

* cf. fußnote p. 35.

oder das freiwillige ende. konsequent. nun, inzwischen, ist man noch nicht zu schmerzgeplagt ...? ich habe kritik – deine notiz im brief teile ich vollkommen – nie als kritik um der kritik willen verstanden, vielmehr als versuch, mit denken sich selbst klarzumachen, daß es weiterzugehen gälte. mir scheint das auch noch der vernünftigste weg zu sein, um sich – relativ allgemeinverständlich – über wasser zu halten. klar, daß wenn ich heute einen versuch einer kritik schreibe, ich selbst erneut zu kritisieren wäre. usw. mit der akademischen kritikasterhaftigkeit hat das wenig zu tun. eher das bedürfnis, in einem mehr oder weniger partialen bereich ebenfalls zu überleben. warum auch immer ...
bataille kenne ich übrigens nicht. versuche aber mir etwas zu beschaffen.
ich komme jetzt immer wieder zu meinen alten sätzen und fragmenten zurück, neurotisch sozusagen – nicht um kunst zu machen, sondern um selbst festzustellen, was ich – einst, und gülig für die ganze zeit des lebens, antezepativ .. – gewollt hatte. spuren, träume. ›hinter den ausgebleichten kulissen/hält trüber schweiß/der kokettheit/ die waage, erbrochen/‹ usw. ich habe immer schon darauf gehalten, daß die intonation zum wort gehört – etwas wind in die kulisse bringt. auch dann noch, wenn es visuell gebrochen wird. heute in bretons l'amour fou gelesen, kam mir sehr vertraut vor.
nun, die zeit flirrt, man ist hineinverspannt, schmierig und dünn, zwischen den fingern bleibt wenig; immer irgendwo was zum festhalten suchen.
von hier die besten grüße /karl

(kassel 10/12. 11. 1975)

karl, ich glaube etwas wesentliches nachtragen zu müssen – ohne einen gedanken an die illusion zu verschwenden, jemals einen diskurs beenden zu können: es geht um die erweiterung, die eigentlich in meinen thesen enthalten ist (?), die transgression des negierten – ohne den weg im detail zu illustrieren. in der *abstraktion* ist der weg, das aristotelische denken, die bivalente logik, die den bereich von 0-1, falsch-wahr, nein-ja etc. umspannt, zu überschreiten, leicht zugänglich. errichte ich ein diesem bereich oppositionell gegenüberstehendes denksystem oder kritisiere ich dieses – in einer form, die allen anhängern der ›alten‹ logik verständlich ist – dann untermauere ich es auch, anstatt es zu unterminieren. insofern haben selbst die kühnsten utopisten diesen kosmos nicht verlassen und werden nur dem nützen, der eine fatalität durch eine andere zu ersetzen gedenkt.

die mauer, gegen die wir jetzt anrennen, ist womöglich folge eines sprachabhängigen wahns, der mir enge und gerade pfade vorschreibt, meine möglichkeiten limitiert. ((ich glaube, die realität ist kaum handfester als dieses blatt papier.)) der geniale trick ist folglich ein wahnsinn, der diesem grobmaschigen netz entgeht.
wird es eine (er)lösung sein? gewiß nicht. kaum mehr als andere zeitgenössische versuche könnte es ein temporärer individueller ausweitungsprozeß sein, der – wenn er sich artikuliert – der alten wissenschaftsgläubigkeit verhaftet ist und sich im bereiche der ›schönen künste‹ noch auf dem niveau von fabeln befindet. das provisorische könnte darin bestehen, die zulässigkeit (d. i. die erträglichkeit) dieser entwürfe zu befragen –
das meint verträglichkeit, die man sich nicht gestatten sollte. ((wer heute systemkritik als sport betreibt, steuert auf eine neue art der organisation zu: ich gebe gern zu, daß ich viel zu egoistisch bin, um auch nur das kleinste kollektiv anzuerkennen; die metamorphose ist eine mentale aktivität, die sich auf die kleinste einheit reduzieren läßt, auf den eigenen körper, die enteignete sprache.))
zufällig bin ich auf einen bemerkenswerten satz gestoßen, den artaud sehr doppelsinnig zitiert: für den wirklichen spießbürger gebe es nur einen ausweg – den suizid oder den wahnsinn.
einmal nicht als empfehlung für eine nebulöse gruppe menschen gebraucht, fällt es – so hart es klingen mag – auf uns zurück.

10 .11. 75

ich hoffe, du hast meinen exkurs ins zeitschriftenland nicht als zeugnis eines bis zum paroxysmus getriebenen illusionismus gelesen: im gegenteil bin ich mir der absoluten hoffnungslosigkeit, in diesem bereich zu agieren, wohl bewußt. wir kennen die inzestuösen ehen (graz ...), die sog. avantgardezeitschriften eingehen, wir kennen die von greisen literaten am leben gehaltenen hobbys bestimmter verlage ebenso, wie an den kunstmarkt oder an eine partei konzessionen machende elaborate – die alternativen abscheulichkeiten sind nicht mehr ernst zu nehmen: und seit dem arto-projekt frage ich mich wirklich, ob es noch sinnvoll ist, sich um jeden preis zusammen mit unerträglichen schwachsinnigkeiten einiger dilettanten verklammern zu lassen. wohin ich auch sehe, stoße ich auf ―― das soll nur sagen, daß allein eine gewisse intensität der *verzweiflung* ((die sich in eine aktivität verwandelt und nicht in stumpfes räsonieren verfällt)) rechtfertigt, daß jemand sich veröffentlicht. –
gerade das ist im verschwinden begriffen.
ich könnte, selbst wenn ich wollte, nicht mit milieuschilderungen à la fauser aufwarten: diese art von poesie habe ich seit jahren wie einen üblen romantizismus hinter mir gelassen, und wenn ich poesie sage,

meine ich eine bestimmte lebensweise. wieso irgendwelche amerikanismen apportieren, wenn mir die brutalität durchs eigene fenster entgegenkommt?
jedenfalls ist es mir unmöglich geworden, so etwas wie ein ich zu exponieren, zu beobachten, ernst zu nehmen oder den ruinen der individualität irgendeine bedeutung beizumessen, wenn diese sich in vorstellungen, empfindungen, wahrnehmungen etc. ausdrückt als eine travestie des tatsächlichen individuums.
es handelt sich wahrscheinlich darum, die täuschenden zugeständnisse ((die neurose, der suizid, die ›selbstverwirklichung‹ in arbeit und konsum etc.)) zurückzuweisen und sich hier und jetzt zu schlagen.
mit oder ohne metaphysik. unsinnigerweise muß man wohl immer erst das verdorbene hinunterschlingen, bevor man es auskotzt?
herzliche grüße!
12. 11. 75

(kassel 16. 11. 1975)

ICH GLAUBE, WIR APPORTIEREN DIE CHRISTLICHEN VORSTELLUNGEN VON LEIDEN UND SCHMERZ, WENN WIR VON VERZWEIFLUNG REDEN. WOGEGEN SIE NUR DEN IMPULS GEBEN SOLLTE, EIGENSCHAFTEN UND URSACHEN DES SCHMERZLICHEN AKTIV ANZUGEHEN.

ICH HABE ZU ZEIGEN VERSUCHT, DASS DER SCHMERZ SUBJEKTIV UND NICHT NUR MIT DEN NERVEN, SONDERN VOR ALLEM MIT DER SPRACHE GEKOPPELT IST, DIE ERST SEINE QUALITÄTEN, JA DIE ENTITÄT SCHMERZ ÜBERHAUPT ERRICHTEN KANN. DAS PAAR LUST – SCHMERZ IST NUR DANN GETRENNT, NICHT-REZIPROK, WENN MAN DAS MITTELMASS EINER JEDEN »QUALITÄT« SCHON FÜR DAS OPTIMUM HÄLT ODER DURCH DIE VERFASSUNG DER WIRKLICHKEIT AM BODEN GEHALTEN WIRD.

ICH WURDE JAHRELANG DURCH REALE SCHMERZEN AM BODEN GEHALTEN, BIS ICH BEGRIFFEN HATTE, VOR EINEM JAHR ETWA, WELCHEN ANTEIL DIE GESELLSCHAFT AN IHNEN HAT. ICH BIN, UND VIELLEICHT NUR DESHALB, DURCH DEN DRUCK EINER NATURWISSENSCHAFTLICHEN AUSBILDUNG ZUR SOG. LITERATUR GEKOMMEN, DANN ZU FERNÖSTLICHEN RAUCH- UND MEDITATIONSPRAKTIKEN, UM EINES TAGES (AUS DEM ZUSTAND DER UNBERÜHRTHEIT GEWISSERMASSEN) UNTER DEM DRUCK DES »KOLLEKTIVEN BEWUSSTSEINS« ZU EINEM GEWALTTÄTIGEN WESEN ZU WERDEN, DAS JENEM KOLLEKTIV SEINE GEGNERSCHAFT ANSAGT UND BEREIT IST, MIT ALLEN MITTELN EINSCHRÄNKUNGSVERSUCHE ZU BEKÄMPFEN. DIE WAHL DER MITTEL, UND DARIN TÄUSCHE ICH MICH NICHT, WIRD NICHT IMMER DEM INTELLEKT UNTERSTEHEN, BEI EINEM GEWISSEN MASS AN SCHMERZ/LUST HERRSCHT BEINAHE AMNESIE – WER DEM ZIEL NAHE ZURÜCKKEHRT, HAT

DIESE PERIFERIE GEKOSTET, WO BLINDHEIT UND SPRACHLOSIGKEIT HERRSCHT, WÄHREND EINEM DIE EINGEBLEUTE REALITÄT MIT PROFANEN REIZEN INS GESICHT SPRINGT – ZEN-MÖNCHE, VERRÜCKTE, HEILIGE UND EROTOMANEN BERICHTEN DAVON, MANCHMAL AUCH SCHRIFTSTELLER. GLAUBE NICHT, ES HANDLE SICH HIER UM EINE ANÄSTHESIE GEWÄHRENDE THERAPIE: DAS GEWEBE IST EIN FÜR ALLEMAL INFIZIERT, ALLERGISCH, ZEITWEISE SCHMERZT ES. UM ES AUSZUHEILEN, BEDÜRFTE ES EINES ZUGESTÄNDNISSES AN DIE SOCIÉTÉ; UM ES ABER ZU ERNEUERN, BEDARF ES EINES SCHRITTES WEITER HINAUS.

(linz 20. 11. 1975)

lieber bernd,
schönen dank für deine zwei schreiben. du hast eine deutliche sprache angeschlagen d. h. ich sehe jetzt etwas klarer, kompakter – um das mit diesen worten zu sagen.

um es nocheinmal kurz ins gedächtnis zurückzurufen, logik und sprache sind verkoppelt, und beide scheinen instrumental zu sein: für den herrschaftszwang des menschen, wendet man sich rückwärts, der geschichte zu. ich bin mir darüber im klaren, daß jener geschichtliche sachverhalt, der als entwicklung bezeichnet zu werden pflegt, nichts anderes ist bzw. war, als die systematisierung von herrschaft: über natur, über den menschen, sofern er sich als objekt zu wähnen hatte (durch physische und psychische herrschaft gezwungen war, herrschenden als objekt dienlich zu sein). ich glaube auch, daß die marx'sche theorie den sachverhalt im bereich der primären bedürfnisse (also im mehr oder weniger ökonomischen bereich) im wesentlichen trifft: die geschichte herauf bis ins neunzehnte jahrhundert, bis zu ihrer entstehungszeit. sicherlich bedenkt der materialismus die ›überbau‹-phänomene zu wenig, übrigens ein entscheidender faktor, eben der, welcher ihn heute vulgär erscheinen läßt. eines dieser überbaulichen ((ich will diesen jargon der stenografie halber mitnehmen)) phänomene ist (wahrscheinlich das zentrale) die logik. insgesamt ist ja der gesamte überbau ein sprachliches phänomen. steht geschichte unter dem zeichen von herrschaft (und vielen zufälligkeiten), so verhält es sich mit sprache genauso. sie war dem überleben in einer relativ feindseligen natur funktional und war damit eine erste spur von herrschaft. der über die natur folgte die über menschen. und von den religiös legitimierten tyranneien des mittelalters – bei denen eben die herrscher relativ die nutznießer des ganzen waren – ist nur ein scheinbar weiter weg zur allgemeingewordenen herrschaft heute: in der jeder nutznießer zu sein glaubt, tatsächlich alle aber unter einem bann sind, der sich nicht mehr entfernen läßt. wir würden in einer objektiv besseren, glückhafteren welt nicht glücklich sein können: die infektion

steckt zu tief, sie hat uns als ganzes, als ganzen menschen (inclusive der physis und nicht nur der, die unter der umweltverseuchung leidet) im griff. hier taucht eine alte frage auf, eine entscheidende aber: warum für die, die nach uns kommen, arbeiten und eine veränderung initiieren wollen, wenn wir ohnehin nie etwas davon haben könnten? hier kann keine gültige antwort mehr gegeben werden, die (simulierte) fragestellung ist nur mehr kritisierbar. zum einen als verzweifelter egoismus, der auch ein stück vom »glück« haben will, zum anderen als technokratisch verseuchte ideologie, ein naturwissenschaftlicher evolutionismus (planungssystem) übelster sorte.
dies als zwei möglichkeiten von antwort – genuin jene aristotelische logik, die du verwirfst. sicherlich ist die formale logik penetrant; ein einmal in die welt gesetztes denkschema, das jetzt noch immer und vielleicht mehr denn je die menschen, die sich gegen solche geschichtlichen erbschaften wehren, der absurdität zu überführen scheint – in den augen der mehrzahl, in den augen des greifbaren erfolgs. ich will aber doch erinnern, daß neben der formalen logik stets eine andere auffindbar war. ich denke als beispiel an jakob böhme, nicht einmal so sehr an hegel, vor allem an nietzsche, aber das nur nebenbei.
jedenfalls hast du recht, was kritik und kritisiertes betrifft: der versuch der kritik an einer denkkonzeption – zumindest solange er theoretisch bleibt – untermauert sie: nicht nur weil kritik und kritisiertes einander bedingen, sondern insbesondere, weil kritik sofort ((relativ sofort, im geschichtlichen verlauf)) den vagen strategien und strukturen von herrschaft einverleibt wird. darüber hinaus bedient sie sich ja selbst eines mediums von herrschaft, das der sprache (und des denkens – zumindest der formulation nach; wenngleich widerstand durchaus die bedeutung von worten verändern kann: aus unzufriedenheit mit dem vorfindlichen durchaus die vorfindlichen sachverhalte umordnen, umgestalten kann – hier die frage, wieweit es als umordnen, als wahrnehmungs- und denkkategorie von ordnung und systematik nicht dem alten, von dem es sich partial (bis gänzlich) lösen wollte, verhaftet blieb).
ich rechne dir hoch an, daß du genau hier ansetzt, wo nämlich kritik (nicht jene fadenscheinige akademische, sondern die, der es um das ganze geht, auch wenn sie sich selten zwar aber immerhin auf dem akademischen boden ebenfalls finden mag – nur an marcuse gedacht –) nicht nur in der durch sprachgebrauch diktierten semantik steckenbleibt, sondern indem sie sich als systematische kritik zusätzlich der sprachhintergrundmuster ›hinzugeben‹ hat. ich glaube, daß dies das schwerwiegendste problem, das radikalisierteste heute überhaupt ist. sicher, daß kritik sich immer auch selbst zu kritisieren hat ... wenn man alles in frage stellen will, hat man sich selbst: nämlich dieses alles-in-fragestellen eben auch in frage zu stellen.
jedoch der von dir angeschnittene weg (um das hier kontrasthalber zu

simplifizieren), die abwendung von der sprache zu einem nichtkommunikativen raum hin, fußt ebenfalls auf sprache; jene abwendung wird von ihr selbst bedungen, erst möglich und schließlich notwendig gemacht. notwendig, weil offenbar keine anderen wege offenstehen, diese zu wenig radikal, damit affin wären. wir sind uns jedoch darüber im klaren, daß sich hier gesetztes (histor. gewordenes) und erkanntes, sowie diese negierendes gegenüberstehen; und daß so etwas wie synthese nicht mehr möglich ist. heute mehr denn je ist eine entwicklung, die zu einem besseren hinführte, verbaut. wie hieß es in der camus-verfilmung von visconti (»der fremde«): »das leben verändert man nie, es ist doch immer wieder dasselbe«. ich bin, was eine gedachte oder gewünschte veränderung am bestehenden angeht, äußerst skeptisch; soweit sich das geschehnis verfolgen läßt, kann das nicht stattfinden. trotzdem bleibt die verzweifelte beschwörung jenes besseren. in ihrer maskierung und in ihrer verzweiflung offenbart sich uns unsere ohnmacht: jenes bessere, glückhaftere verunmöglicht zu wissen. und hier ist der angelpunkt nach wie vor. wir wissen, daß alles besser sein könnte; und wir wissen, daß dieses besserseinkönnen nicht stattfinden wird. der sachverhalt ist heute grundlegend. unbewußt bei jenen, denen nichts andres übrig bleibt, als mitzuspielen, sich dem gesamtapparat zu unterwerfen und seine schalen sehnsüchte auszukosten – um irgendwie das verlangen nach befriedigung (unmittelbarer: primärer bedürfnisse, wie auch sekundärer, geformter, sublimierter bedürfnisse (also genau jene der freud'schen kulturleistung aus versagung)) gestillt zu halten.
bewußt: bei den versuchen, die dem gesamten apparat den rücken kehren und sich in sich verziehen oder flüchten. jedoch – realität ist nicht nur eine sache von sprache. nur dem denken ist sie erscheinung, existentiell nie! darum ist auch schmerz und schmerzvermeidung die einzige ›ontologische‹ konstante, die wir als physische wesen anerkennen müssen. wenn nämlich, so glaube ich, dir realität kaum handfester als ein blatt papier wird, treibst du den sprachradikalismus – als genuine kritik – zu weit, er schlägt um und nimmt reduktionistische züge an. und verfällt damit dem symptom von universaltheorie, analog beispielsweise jenem vulgärmarxistischen ökonomie-als-basis-von-allem theorem.
sicherlich: ich kann schmerzen umgehen; auch in einer gefängniszelle und auf foltergerät läßt sich's aushalten, vorausgesetzt, man hat zweimal täglich sein fläschchen romilar o. ä. zur verfügung. ich denke auch, daß sich die empfindungsfähigkeit des menschen z. t. intellektuell beeinflussen läßt. nicht [mehr] aber unser denken. und hier, im, als denken, sind jene versuche der kühnsten utopisten anzusiedeln; sie hielten und halten die idee aufrecht, daß es eine bessere welt geben könnte – geben hätte können. außer, und hier erneut ein drehpunkt im tragwerk der analyse, die menschliche entwicklung hätte ihn, den menschen, zu-

fällig dazu gebracht, nicht mehr ein soziales wesen zu sein. wäre dies der anbruch des tanzenden gottes? auch hier ist nichts gültiges mehr zu sagen. nur soviel, daß eben ›empirisch‹ heute noch der einzelne den anderen braucht – in welcher form auch immer. wenn ich eingestehen muß, daß es mir darum ging und geht, zu helfen einen zipfel von wahrheit sichtbar werden zu lassen, dann klammere ich mich nicht daran, daß jene ›wahrheit‹ universale gültigkeit hätte. vielmehr heißt es, daß die unwahrheit heute, dieser dschungel aus betrug, selbstbetrug und spiegelfechterei, nicht unerwidert bleiben soll. wenn ich schon nicht glücklich sein und werden kann, nach einem schalen leben – jederzeit – sterben kann und auch einmal muß ((man hofft, es dauert noch lange: ich schwanke regelmäßig zwischen suicidwunsch und grauenhafter todesfurcht – unbegreifbar, daß man selbst, der jetzt hier lebt, schreibt, nachdenkt, kleine dinge umdreht, umherrückt, daß dieses bewußtsein aus sein kann und auch aus sein wird; unfaßlich, daß man nicht mehr sein wird ... ich verstehe nur allzugut, wie verlockend die flucht in das religiöse werden kann, man hofft doch noch auf späteres, jenseitiges glück, weil man hier keins haben konnte – auch ein symptom dafür, daß die religionskritik des neunzehnten jahrhunderts heute noch im wesentlichen gültigkeit hat ...)) will ich /scheine ich mir selbst zu sagen/ wenigstens gewußt haben, woran ich war. ein erkenntnisdrang wie der, welcher die geschichte der gattung so vorschnell hochgetrieben hatte, aber doch im wesentlichen unterschieden davon; er nützt zu nichts, er dient zu keiner daseinsbewältigung. im gegenteil er steigert die verzweiflung, indem er die existentielle noch durch die des denkens bestätigt und verstärkt. ((religiöses – auch jede form von ekstase trägt schnell religiöse züge.))
der artaud-gedanke in deinem brief (nur der wahnsinn oder der suicid für den spießbürger). du siehst, wie peinlich er zutrifft. jedenfalls ist man in jeder hinsicht dazu verhalten, nicht der zu sein, der man sein wollte, einstens zumindest. ich tröste mich sozusagen, irradiatiere mich mit ein paar schubert'schen streichquartetten – nicht um auf jenem bürgerlichen zu beharren, sondern weil ich dieses gequälte in den quartetten irgendwie tröstlich finde: man weiß, daß es anderen menschen ähnlich gegangen sein muß wie einem selbst. diese art von leidensgemeinschaft hat auch kollektivcharakter. dieser allerdings ist sicher nicht repressiv. ich teile deine abneigung gegen kollektive, glaube aber doch, daß eine bestimmte art von solidarität existenznotwendig ist – wenn man noch nicht verzweifelt genug ist? oder wenn man vielleicht es noch nicht sein will? aber bleiben wir beim ersten teil. konkret, wem oder inwieweit nützt der versuch einer bon voyage nach ›innen‹, in jene unkommunizierbaren bereiche?
ist es nicht vielmehr der versuch, abzuschalten. von einer schlechten

party fortzugehen? soweit ich das zu sehen vermag, ist jene bon voyage für den einzelnen ein überlebensvorteil, indem die privat durchgeführte umwertung der vorhandenen und als fadenscheinig beobachteten werte die energie der kontinuierlichen, arbeitsamen und lästigen auseinandersetzung mit ihnen (letztlich der dauernden selbstkontrolle: nicht auf jene doch wiederum hereinzufallen) erspart. aber ändert das was am apparat? wenn das nichtkommunizierbare eben ein solches ist, als es privat ist, bleiben muß, so kann es nicht den apparat unterminieren, es kann ihn nur stützen, da ihm nichts mehr entgegengesetzt werden kann und er undeutlich wird.
ich glaube, von dieser seite her gleichen sich die bilder. veränderung findet so (im denken, in der utopie, in der gewaltsamen aktion usw.) oder so (im wahn, im eintritt in die anderen zonen) nicht statt. letzteres hat sicher einen privatvorteil: jene patterns geübter wahrnehmung, wie schmerz, mögen sich vielleicht minimieren – wie du schreibst. letztlich bleibt aber doch alles beim alten. an der realität, egal, ob ich sie – wie auch immer – verlasse oder ob ich unter ihr leide, ändert sich nichts.
ich glaube auch, du schreibst im zweiten brief davon, daß unsere empfindung (hyletisch und intellektuell) entscheidend durch die christlichen vorstellungen geprägt ist. aber eben nur mit farbe, die hinfälligkeit ist durch nichts zu leugnen. auch das tier hat sie. das heißt nicht, daß der mensch nicht ihre qualität verändern könnte. eine psychische (damit sicherlich auch sprachliche) frage. um aber ›die ursachen des schmerzlichen anzugehen‹, wie du weiter schreibst, muß ich mich noch in interaktiver fähigkeit halten. d. h. das unsagbare letztlich sprachlich, in dieser, unserer sprache, mit diesen besetzten, präformierten worten mitteilen. poetisch ... wie immer schon?
die verätzungen finden sich in rilke, mit dem jetzt wieder groß auf die pauke geschlagen wird, wie immer schon, wenn etliche jahre vorüber sind, genauso wie in der nervenwaage, in den kraus'schen sachen genauso wie bei kafka – aber das brauche ich dir nicht zu schreiben. übrigens auch bei bukowsky und fauser; sicherlich man muß nicht gerade amerikanismen strapazieren – scheint so ein ausläufer der pop- und rockzirkulation früherer jahre zu sein. es gab zeiten, da waren jene rolling stones erträglich, da hatten sie gültigkeit. zynisch der satz, daß die zeit alles verändert: auch uns. zynisch und banal; das liegt eng beisammen. und es ließe sich, es wäre auch viel darüber zu sagen, wenn man nicht weiter stereotypen – analog dem geschehen rundum – reproduzieren will.
jenes ästhetische moment, um das es mir hier geht, um das es auch artaud ging, usw., entzieht sich nur zu rasch dem zugriff. das ist auch das wesentliche daran: es ist nicht fixierbar, so sehr es sich auch affirmativ verhält, so sehr hält sich damit das negative. nur an baudelaire zu denken, schiller usw. wir sollten jenes ästhetische auch nicht den zureichern

des apparats überlassen, die selbst kraus wiederholt in schändlicher: niedlichster machart aufpäppeln.
eine frage von publikation. damit auch irgendwo von privatem prestige und affirmierungswilligkeit letztlich, man gerät von gutgemeinter intention ins schlechte fahrwasser; allzuschnell. ich verstehe deine bedenken gegen publikationen, ich teile sie im großen und ganzen. man braucht hier auch nicht weit zu blicken, sich nur die österreichische ›nachwuchs‹literatur ansehen und ihren selbstausverkauf, dieses händereibende aufspringen auf den literarischen geldwagen und die liberalistische, extrem dümmliche ummäntelung, weihrauch ... auch hier aber wäre näher zu sehen, schärfer zu beobachten, es ist konträres mitverflochten, wie immer schon. diese (letzten) drei worte geraten sehr leicht falsch, auch dieser gesunde menschenverstand beschlägt sie. ein kohärenzsymptom, was veränderung bei gleichzeitiger stagnation betrifft. übrigens ist ja jener ›gesunde menschenverstand‹ nichts anderes als ein gigantisches kollektivierungsphänomen, sicherlich sui generis, aber jenes gruppen-syndrom auch heute bis in die subtilsten (und auch avantgardistischen – um dieses wort ganz vorsichtig und auch zynisch zu verwenden) beziehungen durchschlagend. übrigens ist meine abneigung gegen dieses gruppenhafte auch grund für mein dasein in eremitage, größtenteils. schlechte erfahrungen, die mich auch deine abscheu vor ›gesellung‹ teilen lassen. ist man nicht mehr auf sich allein angewiesen, in einer noch so schütteren beziehung zu anderen, dann fängt die fama zu laufen an, entzündet sich rancune und kindischer egozentrismus (zumal das ich sich leichtens kollektiviert).
übrigens: schon einmal die gehässigkeit von kindern beobachtet? dieses mustergültige sich-behaupten und diesen insider-outsider effekt. es scheint mir allgemein zu sein, daß heute der mensch auch als erwachsener noch dieselben verhaltensmuster zeigt – subtiler, maskierter vielleicht. wahrlich ein triumph von erziehung, jedenfalls ein weiteres symptom von und für gesellschaft und das, was sie konstant hinterläßt, verfestigt.
frappant auch die nähe von haß und liebe, lust und schmerz bei kindern. da hier eine kanalisierung noch nicht vollends ist, das role-play noch rüde wie die wahrnehmung, nimmt das auch nicht weiter wunder. dennoch heißt das nicht, daß dieses beieinander und tiefgehende empfinden von haß und lust richtig wäre – wie mir scheint, was du annimmst – es heißt nur, daß es vitaler, physischer ist: aber keinesfalls eine ›ontologische‹ konstante, noch erstrebenswert (geht man von der utopie eines besseren aus).
beobachtet man, wie leicht der mensch heute den tod, letztlich seinen tod nimmt, weist es auf jene zweite natur zurück, von der marcuse gesprochen hat. man ist bereit, alles ohne widerspruch hinzunehmen. **man fügt sich.** leute mit defekt, ich sehe das an mir, mit defekt im sinne des

apparats, leiden darunter. allein, leiden ist nicht das richtige wort, es ist schon zu sehr abgegriffen, um überhaupt noch andeuten zu können. hier, in der behandlung des todes, zeigt sich der kollektive präparationsmechanismus am deutlichsten. das sklavische erdulden von allem und jedem, widerstand, lapidare ›ausbruchs‹versuche aus der rationalen rationalität des apparats findet man noch auf der autobahn, wenn der tritt aufs gaspedal für die schäbigen stunden in schäbigster weise entschädigt. darum kann auch heute – marcuse schreibt das irgendwo – nicht mehr von entfremdung gesprochen werden. das entfremdete dasein hat eine neue qualität von dasein produziert, in dem es keine entfremdung mehr gibt, nur mehr ein relativ reibungsloses funktionieren im sinne der verwertungsstrukturen und simpel-ideologien. die randgefechte von heute sind scharmützel einer untergehenden ära, so scheint es mir, das denken (an ein besseres dasein letztlich) wird bald gänzlich verschwunden sein.

in diesem sinn sind wir die letzten überlebenden. marcuse: ich halte den eindimensionalen menschen hoch. es ist das buch dieser zeit; gültig, obwohl es vor zehn jahren geschrieben wurde. heute ließe es sich auch nicht mehr schreiben, aber das nur nebenher.

machen wir zur frage der publikation ein einfaches exempel. wenn ich hunger habe und in ein gasthaus gehe, dann bin ich gezwungen mit etlichen leuten im selben raum das gleiche zu tun, nämlich zu essen oder aufs essen zu warten. und obwohl ich mit den meisten oder allen leuten in diesem raum nichts zu tun haben will, sie mir zuwider sind, bleibt mir bei hunger nichts übrig, als mich mit ihnen abzufinden. es ist überall so. auf der straße, im kino, in der tram. sicher, hätte ich eine eigene zeitung, könnte ich die leute, resp. die texte darin versammeln, die mir's wert erscheinen. dennoch, das, was sich pluralismus nennt, und zumeist fälschlich, ist eine akute (immer schon chronisch gewesene) frage. zumindest bestätigt das meiste, was aufscheint, die position, die man bezogen hat. es bestätigt die kritik.

um auf deine bemerkung »systemkritik als sport« zurückzukommen. ich glaube, eine frage von amateur und profi wäre hier falsch gestellt. ideologiekritisch war etwa breton ein purer dilettant – das wort im heutigen sinn gebraucht, dennoch finde ich, ist er ernst zu nehmen. es setzt sicher arbeit voraus, kulturkritik nicht den vom apparat dazu berufenen zu überlassen (müssen) – es lohnt auch nicht, nicht zu schweigen. in keiner hinsicht. für mich nehme ich nur in anspruch, mich nicht für dumm verkaufen lassen zu wollen. egal, ob das jetzt ein kulturpolitischer oder sozialwissenschaftlicher protagonist ist, oder ein geschäftstüchtiger künstler. letztlich ist dies die frage, wieweit man das gutbürgerliche bildungsideal verinnerlicht hat. es aber, da man widerspricht, kritisch wendet oder wenden muß. übrigens – totale kritik heißt nicht, kritik summativ an allem, sondern das aufspüren, analysieren

des besonderen. sie wird schließlich jedoch umständlich, langwierig, verflochten. sicher aber auch, daß die einfachheit, nur deswegen weil sie einfach ist, nicht auch schon wahr, gültig ist. ich glaube, daß es grund in der sache hat, daß dieser brief schon einige seiten lang ist, obwohl ich gerade für kürze wäre, allein schon des zeitlichen aufwands wegen, für dich und für mich. nur, die sprache läßt kürze selten zu. auch hier taucht dann wieder die frage von publikation auf. sie muß kontinuierlich sein, weil eben die sache kein ende hat. fraglich nur, ob sie es sein kann. klar, daß etwa zuviele gedichte publiziert worden sind, das meiste wertlos, daß auch etliche ausgezeichnete nie eine chance hatten – daß aber auch etliche ausgezeichnete doch gedruckt worden sind. das als beispiel, mit textchen, artikeln und büchern verhält es sich nicht anders, mit malereien usw. usw. wir sollten die skrupel vor der publikation und den immerhin auch mitschwingenden gründen, wie etwa einer doch spürbaren genugtuung – man kann es nicht verleugnen – nicht zu schwer wiegen lassen. gerade hier sollte nur die sache sprechen und zusätzliche intentionen sollten privat bleiben, nicht extra abgeschoben werden, nur außerhalb des zentrums unserer aufmerksamkeit – für uns – bleiben. ich denke doch, daß gerade die sache, der inhalt der publikation also, ein element jener solidarität wäre, die diese art von leidensgemeinschaft herstellt, aufrechterhält, was aber nicht falsch zu verstehen wäre. über eine publikation kann man wissen, daß man doch nicht gänzlich allein ist, daß es *noch* individuen gibt, die sich in ähnlicher situation befinden. auch eine art von impuls...
denn machen – im sinne von spürbaren einfluß, von ablenkender bewegung (störung) – läßt sich nichts. alles, was eine über ein gewisses mindestmaß hinausreichende irritierung verursacht, oder verursachen könnte, wird vom apparat entschärft: entweder vereinnahmt oder abgeschoben, herausgedrängt (nur als beispiel wilhelm reich in seiner späten phase, man mag denken wie man will, ihn ernstnehmen oder nicht: jener sachverhalt allein spricht deutlichst). mir ist klar, daß du das siehst, du schreibst ja schließlich: ›zwischen den rastern agieren‹. ist das nicht konzession an den apparat machen? taktieren? und heißt das damit nicht, die eigene sache durch lavieren entschärfen? ich glaube schon, daß der anspruch totalen angriffs (intrapersonal hier) fällt – man muß immer und überall rücksicht auf den apparat nehmen, eine zu auffällige bewegung, und man sitzt – wo auch immer. das mag wiederum für das jeweilige subjekt nicht sonderlich tragisch sein. ab einem bestimmten punkt ist es egal, wie man und wo man sich ablebt. jedoch glaube ich, wirst du zugeben, daß dann aber kein impuls nach außen mehr möglich ist. der im irrenhaus sitzt, übt keinerlei einfluß auf diese gesellschaft aus – nicht einmal auf jene spärlichen ränder, aus denen heute noch vereinzelt menschen zu brechen sind... artaud brauchte einen verleger, der nicht im irrenhaus saß, zumindest leute außerhalb

der anstalt, denen klar war, daß die anstalt ein typisch gesellschaftlicher mechanismus ist. (man könnte die gesellschaft sprengen, indem man ihre irrenhäuser füllt – dazu darf man jedoch nicht in einem irrenhaus sitzen!) natürlich – der egoismus kann, vielleicht auch aus notwehr, vollends werden. man kann sich sagen, außer mir selbst ist mir alles egal. eine ethische frage. wiederum. auch sie ist in ihren antworten allemal noch einer kritik unterwerfbar. es gibt nichts, heute vor allem, was nicht solcher kritik unterziehbar wäre. als simulierter entwurf sowohl wie ex post. das heißt nicht, daß ich jemandem dreinreden wollte, wenn er etwas tut usw. nein – wir bewegen uns nur in den radikalsten zonen, die das denken gegenwärtig zu erkennen vermag, und die noch zu ›kommunizieren‹ sind. auch hier stets unter der annahme, daß verständigung doch noch irgendwie sinnvoll ist. andernfalls hätte nicht die kleinste aktivität noch sinn.

obwohl schon möglich ist, daß wir, daß alle menschen, gehen ihre tätigkeiten über ein bestimmtes maß an alltäglicher verrichtung hinaus, nur mehr zu sich selbst ›sprechen‹. daß wir aneinander vorbeireden ohne es gemerkt zu haben, ohne interesse an dem, was jargonhaft »mit-teilen« genannt werden mag, daß wir also monologe führen und den anderen nur als spiegel für unsere monologe brauchen (als spiegel, der *nur zurückwirft* was ihm zugestrahlt wurde). das scheint verlockend zu klingen – jedoch brauchen wir dann immer noch den anderen, für-uns selber, wir agieren dann zwar stets nur als (mehr-oder-weniger-)objekte füreinander, aber immerhin noch füreinander ... auch im sinne von jeder-für-sich. auch hier bildet sprache das medium, mit und in dem jenes vor sich ginge. sie ist jenes medium, das identität gibt – und das nicht-identität gibt. um letztere geht es und ging es uns letztlich. und welche sprache es auch immer sei (gestik etc.), oder denken überhaupt, wir haben jene sprache, jenes denken gelernt, lernen müssen: wir sind überhaupt erst dadurch zu dem geworden, was wir sind – und wir können nicht heraus aus dem gehäuse, weil wir's gänzlich sind ... auch hier, es gibt keine synthese mehr! wir können uns nicht ändern, verändern. es bleibt alles beim alten, bei den eingeschliffenen kanälen und ausdrükken. was nicht heißt, daß sich jene weiterentwickeln, ihre immunität weiter verhärten. es bleibt nur relativer widerstand – so gut das geht, so radikal wie möglich – oder mitschwimmen. die ehrliche intention geht leer ...

ein brief, der größeren umfang angenommen hat, als beabsichtigt war. vielleicht auch ein formulierungszwang für-mich, aber das geht größtenteils in den briefen so, man schreibt sie auch für sich, um zu wissen, woran man mit-sich-selber ist. ein versuch von hinhören, ein teil des unternehmens, in dem man wissen will, wo man noch ist. und schreiben, weil das noch geblieben ist, weil man sich das noch nicht versagen

mußte. sie ist ungefährlich, diese art von aktivität. in jeder hinsicht. trotzdem ein teil von überleben. auch in jeder hinsicht. zumindest, solange man das noch kann ...
das allerbeste von hier /karl

(kassel 27/28. 11. 1975)

du wirfst eine reihe von fragen auf, die ich schon für geklärt hielt: so verschwende ich schon länger keinen gedanken an die frage, ob der mensch nun ein soziales wesen ist oder ob es sich lohne, utopien für die nachwelt zu entwerfen: die art der fragestellung verweist allein schon auf jenes tableau, auf dem wir stehen und die frage überhaupt aufwerfen. versuche nicht, mich zu einem bekenntnis zur schrankenlosen asozialität hinzureißen! geht es doch auch nur vordergründig um sprachkritik: wenn aber der ort der wirklichkeit das bewußtsein und damit ein sprachabhängiges, virtuelles image ist → verändert sich die wirklichkeit in dem maße, wie ich die sprache verändere (auf daß das bewußtsein ein anderes werde). inzwischen sind mir auch die widerstände bekannt, die nicht nur du der idee entgegensetzt, daß der schmerz etc. keine ontologische konstante, sondern veränderbar sei.
denn es gibt nicht nur eine externe form von herrschaft, es gibt auch eine, die man die diktatur des körpers nennen könnte → was wahrscheinlich ebenso falsch wäre, wie wenn man die sprache für angeboren und naturgegeben ansehen würde. wieviel der rein körperlichen interaktion wird nur noch mechanisch, einem diktat folgend, aufrechterhalten, wieviele der motorischen aktionen und reaktionen stimmen nicht mehr mit deiner empfindung überein, so daß sie wie ein atavismus wirken. denke besonders an das sexuelle verhalten und welche funktion es im staate erfüllt.
der sensorische bereich: einer widersinnigen ökonomie zufolge beschnitten, verarmt, reduziert – riesige bereiche unerforscht, die skala ((für die 5 sinne, warum nur 5?)) ent*sprechend* der *sprache* eingerichtet etc. etc.
wenn du es als bild siehst, und nur so ist es sinnvoll, kannst du umrisse des entwurfs erkennen. du sprichst von egoismus, individuellen lösungen: was ein ego voraussetzt. wo kann ich es lokalisieren? wir können damit rechnen, daß andere generationen es für eine erfindung der werbung halten werden.
es kommt wohl weniger darauf an, das paar lust/schmerz ((und die paare, die sich davon ableiten lassen)) zu bejahen, sondern zu sehen, daß beide durchaus keine antipoden sind, daß beide aufeinander eine anziehung ausüben und die entitäten transformierbar sind. die jewei-

lige qualität ist nivelliert und pervertiert worden. ich spreche von dem »petite mort«, der bei einer gewissen intensität von lust und schmerz anwesend ist, im schlaf, in der angst, unter drogen etc., petite mort, den man mehr und mehr verleugnet. im bereiche der lust ist sehr deutlich, daß suggeriert wird, diese sei durchweg euphorie und vor allem konsumierbar – im bereiche von angst und schmerz exponieren sich pharmazeuten und mediziner, die künftig wohl den tod zu einem unfall erklären wollen, der nicht hätte passieren dürfen.

ich irre mich nicht, wenn ich vermute, prozesse wie krankheit, altern, verschiedene stadien des verhaltens und bewußtseins in beziehung zum sprachverhalten bringen zu können.

die frage ist nur, wer regelt was? verändert das befinden die sprache (sehr deutlich bei allen anomalien: schwerhörigkeit, epilepsie, weniger kraß schon bei einem leichten fieber beobachtbar) oder umgekehrt.

sicherlich verweist jedes gegenmodell auf das modell wie jede abweichung auf das gesetz: diese feststellung bezeichnet die aktivität, die zwischen gesetz und übertretung steht, den motor. dessen energie wird davon abhängen, wie sehr man das gesetz selbst für kriminell hält.

die verschwenderische, selbstverzehrende aktivität ist darauf aus, das gesetz zu übertreten, da es (das gesetz) ja auch als verlockung dient: wer folglich in lust und schmerz seine todessehnsucht wie ein heftiges verlangen stillt, den wird man – wie zu erwarten – zum wahnsinnigen erklären. ((es gibt durchaus andere impulse – die anspielung auf de sade in »jede wahre sprache ...«))

man verwirft ja grundsätzlich alles irreguläre, anarchische einer namenlosen angst zufolge, welche gesetzen entspringt, die man teilweise gar nicht mehr kennt noch deren sinn.

ich schrieb vom christentum, dessen symbol dir in jedem t, jedem telegrafenmast oder fensterkreuz begegnet, um auf die verlogene favorisierung des leidens und entbehrens hinzuweisen.

du weißt, wie gefährlich der umgang mit ausdrücken wie »leidensgemeinschaft« ist, und ich unterstelle einmal, er enthält das moment des an-den-eigenen-haaren-aus-dem-sumpf-ziehens, den willen zur regression – d. h. zur grenzüberschreitung ((um den apparat zu verändern, bedürfte es wiederum eines anderen apparates, was sozialität seiner funktionäre voraussetzt und zwangsläufig auf eine ablösung von herrschaft hinausläuft, um eine andere zu errichten)). ich bin mir nicht ganz sicher, ob man h. h. jahnns ugrino, batailles société secrète oder bretons surrealismus für eine glaubens- und/oder leidensgemeinschaft ansehen kann, die gar nicht an religiöse vorstellungen gebunden sein muß und vielmehr von dem wunsch nach transzendenz, einem kollektiven mythos zusammengehalten werden kann.

vielleicht ist es – statt eine leidensgemeinschaft zu gründen – einfacher, endgültig zu klären, wer für und [wer] gegen einen ist.

ich merke, daß ich hier in gebiete komme, die ich nur zögernd betrete und bisher nur im falle schwarzkoglers betreten habe, um seine alchimie des körpers sprachlich zu fassen – ohne sie (er-)klären zu können/wollen. und außerdem handelt es sich bei ihm um einen einzelnen.
ich will den **defekt** (den aktionsradius des defekten) mit einem aufgeklappten buch und dieses mit einer umarmung vergleichen: es/sie kann dir wohltun, dir schmeicheln, dich unberührt lassen oder einschläfern – es/sie kann aber auch die ganze gefahr beinhalten: erdrückt, erstickt oder verbrannt zu werden. diese rotglühenden hände (buchdeckel) sind die jenes defekten, der dem system am meisten schaden zufügen wird, wobei die geste (der »umarmung«), deren er sich bedient, ihn davor bewahrt, den maschen des gesetzes ins netz zu gehen.
27. 11. 75

apropos systemkritik als sport: ich habe nicht im entferntesten damit gerechnet, daß du sportler für amateure halten könntest; daß der staat gar kein organ für provokatives hat, zeigt sich in allen bereichen, in denen man brandbomben aus papier gebastelt hat: paradoxerweise wurde gerade artos asozialste arbeit, sein van gogh-essay, mit dem st. beuve-preis ausgezeichnet und ich habe ähnliches erlebt – zu meiner enttäuschung.
was die gleichung angeht – wenn man hunger habe, setze man sich auch an einen tisch mit den unangenehmsten leuten – kann ich nur sagen, daß ich verrückt genug wäre, um die andere lösung dieser vorzuziehen.
der sinn als solcher ist doch keine entität, er ist etwas konstruiertes: schrecke nicht vor dem monolog zurück, im gegenteil: er könnte, je hermetischer er wird, sinn und kohärenz in frage stellen, als absurdität ausweisen.
apropos grausamkeit findet sich fast alles in artos th. et son double, die analogien – weniger in diesen texten – zu nietzsche sind offensichtlich.
vielleicht kommt in die artaud-sammlung noch ein funkmanuskript von daniel dubbe, das ich kürzlich bekam – wurde im november vom **sdr** ausgestrahlt.
irgendwann wird der geschichte um »jede wahre sprache ...« im **kukkuck** ein appendix – kommentar von lummert und briefzitate von mir – folgen.
es wäre schön, wenn du etwas zu diesem text sagen könntest, denn es interessiert mich schon zu wissen, wo zweideutigkeiten/untiefen etc. sind.
daß du dich zu nichts verpflichtet fühlen sollst brauche ich, denke ich, nicht zu sagen.
28. 11. 75

(linz 9. 12. 1975)

lieber bernd, wollte erst den artaud-band abwarten (die t.), bevor ich dir schreiben wollte, aber er kommt nicht. ich glaube, wir stehen *immer* wieder am anfang; ein leim, der nicht festwerden will, oder das quentchen vernunft gerät aus den fugen, dazu persönliche – sagen wir: beulen, die man ohnedies gewohnt ist (abgesehen vom rost).
deine frage, etwas zum text »jede wahre sprache ...« zu sagen, habe ich so verstanden, daß ich erst deinen (und h. l's.) appendix abwarten soll. ich weiß jetzt nicht, ob das so von dir gemeint war? aber ich hatte vor, ein essay, eine nachbemerkung zu deinem text zu verfassen – ich denke, daß es sinnvoll ist, da erst diesen appendix abzuwarten – ich wollte deswegen das in-form bringen, weil ich es konsequenter hielte, auf etwas objektiviertes in gleicher form zu antworten: prinzipiell pflichte ich dir bei – nicht aus schmeichelei o. ä. (ich glaube du kennst mich mittlerweile so gut, um zu wissen, daß ich diese phraserei, die gegenseitige liebdienerei (– zwar weltweit gepflegt –) für vollkommen überflüssig halte). du gehst (in dem text etwa) sehr weit, radikal, konsequent; details halte ich jedoch im interesse der sache für korrigierenswert: wittgenstein etwa. aber wie gesagt, ich will das in-form bringen.
ich denke, (und habe es dir soweit ich weiß, auch geschrieben) wir stimmen grundsätzlich überein. vielleicht ist mein handikap, daß ich zu sehr in der ratio verfangen bin. der zwang, den man nach jenem kalkül erkenntnis nennt.
(etwa, wenn du schreibst, daß unsere 5 sinne »entsprechend der sprache eingerichtet« sind, so finde ich (oder muß ich finden), daß das den sachverhalt verkürzt, weil jene vorher erst sprache möglich machten. aber das nur nebenbei ...) das was ich als »leidensgemeinschaft« meinte, hieße vielleicht übereinstimmung darin, daß der apparat anzugehen *wäre*. ich dachte nie an schulen, an fraternität. ich dachte nur, daß ich, solange ich gewißheit habe, nicht allein zu sein, was die kritik (oder den haß) an/auf der/die kultur anbetrifft, ich auch meiner selbst gewiß bin. solange ich weiß, daß es noch menschen gibt, denen es ähnlich wie mir geht, kommt die versuchung des an-sich-selbst-zweifelns (etwa möglicherweise hinzunehmen, daß man (in der terminologie des apparats) irrsinnig sein könnte ... wenn man vom apparat mit solchen ausdrücken belegt würde) nicht so leicht auf – man hat die sicherheit, nicht auch noch allein zu sein. insofern ist es eine art leidensgemeinschaft; ohnedies letal, wie wir, aber sedativ: du schriebst es einmal, selbstmord ist genauso sinnlos, wie diese vertrackte existenz es ist.
nocheins, zu schwere trennungsstriche verschwinden – zumindest dann, nach jahren, wenn man sie nicht mehr halten kann, weil man tot ist; es ist müßig, etwa an baudelaire zu denken, oder an marx. für mich gibt es kein (das weitestgehende) fixum, auch wahrheit ist im fluß.

wenn ich nicht an die aufhebbarkeit von schmerzen glaube, dann nur für-mich. die medikamentösen tendenzen weisen ohnedies darauf hin, daß man demnächst schmerz oder den tod nur mehr als medizinische ausrutscher ansehen wird.
ich will nicht die schmerzempfindung ontologisieren, nur für-mich muß ich (leider) mit ihr rechnen: mein bewußtsein, mein wissen über die möglichkeit, daß alles anders sein könnte und manches anders werden wird, vermag meine biologie *nicht mehr* zu verändern.
es sind bestimmte muster, mit denen wir alle auf der stelle treten. prinzipiell ist alles und nichts möglich. an die totalität von relativismus und ontologismus glaube ich nicht: vielmehr weiß ich unerschütterlich, daß wir im ›luftleeren raum‹ hängen, oder wie man hier auch sagen könnte ... »das ganze ist unwahr« [th. adorno] mit der inklusion, daß eben das ganze nicht sein kann (erinnern wir uns an jene ›logik‹) ... ich glaube, letztlich stimmen wir überein, daß praxis nicht möglich ist, bestenfalls noch denken. und auch das tun wir, um letztlich wenigstens irgendwas in bewegung zu sehen. in ketten phantasieren ...
klären können wir praktisch nichts, bestenfalls mit einer kerzenflamme flackern, sie mit der hand vor dem erlöschen schützen. vielleicht noch etwas haß injizieren ... defekte – wie du schreibst – installieren, die sich vielleicht auswirken können, möglich, daß es dazu zu spät ist, immerhin.
man fragt sich, ob morgen alles zu spät sei; und man flüchtet in die allgemeine form (– man –), um sich mehr gewicht zu geben, einen zipfel von wahrheit zu lüften, zu ahnen. versuche. auf papier tun sie niemandem weh, bleiben sie arabesk, vakant.
ich betrachte auch lust und schmerz nicht als antipoden, ich halte sie für geschwister, nur manchmal nehmen sie skalenform an. man kann sich mit einer flasche wein besser fühlen; es gibt andere formen von suggestion. welches ist die realität: das romilarfläschchen, das wasserglas whisky, ein joint, zwölf stunden wagner oder die schamröte im gesicht? das ziehen oberhalb des backenzahns oder ein privat vorgeführter pornofilm? der gasnebel im orion oder das fiebern bei grippe? vorerst einmal experimente an sich selbst, nicht die druckerschwärze, nicht das flimmernde bild am fernsehschirm. dann bibliotheken; mit was aber wird falsch von weniger-falsch geschieden?
jedenfalls aber glaube ich daran, daß es noch sinnvoll ist, zu schreiben. ich spreche nicht für mich, ich meine hier dich. du hast einmal geschrieben, daß du dich aus dem öffentlichen bereich (auch wenn's ein kleiner ist) zurückziehen willst. ich halte das für falsch. die tatsache, daß du die mehrzahl der standardleser überforderst, heißt nicht, daß es sinnlos ist, zu publizieren. ich glaube, es gibt auch nicht viel anderes. was ist sonst geblieben, als schreiben?
wenig ... nur manchmal die in den hintergrund gerückten, wie dünnes

blech scheppernden vorstellungen, ideen, beharrungen, brummkreisel der kindheit, dieses hämische abschalten, die nervösen durstigen lippen und der geschmack nach fader hautcreme, wenn du dich über eines dieser mädchen beugst. automatisch, daß man sich selbst in die zunge beißt, würgt. so eine perversion von ›fliegender holländer‹, man wartet auf eine sentimentale art von menschenopfer, anders als die bettstatt, anders als die phraserei. und man bleibt allein. und einzig. und halb irrsinnig. konvulsivisch – die psyche quietscht. nein. es bleibt nur das denken und bestenfalls ein postskriptum. man ist zu sehr diese schablone von mensch, zu sehr gefesselt, zu ohnmächtig. man kann nur diese schäbige herbstallee weitergehen, automatisch, reflexhaft, mit dem trokkenen gefühl im mund, dem schleimgeschmack, der müdigkeit.
für heute: das beste   /karl

(kassel 20. 12. 1975)

ich wünschte, karl kollmann, es befände sich noch mehr im fluß, daß die heterogenität der exorzismus des dialektisch-rationalen denkens wäre.
die allerletzten sätze deines briefes haben mich erfreut, weil sie unmittelbare empörung zur sprache bringen und sich nicht in gesuchten abstraktionen verlieren: du hast es selbst bemerkt, daß die verallgemeinerung eben nicht das gewicht verleiht, das man sich erträumt – ist doch jede äußerung, die in der sprache steht – ob sie nun im namen eines ›ich‹, ›wir‹ oder ›man‹ kommt – an eine mehrheit adressiert und reproduziert notwendigerweise die erfahrung eines ›man‹, die erfahrung der sprachteilnehmer.
ich glaube, indirekt hat mich dein langer brief dazu angetrieben, etwas über die heterogenität zu schreiben, d. h. über das paradox, daß man das aufgeben, verschwenden und verlieren müßte, was man anstrebt zu erreichen – um es zu erreichen. dein denken ist vielleicht weniger durch logik gehandikapt, als durch eine art respekt vor der geschichte: wenn vor jeh, nein, jahrzehnten schon ähnliches gedacht wurde wie heute, die praxis aber die von damals geblieben ist, muß man entweder sagen, daß dieses denken untauglich war oder aber verworfen wurde, und aus welchen gründen dies geschah. die destruktion, die verneinung sind die niemals angehaltene geste des widerstands, welche ins chaos führt – bei funktionären aber zu reformen.
wenn »jede wahre sprache …« das inkompatible vereint und darin die unterschiedlichsten thesen aufeinanderprallen, so beweist dieses abscheuliche gebräu nur, daß das denken dieser leute kein kontinuum ist oder irgendwo ankommt, um sich selbst ein denkmal zu setzen. ich

verlange von dir keine kritik, die sich auf diesen text stützt und stürzt – der übrigens das kondensat eines viel längeren textes ist – was anmaßend (meinerseits) und zeitverschwendung (deinerseits) wäre. es genügte, wenn du dich zu diesen punkten äußern würdest, die dir obskur erscheinen, so wittgenstein, empfindung – sprache. du sagtest aber, daß du ohnehin schon etwas geschrieben hättest?
die situation ist die: lummert wollte bei erscheinen von »jede wahre sprache ...« einen kommentar dazu schreiben, hat es nicht getan, um das zu einem zeitpunkt nachzuholen, wenn wieder die rede von der sprache im k. ist, eine art von thematischer akkumulation. was mich angeht, pfeife ich auf ein postskriptum – will aber, wenn er durchaus seinen senf dazugeben will, nicht einfach stillhalten.
bisher bin ich nur ignoranten und ausgesprochenen schweinen begegnet und ich bin gespannt, ob und wie unser arto-projekt über die bühne gehen wird. darüber hinaus hoffe ich, daß 76 zwei meiner texte über a. a. erscheinen, sowie jene artaud-chronik, die mich in jeder beziehung ›schleift‹ und zu der ich jetzt zurück muß.
wie denkst du über o, nein: ploogs neues buch?
ich will dir nichts wünschen, setzt es doch einen mangel und eine bedürftigkeit voraus.

(kassel 2. oder 3. 1. 1976)

karl kollmann! seit tagen laufe ich umher und frage mich, was ich dir sagen könnte – als wollte ich endgültig beweisen – indem ich dies tue, nämlich schreiben und mich-ausdrücken – wie wenig es eigentlich trägt. es wäre stumpfsinnig zu repetieren, daß nichts von dem, was du an empfindungen, stimulantien etc. aufgezählt hast, **dem wahren** entspricht. es ist vielmehr seine verkleinerte form, das diminutiv, resultat sozialer heuchelei und diktatur, es ist die pervertierte, erstickte form, welche sich auf einer wertskala befindet, auf der alles einen sinn (sogar einen nicht-sinn) hat.
das unmögliche oder unerträgliche ist doch, daß unser diskurs sich auf die authentizität, die aufrichtigkeit zentriert, wenn es darum geht, irgendwelche aussagen zu befragen. und mich interessieren nur noch solche, die ich nicht mit selbstverständnis, mit alfabet und lexikon und enzyklopädien dechiffrieren kann, wo mir der code fehlt. eine art sichtbarmachung der grenze, auf die sprachbürger mit negation reagieren oder mit begriffen, irgendwelchen abstrusen neuschöpfungen, um auch die grenze wieder hereinzuholen. verstehst du, warum das beharren auf der absurdität (als entität) affirmativ und resignativ ist.
es kommt einem punkt-setzen gleich, d. h. es gibt viele wege, etwas

vielleicht wirksames zu verraten. das wäre die frage nach der aufrichtigkeit, der authentizität. sie kann auf der stelle vom tisch gewischt werden, sofern das salbadernde **ich**, das irgendeinen namen trägt und ästhetisches absondert, gleich in welcher form – wenn sie nur einen rest von kommunikablem enthält – doch erst durch die wege und mittel dieser produktion sich konstituiert, beides ist gleich falsch, resultat einer übereinkunft und *gehört vernichtet*. aber es wäre gleichermaßen blödsinnig, eine liga der vernichtung zu gründen. (man müßte also vor jedem buch den satz »ich lese im buch der gesellschaft« imaginieren.) das trivialste ist doch, wenn man sich im spiegel betrachtet, du weißt schon, was dabei herauskommt: der spiegel selbst, als silber und glas etc., zählt nicht und ist überflüssig. und genau dasselbe passiert, wenn du aus dem fenster schaust, musik hörst, dich unterhältst, etwas liest usw. was letztlich heißt, daß perzeption und emission miteinander identisch sind. aber das ist nicht so gravierend. was die artisten tun, ist, beides mit ihrem namen als präfix zu versehen, dem stempel der individualität. darin besteht der betrug. was jene für kreation halten, ist fortwährende bestätigung der grenze, des gesetzes, ist manisches absichern des käfigs. jetzt ist die reihe an denen, die die grenze und ihr vermeintliches jenseits deskriptiv – mit dem alten instrumentarium – einzufangen versuchen: das nenne ich die reversion, die vernichtung der entgrenzung. ((ein beispiel: artauds tarahumaras, die sog. revolutionären botschaften. es gibt vielleicht in diesem buch nur 1 oder 2 texte, die sich einer unmittelbaren interpretation entziehen. und nun bricht der verräter wieder durch: man hat sie mit aller gewalt in lesbare deutsche sätze verwandelt, zu hochdeutsch reduziert, so daß der sprachtrottel wieder einmal auf sein alleinvertretungsrecht von sinn und vernunft pochen kann.)) aber wie schon gesagt, das ist im grunde erledigt und nicht der mühe einer deklaration wert und man sollte auch nicht fortwährend erläutern, warum man etwas ablehnt oder nicht – als wollte man sich fortwährend rechtfertigen ... vor wem eigentlich? wenn du von der rille abgekommen bist und also delirierst und dieses delirieren erläuterst, annullierst du es schon. ohne umschweife ein wort zur praxis: ich kenne niemanden von denen, die man bewußt oder nicht herbeizitiert, der in befriedigender weise auf die praxis geantwortet hätte – abgesehen selbstverständlich von den systemfilosofen, funktionären, helfershelfern des staates (meistens -schaftler), und abgesehen von denen, die gegen zeilenhonorar schreiben.
es bleiben wenige und ich frage mich, ob sich diese jemals gefragt haben, warum sie tun, was sie tun und nicht etwas anderes, ob es etwas hält oder doch nur zusammenhält, ob sie der überzeugung sind, im dienste irgendeiner sache zu stehen, vor allem aber, ob das, was sie da tun, mit ihrer existenz etwas zu tun hat, ob sie sich jemals in gefahr begeben haben.

und wenn ich es genau betrachte, fällt die antwort entsetzlich aus: je größer der druck war, je schneller hat man sich an das kleinliche verkauft, aufgegeben, gemäß der sehnsucht nach profanität, rascher befriedigung, einheit, sklaverei.

die letzten widerstandsfähigen zellen findest du nicht bei den verzweifelten, sondern bei denen, die sich diese attitüde leisten können – garantiert *durch* die sklavenseele der verzweifelten. ((diese sorte von souverän ist im grunde nicht souverän und ich nehme ihm nichts ab. aber er ist weit verbreitet.))

ich will versuchen, die transgression in ein bild zu bringen, das von bataille stammt, der sie – die transgression – vielleicht auf dem papier vollzogen hat, gelebt hat sie artaud und der deutsche hammer-filosof etc. vorausgesetzt, ein mönch will durch seine übungen (meditation, fasten, kasteiung usf.) die stricke abtrennen, die ihn ans irdische (das profane, die welt der akkumulation) binden, so stellt dies eine art entleerung, liberation dar. er tut dies nicht uneigennützig, sein ziel ist jene mystische erfahrung, die mit verschiedenen ausdrücken belegt wird – ich will es einmal satori nennen. während dieser liberation geschieht aber verschiedenes, das ihn vom ziel abzubringen versucht: es ist die geschichte des delirierenden heiligen antonius in der wüste. in diesem augenblick, wo alles in der schwebe ist, wird sich entscheiden, ob er die grenze überschreitet oder nicht.

wenn der mönch der versuchung, der abirrung widersteht – die seine einzige chance war – versichert er sich der satori-erfahrung, d. h. seines lebens.

die grenze zu überschreiten hieße aber, die garantie zu fliehen, es zu riskieren. deshalb sagte ich, daß man das ziel aufgeben müßte, den kleinen und unmittelbaren zugewinn verwerfen. ein rücksichtsloses heraustreten. du ahnst, daß diese art von souverän nicht auf der seite stehen wird, die man gemeinhin die der gewinner nennt. das paradox ist, daß es sich um einen verlust handelt. (nicht zu verwechseln mit selbstaufgabe oder dem christlichen ›armen‹: beides kommt aus ein und derselben quelle: einer gesellschaft, die in koinzidenz mit der reformation ihre normen einrichtete.)

sowenig zur praxis, die keineswegs beantwortet ist mit bataille, der in der spur blieb, und man erwarte die lösung nicht vom kulturschaffenden proletariat noch von den funktionären.

ich ahne – und wie ich dies schreibe, werde ich nie mehr als diese ahnung haben: hätte ich gewißheit, würde ich *so* nicht schreiben – daß die replik im lachen jenes artaud vom januar 1947 enthalten ist. die schwierigkeit besteht darin, zu begreifen, daß man ihn wie alles andere hinter sich lassen muß (einschließlich seiner selbst) auf dem wege der verausgabung.

ich beharre darauf: du kannst hier und jetzt das gepäck abwerfen, von

dem man dir beigebracht hat, es nütze dir irgendwie und hielte dich am leben. das umgekehrte ist der fall.
nun, ich kann aus diesem diskurs nicht heraustreten, ohne zu sagen, wie erbärmlich es wäre, wenn alle nur noch wie gehabt mit kunst reagieren würden – ohne ein zeichen zu setzen.
die versuchung der endgültigen verweigerung ist sehr groß, *in* diesen rastern kann es keine fiktion mehr geben.
ich schäme mich jedes geschriebenen wortes.

(linz 14/19. 1. 1976)

lieber bernd,

vielleicht wäre es sinnvoll, zum sprachproblem kleinkinder zu studieren, ihre ganz persönliche sprache, ihren noch relativ wenig deformierten verkehr mit der umwelt und den kulturellen koordinaten. ihre welt ist prinzipiell noch die ihre, sie haben – sieht man von der nahrungsversorgung ab – keinen austausch mit der unsrigen welt.
ich glaube, du hast das, solches verhältnis mit transgression gemeint. (bataille und die t. von a. a. konnte ich noch nicht lesen, die t. angeblich vergriffen?) ein vollkommen autonomes verhältnis, mit nur – aber eben doch – biologisch bestimmten impulsen. (nun ist bekannt, daß säuglinge beim zahnen schmerzen haben, dies nur als hinweis zu meinem insistieren auf schmerz ...) ich glaube zwar, daß es möglich wäre, autark das endokrine system zu beeinflussen, hiermit eine empfindungsverlagerung zu erreichen, erinnerlich die analogie bei opiaten usw., etwas, das sich durch kasteiung und diverse praktiken ähnlich erzielen läßt. abgesehen aber von diesen praktiken sind psychosen (um für eine unnormale qualität des psychischen diesen ausdruck zu halten) nicht vom bewußtsein kontrollierbar. sie überfallen den einzelnen, der sie irgendwie und unbewußt, bewirkt hatte.
ist die kindliche erfahrungsweise nicht ähnlich der psychotischen? dazu: läßt sich die von musik herrührende empfindung überhaupt sprachlich fassen? dies als gegen*indiz* zu deiner auffassung, daß sprache, sprachliche fixierung, von vornherein einen möglichen ›gegenstand‹ begrenze. sie begrenzt – läßt aber noch dinge offen, die mittels sprache gar nicht zur sprache zu bringen sind. nehmen wir als beispiel schuberts streichquartett 14, dv 810, den satz andante con moto: mehr kann ich nicht dazu sagen; jede einkreisung des themas und dieses einfachen variationssatzes überhaupt, berührt ihn nicht mehr. ich könnte dir höchstens empfehlen, diesen satz anzuhören. er selbst ist unbesprechbar, oder nur von der technik – sowohl der komposition wie der exekution – her besprech-

bar. die musik läßt sich nicht zu papier bringen, oder doch nur nichtssagend. ihre erfahrung ist höchst subjektiv und auch nicht; dahinter steckt eine objektivität anderer qualität, eine anthropologische? zumindest keine, die gesellschaftlich different wäre ... dabei ist durchaus klar, daß auch (diese) musik eine von gesellschaft ist, von ihr hervorgebracht. du hast davon geschrieben, daß »vor jedem buch ... ›ich lese im buch der gesellschaft‹« zu imaginieren wäre. konsequent vor allem und jedem, also auch vor jedem kritischen versuch, nehme ich nur von gesellschaft produziertes wahr. letztlich, jeder versuch, den etwa bernd mattheus unternimmt, um sich von gesellschaft zu distanzieren, aus ihr herauszutreten, gänzlich andere ›seinsqualitäten‹ zu erreichen, ist von gesellschaft **produziert**. exakt hier scheint mir die grenze zu liegen. und sie ist unüberwindbar. und insofern habe ich mich ebenfalls zu korrigieren: auch selbstmord eines einzelnen ist von gesellschaft produziert – das ist klar, daß sie verursachend ist – aber auch sein effekt: die gesellschaft eliminiert durch selbstmord der einzelnen diese einzelnen im interesse ihrer (der gesellschaft) selbst. weiter: auch terror. eine ohnmächtige gesellschaft, eine die sich aus ihrer struktur nicht verändern kann, produziert individuen, die bloß die effekte ihrer produktionsstruktur terrorisieren, nicht sie selbst. terror wäre also als gesellschaftliches notwehrphänomen anzusehen, wenn der gesellschaft die hände gebunden sind; sie produziert gewalt gegen sich, um sich damit zu retten zu versuchen.

sicherlich, hier liegt ein tiefgehendes historisches phänomen vor. gesellschaft erscheint dabei als metagesellschaft, als objektives menschliches interesse. ich glaube aber nicht – wie du im vorletzten brief gemeint hast – daß bei dergleichen überlegungen das historische zu überbetont wird, daß hier ein respekt vor der geschichte vorliegt. dann nicht, wenn sie als auswahl zufälliger möglichkeiten, als summe von zufällen, die hand in hand greifen, gedacht wird. sie wird nicht auch nur so gedacht – jetzt eben von mir – sie ist objektiv so. es gibt keine gültigere gültigkeit mehr, als diese. und auch keine härtere grenze: sie affirmiert jeden versuch. [...]

es ist ein merkwürdiges gefühl, einen brief zu lesen, den man vor zwei monaten geschrieben hat. er erscheint als etwas fremdes – auch wenn man am ende glaubt, für sich zu schreiben ... er hat objektiven charakter angenommen, etwas, das einen auch bei dem veröffentlichten text trifft, er ist zum bestandteil eines anderen menschen geworden, zum detail der umwelt, zur entäußerten biografie. das, es ist nicht so wichtig – es bedeutet nur leben mit den schlechten erinnerungen an die vergangenheit, ein paar blitzende notizen, ein mädchenlachen, das vielleicht die wahrheit für kurze zeit in unordnung brachte (was im apparativen jargon hieße, die welt wieder in ordnung gebracht zu haben, subjektiv, weil es objektiv ohnedies schon so wäre ...)

ich glaube nicht, daß sich unsere absichten wirklich unterscheiden. wir sind beide am ende. und wir sträuben uns beide gegen dieses bewußtsein. schon längst gezeichnet, gekettet – und überzuckert von dieser seltsamen wehmut des take off. an schattige stunden denken. du hast deinen letzten brief mit einem leuchtenden satz abgeschlossen: »ich schäme mich jedes geschriebenen wortes« – er befaßt, begreift unsere situation in wahrhaft tragischer weise. das paradox (seiner entstehungsbedingung) ist, daß ihn nur schreiben kann, wer schreibt. er zeigt aber, daß mit sprache sie selbst negiert werden kann. er ist paradox, genauso wie es diese welt ist, ihr weiterbestehen ist paradox schlechthin. (auch mein »schicksal«:) der sachverhalt, daß sprache nicht hält, was sie einst zu versprechen schien, leitet die reflexion über sie ein, den versuch des nachspürens, ob und wo noch wörter, akkumulierte buchstaben, sperrig stehen, sich gegen ihr los spreizen: auch nur ein (von geschichte bewerkstelligter) versuch – es ginge vorerst um unsere existenzbedingungen – psychischer art, um freiheit für die freiheit ...
nein, ich glaube auch nicht, daß es – wie du schreibst – in diesen rastern noch fiktion geben kann. nur die harte wahrheit! und kein absehen von so etwas wie besserung. aber wie aus diesen rastern raustreten? ich habe nie gemeint, daß bewußtseinsweisen, die anomal sind – d. h. nicht den standardisierten zwangsgeregelten entsprechen, schlecht sind. sie mögen durchaus für den einzelnen, der dazu begabt ist – dem es möglich ist, herauszutreten – richtig und zielführend sein. ich sehe bei diesen charakteren, lebensweisen, aber primär die reflexive, was heißt sozial und geschichtsstrukturelle seite und nicht die existentielle; primär – nicht in form von wertung und dgl. gemeint, sondern dem akzent nach. du scheinst es umgekehrt zu betonen. es ergänzt sich sicherlich ... mir ist es jedenfalls nicht möglich, meine biologie* zu wenden, meine psychische struktur umzufügen, ich kann nur div. rauscherfahrungen machen, sie belasten meine physis, sie gehen an mein überleben – wozu aber dieses? hier liegen heteronome faktoren verborgen ...
alles, was ich noch tun kann, ist skeptisch zu sein. mehr geht nicht, wir nehmen nur theoretische und spekulative, fiktive wägungen vor, über eine deskription der sachverhalte von realität vermögen wir nichts mehr. es wird uns nur bleiben, wechselseitig die biografien zu schreiben, grabreden zu halten. auch eine form von solidarität.
das blatt abgebrannt – es wäre magischer fatalismus, davon zu sprechen, daß diese angesengten zeilen dich nicht hätten erreichen sollen, daß sie getilgt hätten werden müssen. magie ist immer den verdrehten zwängen, vielmehr den verdrehten ausweichungen des einzelnen, anzukreiden.
kafka's verwandlung, das naturtheater von oklahoma, das warten-

---

* die physiologische gewordenheit, die sozial kontrollierte erstarrung eines psychophysiologischen mechanismus, gewissermaßen. [4. 7. 1977]

müssen, der mechanismus der nur irritiert, ich glaube das sind sachen, die wir nicht einfach wegschieben können. den tödlich scharfen zynismus von kraus, camus, beckett usw., es wäre ein fehler, wollte man nur *den* leuten a posteriori recht geben, die so etwas wie wahrheit in ihrer totalität zu fassen versuchten. ich denke an die ambiguität, die es zu klären gilt, die details, die ideologeme und die sachverhaltstreffer. ich bin überzeugt, wenn wir sagen wollten: alles in bausch und bogen ist falsch (s. o.), wir schnitten uns alle **möglichkeiten** ab. es sollte mehr nachgespürt werden, geschieden, filtriert werden. (auch um sich zu ›versuchen‹, zu mißtrauen.)
um nur an **dada** zu denken – hier wurzelt alles, was nachher bis heute sich breit machte und geld zog.
filtrierend der kunst zuwenden, d. h. sie in ihre bedingungen ›zerlegen‹ und das heißt (extrem verkürzt), den wurzelpunkt suchen, warum sie da ist, warum es sie gibt, was fehlte und wie auch der apparat reagiert.
wir sind von kategorien geprägt, nach ihnen geschneidert, wir können sie höchstens wenden (unser gewand nur umdrehen) – nur so fließt verweigerung und persönliches elend nicht in metaphysik, nicht erneut in *eine* kategorie, erwehrt sie sich der alles übermäntelnden herrschaft. ich für mein teil kann nur versuchen, diese herrschaft dort, wo sie mir zugänglich wird, an sich zu reiben, gegen sich zu wenden, paradox zu machen.

(was auch heißt, handfeste kontroversen zu versuchen: *skandale* zu machen!!! aber damit auch: der skandal ist ebenfalls ein gesellschaftlich immanentes (entwicklungs)phänomen, er ist – a posteriori immer – und wollte man heute der geschichte vorausgreifen und ihn darin retrospektiv orten: affirmativ.)

ich kann mich leider nicht fallen lassen: herausfallen aus dem raster und in mich zurückfallen. auch dann nicht, wenn ich das wollte – worüber ich mir selbst nicht einmal sicher sein kann. möglich, daß ich zu sehr in dieses raster verklemmt bin. es bleibt nur die handvoll schnee, die man mit den fingerspitzen faßt, die haut ins weinglas taucht, selbstgespräche aus angst (vgl. kinder im wald), ein murmeln, um wach zu bleiben – es schläfert ein. man macht gesten, übungen, man versucht atem zu holen ... /herzlichst karl

(kassel 27. 1. 1976)

lieber karl,
ich führe diese korrespondenz mit der gewissenhaftigkeit eines tagebuchs und einer unerbittlichkeit, als ginge es um mein leben.
du wirst selbst bemerkt haben, daß wir schon ein stückchen weiter weg sind von den gemeinplätzen, und das heißt vor allem, sich die frage zu stellen, wie man hier und jetzt leben kann, ohne eines tages vor abscheu seinen eigenen kadaver bespucken zu müssen, ohne sich also hier und jetzt zu verleugnen, an kleinigkeiten zu verkaufen. diese frage schließt die andere mit ein: wie lange wirst du dich das fragen, ohne vorher den löffel abzugeben. denn wirklich entsetzlich ist, mit ansehen zu müssen, wie sich jemand zurechthobeln läßt. [...]
vielleicht kennst du g. r. hockes »verzweiflung und zuversicht«, ein prächtiges beispiel dafür, wie einer denkt, wenn er es mit dem arsch ersitzt: da er anscheinend nur in staubigen folianten blättert, verzweifelt er daran, daß das absurde inzwischen seine entsprechung im leben gefunden hat – becketts graue kerlchen in ihren tonnen (an die sich h. gerade gewöhnt hatte) reißen niemand mehr aus dem sessel, sie werden quasi von der müllabfuhr kommentarlos wegtransportiert; angesichts camus' oder sartres ›einzelnem‹ empfindet man nur noch als fatal, daß man sich durch derartig dicke interpretationen durchzuarbeiten habe – und eines tages wird man th. bernhard oder ludwig hohl, – die ich bekämpfen muß, weil ich sie schätze –, parodieren.
nun, die kindersprache hat man untersucht, d. h. den spracherwerb (roman jakobson; leuninger/miller/müller, psycholinguistik etc.) – ohne sich um die beziehung von sprache–bewußtsein–wirklichkeit zu kümmern. bis mir niemand überzeugend belegt, daß es anders ist, beharre ich darauf: wahrnehmung (wirklichkeits-konstruktion) ist eine projektion von sprache auf das bewußtsein, gleich, ob nun jemand ein paar wochen oder ein paar jahrzehnte alt ist.
du darfst den begriff »sprache« nicht wörtlich als rede oder schrift auffassen, sondern solltest versuchen, ihn zu einem zeichensystem zu erweitern, das mein bewußtsein adjustiert – indem es mir bedeutungen, entitäten, kollektive regeln etc. zuführt. das kleinkind hat ja nicht sprechen gelernt* in dem moment, wenn es etwas sinnvolles/zusammenhängendes sagen kann (von aa zu papa), sondern bereits dann, wenn es die welt nicht mehr als auf dem kopf stehend visualisiert – was wir alle gemäß der augen-optik eigentlich tun müßten. transformiere das exempel auf die musik, die malerei, tanz, theater (pantomime): es geht

---

* das verstehen-lernen als ein prozeß, sinnesempfindungen mit der kommunikation in übereinstimmung zu bringen. was umgekehrt natürlich die wahrnehmung steuert (projektion des bewußtseins auf die sprache) [15-4-77].

nicht um die frage, ob ich sprachlich formulieren kann, was diese ausdrucksweisen offensichtlich evozieren* (bedeuten); daß dich (und sounsoviele rezipienten) ein streichquartett an die grenzen des sprachlich ›nachempfindbaren‹ führt, heißt nicht, es stünde deshalb jenseits des kommunikativen prozesses (es ruft bei mehreren rezipienten ähnliche empfindungen hervor wie bei dir). warum aber gerade diese eindrücke, warum nicht bei der qualität »frost« farben halluzinieren oder die empfindung »weich« statt kälte?

der suggestivkraft der musik wußten sich nicht nur militärs und schlangenbeschwörer zu bedienen: artaud setzte sie so gezielt bei seiner cenciinszenierung ein, daß es die leute aus dem theater trieb ((er sah auch, daß man z. b. einen film dann nicht mehr als wirklichkeitsbild wird lesen können, wenn man den zuschauer massiv mit geräuschen attackiert, die dem film – sinngemäß – diametral entgegenlaufen.

ich habe auch beobachtet, daß jemand sätze gar nicht versteht oder sie überhaupt nicht aufnimmt, wenn man jedes wort gleichmäßig betont, d. h. nichts betont)).

daß die psychosen niemanden »überfallen« und schon gar nicht »unbewußt« – ist eigentlich im wesentlichen mein ausgangspunkt.

und du hast richtig beobachtet, daß mir eine reflexive form, wie sie sich die strukturalisten abringen, verweigert ist. das wird sich solange nicht ändern, wie es leute gibt, die bspw. schreiben »vincent stirbt ruhig am 29. juli 1890. er bedauerte nicht die tat, die seinem leben ein ende machte« – so e. van uitert 1976 über van gogh.

apropos kinder hatte ich mir für dich am 18/1/ notiert: die differenz zur selbstaufgabe bestünde darin, niemals älter als 12 zu werden. gerade soviel zu wachsen, daß man den erwachsenen über die schulter sehen kann, ohne es selbst zu werden für den preis des verlustes von spontaneität, rebellion, heftigkeit, grausamkeit, irrenlogik, verschwendungssucht, humor, spielfreude etc. auch, weil der poetische diskurs fast immer naiv kommt, ungeschützt und verwundbar, aber entwaffnend.
nur: wie lebt es sich als ›erwachsenes kind‹ ——

das wäre also das machbare, niemals aber die kehrseite des erwachsenen, und ich will das unmögliche.

die überbewertung der praxis, der methode, alles von superstrukturen ableiten zu wollen, um zu einem **ende** zu kommen. merkst du nicht, daß die transmutation dazwischen – zwischen der formulierung, der handlung usw. – sich bereits abspielt?

nein, wir stehen ganz am anfang eines prozesses der umkehr der enteignung: eines exorzismus des bewußtseins von der an ihm arbeiten-

---

* anders gesagt: ein zeichen wird erst unter bestimmten bedingungen sinnvoll, bedeutsam. es mit inhalt zu erfüllen ist sache des perzipienten. diese inhalte werden bei verschiedenen perzipienten einander um so ähnlicher sein, je konventioneller – ›verständlicher‹ – die formen sind, deren sich der emittent bedient (15-4-77).

den $\frac{\text{gesellschaft}}{\text{sprache}}$. ich gebe zu, daß man sich entscheiden kann: bloß gibt es da – und das grämt artisten und ›kritische intellektuelle‹ gleichermaßen – keine mitte.

(linz 6. 2. 1976)

lieber bernd!

du schreibst, »wahrnehmung (wirklichkeits-konstruktion) ist ein projektion von sprache auf das bewußtsein«. verdinglicht solches nicht sprache erneut, anstatt sie zu durchdringen? wäre die konterfrage darauf; wird da nicht erneut ›ontologie‹ konstruiert, eine die ›sein‹ in sprache transformiert?

ich denke, daß die alternativkonzeption, die du gegen eine solche wirklichkeits(konstruktions)konzeption stellen mußt, eben sartre'sche züge annimmt, wiewohl du das zu leugnen versuchst. statt der falschen objektivismen setzt du radikalen subjektivismus, als prinzip. eine rückkehr zu der – inzwischen total gewordenen = bzw. so versuchten = – innerlichkeit; ich wiederhole mich hier ... gegen kollektive kann nicht durch gänzliche individuierung* vorgegangen werden. meinst du nicht auch, daß geschichte immer wieder die daseinsbedingungen verändert, zumindest aber kontrolle verschärft – der mensch ist nicht stets so gewesen, wie er heute erscheint; beinahe ein trivialer satz.

nein, ekstase bleibt bestenfalls hinter dem wandschirm; ich bin zum zuhören bestimmt. illusionslos darüber, daß etwas zu verändern sei, am allerwenigsten man sich selber verändern könne. nochmals zugespitzt: du meinst, daß du deine bedingungen von existenz schlagartig verändern kannst, wenn du sie leugnest – mein standpunkt hat sich bereits in der formulierung des deinen niedergeschlagen.

hocke's buch kenne ich, es ist enttäuschend wie vieles in sachen ästhetik. dennoch, du kannst beckett etwa, nicht a posteriori affirmative züge

---

* artauds versuche gingen doch ebenfalls darauf hinaus, wirkung im publikum zu erzeugen, gleichartige wirkung, – selbst wenn sie als negative deutlich wird – in den einzelnen subjekten. wo ist hier bitte ein unterschied zu musik (sie ruft ebenfalls ähnliche empfindungen in verschiedenen jedoch geübten rezipienten hervor – übrigens mir wurde von einem versuch bekannt, daß kinder (ungeübt in musikalischer tradition) gemeinhin als schwermütig empfundene musik ebenfalls als traurig empfanden. liegt hier eine längerfristig biologisch verankerte konstante vor, die kulturspezifisch, different ist – schwarze, afrikanische kinder reagieren nicht darauf. wenn ja, wenn also eine längerfristig biologisch verankerte wahrnehmungskonstante aufzufinden ist, dann hat jeder subjektive (exakter: individuelle) versuch von »selbstentgrenzung« – synonym) – wahrnehmungsrelativierung seinen sinn verloren!! ist er a priori durch gesellschaftliche/biologische/gesellschaftliche determination unmöglich gemacht: *ekstase, wahn*, erweist sich dann bloß als reservat (im funktionalen sinn).

unterlegen, noch dazu, wo unterschiede zwischen becketts œuvre und bernhard – soweit ich beide kenne – denkbar gering sind. daß das endspiel auf den bühnen fröhliche reprisen feiert, ändert nichts an seiner ästhetischen (damit politischen) qualität, oder wer wollte brecht dafür verantwortlich sprechen, daß sein mackie messer zum hit avancierte.
jedenfalls ist – oder wäre vielmehr stets – ins detail zu gehen. deine abneigung gegen klärungsversuche insgesamt scheint von schlechten erfahrungen à la hocke usw. herzurühren. (mit dem studium der sprachlichen genese, d. h. der genese von sprachübernahme, hatte ich auch keineswegs positivistische exerzitien à la linguistik gemeint, sondern sprach- und ›sozialisations‹kritik, die in diesem sinne erst zu bringen wäre, scheint mir – soweit ich das sehe.
von kritik war die rede, und es wurde nicht von reformismus gesprochen, vielmehr wäre auch hier zu sagen, »es ginge um (das) leben«. eine sympathisierende kritik wohlgemerkt, die sich in der sache einig weiß. indem ich mich zum einen selbst**, zum anderen die bedingungen, die mich ausmachen, (die auch jenes ›selbst‹ machen), in frage stelle, versuche ich, nicht »abscheu vor mir« haben zu müssen – die einzig mögliche form von existenz heute, auch darüber sind wir uns im großen und ganzen einig. wie gesagt, mehr machen zu wollen, sein zu können, ist nicht drin – was nicht heißt, daß du praxis nicht versuchen könntest oder solltest. oder als exempel: falsch ist der aberglaube, marx wäre authentisch zu interpretieren, noch hätte er universale gültigkeit. ebenso falsch aber auch, marx gänzlich vom tisch zu wischen. ähnlich nietzsche, ähnlich artaud, ähnlich beckett, ähnlich marcuse. (bei jenem – falschen – vorher wird form mit inhalt verwechselt, d. h. inhalt unterschlagen, konsequent: hier wird schlußendlich eine neue form von metaphysik auf den suppenteller gebracht und verspeist.)
genausowenig meine ich, wahrheit gepachtet zu haben. hier sind wir erneut bei kritik. sie versucht nicht totaltheorie vom subjekt (von seinen bedingungen also), sie geht bloß als negative das an, was nicht ist, falsch ist. aber lassen wir das, es ist spät, eher ende denn anfang (wie du meinst). ich sitze wieder über skizzen zu einer replik auf »jede wahre sprache ...«, kostet zeit, scheint mir aber wichtig – stets sympathisierend, du weißt, wie ich das meine. dazu fühle ich mich elend, erkältung, nicht einmal das glas port hat arzneicharakter mehr, eher einen von henkerstrank. trotzdem, so schlecht hat hocke seinen buchtitel nicht gewählt: »verzweiflung« ist da, »und zuversicht« *noch*(!) *immer* spürbar. zynisch wie eh ... /herzlichst karl

** (es geht mir hier ähnlich wie dir:
wenn das denken etwas (bestimmte vorlieben, verhaltensweisen etwa) als falsch erkennt, kann ich (– als *ich* –) solche verhaltensweisen nicht mehr ausführen: *ich praktiziere* also insofern denken. und das unterscheidet ganz entschieden vom denkstil szientifisch/akademischer art und weise, der beziehungslos zum tatsächlichen verhalten des einzelnen (der job-mäßig denkt, vielmehr also so tut, als ob) dasteht!!)

(kassel 7/8. 3. 1976)

es käme darauf an, sage ich mir immer, sich den dialog zu versagen. statt kritik und publikumsbeschimpfung mutismus, echolalie, kryptografie, wasserwerfer und brandbomben (a. a.). andererseits versperrt das handeln immer alternative einsichten – wie übrigens auch die entweder/oder dialektik.
es ist mir unmöglich geworden, auf den normierten pfaden etwas zu machen, aus dem ein zweiter nicht seinen teil herausdestilliert, der also genau das wahrnimmt, was zu (s)einer vorstellung paßt: er versteht. irrt sich wahrscheinlich, weil er alles auf sein weltchen reduziert, kann aber um so müheloser und unbeschadet wieder einrasten, zurückkehren in gesichertere gefilde.
versperrt sich dem perzipienten dieser weg – weil ich für hindernisse gesorgt habe – wähnt er die sache als ensemble, zusammengesetzt. versagt sich ihm dies auch, zieht er aus der tasche den begriff nonsens – was seine welt nicht minder absichert. auf die idee, daß sein thermometer, das auf temperaturen geeicht ist, in diesem fall untauglich sein könnte, kommt er nicht – noch auf den gedanken, daß er sich vielleicht eines konstruieren müßte, das bspw. für tonfrequenzen kalibriert ist.
deshalb: je weniger modelle (vorstellungen) ich besitze, je geringer meine kapazität ist, bestehende zu transformieren und neue auszubilden ... desto bekannter kommt mir alles vor: dann ist artauds kunst nur ein fall unter anderen. er wollte im brecht'schen sinne ebensowenig ›wirken‹ wie genet (der kein interesse hat, zu kommunizieren). nach seinem letzten auftritt 1947 sprach er oft davon, daß man die leute wohl umbringen müsse, daß sie ›verstehen‹. zu lebzeiten jedenfalls wußte er den erfolg zu verhindern.
ich bin weniger der feind von differenzierungen oder klärungsversuchen als der des guten tons, der des erträglichen, der des synthetischen (versöhnenden) sozialdoktrinären denkens, in welchem die wahrheit ein rechtstitel ist, d. h. der sozialisierung der wirklichkeit.
ich brauche ›die realität‹ nicht deshalb zu leugnen, weil sie unerträglich sei, sondern weil sie mir keine entität ist → vielmehr eine der wahrnehmungen unter einer vielzahl von machbaren.
mein beispiel für die wirklichkeitskonstruktion ist folglich das modell, um eben über diesen normfall zu befinden.
und um den handelt es sich hier: die schrift drückt nichts von dem aus, was an wesentlichem passiert ist, daß ich heute fast den ganzen tag mit schmerzen umhergelaufen bin, mich gezwungen habe, verschiedene briefe zu schreiben, im namen dieses b. m. entscheidungen zu treffen usw. welche filter werden da wirksam, welcher automatismus produziert diese falschen identifikationen? sieh dir den körper an mit seinen

atavistischen reflexen. keine biologische determinante, aber der prototyp der konditionierung.
das lachen hast du in meinem sinne aufgefaßt. es stellt sich auch ein, wenn ich z. b. einen ›ernsten‹ text sehr rasch (vorinhaltlich) lese – eine art physiologischen lachens, das benommen macht.
irgendwer sagte mir einmal, ein mensch könne ohne kommunikation (inter-aktion) nicht leben, so wie man – schlafe man nicht – sterbe. dann bin ich zu einem gewissen %satz schon tot. [...]
du hast recht, daß sich nur der eine solche position leisten kann, der (wie fast alle heute) eine zweite, bürgerliche, existenzbasis hat. diese habe ich mir unter den füßen weggezogen, weil ich meine, man sieht es dem geschriebenen an.
ich erzähle das ungern, da es angesichts des einhelligen opportunismus nur noch lächerlich wirkt.
nun, aussichten habe ich gewiß keine und ich scheue die banalität nicht, zu sagen, daß dieses jahr mein letztes sein könnte.

(linz 13. 3. 1976)

lieber bernd,

deine nachricht und jetzt der letzte brief. er wiegt schwer. zu schwer, um darauf zu antworten: den lächerlichen versuch einer direkten – unmittelbar am und im wort geglaubten – antwort zu machen. ich halte das von dir gesagte: berührte, letztlich auch für meine wahrheit ...
».. es fehlt nur ein kleines, und ich könnte alles begreifen ... nur ein schritt, und mein tiefes elend würde seligkeit sein. aber ich kann diesen schritt nicht tun, ich bin gefallen und kann mich nicht mehr aufheben, weil ich zerbrochen bin.« ein zitat, unwichtig von wo und von wem, umkreisend, ähnlich unwichtig wie zu schreiben, welcher marke diese flüssigkeit vor mir im glas, aus einer neuen flasche – der alten, geöffneten, hatte die zeit zugesetzt – ist. zugesetzt, wie auch der vierten symphonie aus den boxen von vorne. sie war schon beim schreiben zu alt, schal, wässrig abgemildert, stumpf, wie die gläser vorhin, die abgeschliffenen, schon mitgehörten kratzer, sie gehören beinahe original dazu und man überhört sie.
die geste beim ofen, eine vor mir selbst geheuchelte nachdenklichkeit mit zigarette und glas und e-musik und einem begonnenen brief in der maschine. dazu ist es mittlerweile vier uhr. die ›privaten‹ inkonsequenzen. eine freundin hatte mich wieder wie vorher zurückgelassen (das »eine« wollte nur: nicht possessiv wirken). merkwürdig, ich zog es immer vor, mönchisch zu leben und doch dann wieder an der haut zu sein.

und dann liegst du, hängst du neben einer frau, penetrante und trotzdem warme haut, weiche brüste, nasses dehnbares fleisch. es interessiert nicht einmal, nur ein automatismus läuft und man sieht sich dabei zynisch, makaber zu. widerwille und konditionierte, brav gemachte, auf überlebenshilfe getarnte/getrimmte pseudolust. natürlich *kommen* die *schwierigkeiten* en masse. nur ein intermezzo, nach dem man wieder im zimmer hockt und froh ist, daß es schließlich schmerzlos und schnell zuletzt, wieder zu ende ist.
ich weiß nicht, warum ich das hier niederschreibe. vielleicht hat mich deine ehrlichkeit provoziert – bewirkt, dinge aufs tapet zu bringen, die man sonst besser dunkel läßt. die man sonst verschweigt, weil es unfein ist, nicht von der kunststofferotik spätkapitalistischer provenienz angetan, *trotz allem begeistert zu sein.*
natürlich: symptome. alles als ware gehandhabt, peinlich ist heute dabei nur, daß man trotzdem immer noch auf diese zweifelhafte ›andere persönlichkeit‹ rücksicht nehmen muß, auch wenn man nicht will. passender für die heutige zeit, finde ich, sich z. b. in anatolien eine frau zu kaufen; ein ding, ein individuum, das sich noch – d. h. passender eben – als solches behandeln läßt. das schiene mir ein durchaus probater versuch, der sexuellen heuchelei zu entrinnen, *den verhältnissen gemäß sich zu verhalten,* ohne ideologische scharmützel à la frauenemanzipation und zugestandener heuchelei (und zeitvergeudender spielchen vom ›flirt‹ abwärts).
nein, ich mag ›die frau‹ nicht. ich habe sie nie gemocht, weil sie mir immer – nicht unheimlich, nein: – zu beherrschend war. ich weiß, daß es frauen gibt, die hier anders sind: ihre dominanz zumindest nicht augenscheinlich demonstrieren; – ich meine die masochistische buhlerei um ein paar stunden im bett, die taxierte, gequälte, in einzelheiten geplante pseudoärztlichkeit, ihr schaler versatz à la tv und kinoimitation. lassen wir das, es ist unerfreulich, weil es noch die letzten paar unausrottbaren träumereien demoliert?
eine ›nacht‹ und einen tag weiter. eine ähnliche zeit wie gestern. nacht jedenfalls. ich hoffe immer darauf, geweckt zu werden: daß mir klar wird, daß ich in der zwischenzeit, die ganze zeit schon, nur geträumt habe. daß man in einer besseren welt aufwachen könnte.
darum, nicht ..., auf den nächsten morgen warten, fast sentimental, wie es heines gedicht vom sonnenuntergang und sonnenaufgang – auf der anderen seite, trifft:
»das fräulein stand am meere/und seufzte lang und bang,/es rührte sie so sehr,/der sonnenuntergang.//mein fräulein sein sie munter,/das ist ein altes stück;/hier vorne geht sie unter/und kehret von hinten zurück.« – das modernisierte naturalistische staunen, daß »morgen« ohne eigenes zutun käme. jedenfalls lieber eine »kleine trunkene nachtwache, geheiligte!« ... »die lampen und teppiche der durchwachten nacht tö-

nen wie dunkle wellen am rumpf des schiffes und am steerage.« rimbaud ...
ich bin immerhin mittlerweile wieder betrunken genug, um an ein paar platten, an ein paar büchern zu hängen. an den erinnerungen, die man aus der vergessenheit kramen kann, mühsam. »ich habe etwas getan gegen die furcht. ich habe die ganze nacht gesessen und geschrieben, und jetzt bin ich so gut müde wie nach einem weiten weg ...« satt und träge durch das glas, das wieder neben mir steht, merklich wärmer geworden, kitschiger.
du schreibst ein buch und ich wünsche dir, daß du deine vorstellungen – die notgedrungen konkretisierten – ohne kompromisse ins licht stellen kannst. du weißt, wie ich das meine ...
ich wünschte auch, ich könnte dir klarmachen, daß du weitermachen sollst, daß es noch zu früh wäre, um endgültig zurückzustecken, aufzugeben. und das ist auch das einzige, was mir zu sagen möglich ist: auch wenn es sinnlos ist, an veränderung zu glauben, es ist wenig sinnvoller, aufzugeben. beim besten willen fehlen mir darüber hinaus die worte, ich will nicht jene durch und durch von ideologien verseuchte ethik ins spiel bringen: sie beschwören. es gibt nur *überhaupt keine* normen, gänzlich ohne haltegriffe bewegen wir uns; vielleicht etwas sympathie – nicht fraternisierung und kollaboration – versuchte (taumelige jedoch) gesten; die letztlich gemeinsame sache, zu der wir nichts mehr beitragen können, *bestenfalls sie vor dem vergessen bewahren* können. das ist schon der einzige sinn, der sich dem terror hier noch abgewinnen ließe.
im interesse dieses ›sinnes‹ meine ich auch, daß etwas taktik (etwa verlage usw.) durchaus im rahmen der ehrlichkeit, weil im rahmen der sache bliebe. ich meine nicht den verkauf an den apparat, bloß *einen letzten rest von list*, zumal, wenn sich alles vollends schließt. ich finde ein buch über a. a. von dir – und ich kenne dich soweit – (vielleicht aus dieser distanz besser, als wenn ›intimer‹ kontakt den blick verzerrte) sinnvoller als das meiste, was heute in sachen literatur auf den markt geworfen wird; – und schmeichelei ist das beileibe nicht, eher schon die forderung nach intensiver durchdringung der sache, was zu erwähnen aber beinah überflüssig scheint. jedenfalls hoffe ich, daß das buch erscheint. es gibt doch einige stille menschen, die es bräuchten, um zu wissen, daß es noch andere *menschen* gibt ... das beste   /karl

(kassel 29. 3. 1976)

lieber karl,
3x nanni – ich habe und erwarte keine antwort(en), auch glaube ich, daß man mit dieser oberfläche verbaler gespielter arroganz schlußmachen sollte, die dir, wie du richtig in diesem zusammenhang bemerkt hast, verbietet, von gewissen dingen zu reden. hier und nirgendwo anders ist der punkt, wo die avantgarde, und all die scheißer einzukreisen sind. diese attitüde, am erbärmlichsten bei den proletkult-fans, den bürger hinwegzumogeln, dieses heiße wabern unter der coolen oberfläche, diese ergüsse, die man schon gar nicht mehr zu evozieren braucht, denn ihre gesamte haltung läßt sie zumindest erahnen.
wir sind von schweinen umgeben, und ich glaube schon lange nicht mehr, daß man sie auf rein intellektueller basis wird schlagen können. denn was passiert, was sich täglich wiederholt ist doch, daß du halt nicht **aufwachst**, aufwachst im sinne eines heraustretens, sondern du wachst neuerlich in dir auf, in dieser welt der schweine. und ich habe das gefühl, daß dieser wunsch sich weniger auf dieses welt-image bezieht denn auf den bürger, diesen teil, der am heftigsten mit dieser phantom-welt kommuniziert – ob er es nun will oder nicht. den eindruck also, daß man diesen bürger austreiben möchte, um aufzuwachen, es wirklich zu tun, denn *du wirst nicht geweckt*. sehr viele fanden sich, mit verspäteter einsicht, in jenen anstalten wieder, in denen die société sich ihre abweichler hält. der rest lügt, karl kollmann, der rest, das ist dieser bürger, der seine scheiße ins papier insinuiert, der die dreistigkeit besitzt, sämtliche kanäle damit zu verschlammen, sämtliche medienkanäle mit ihr zu überschwemmen, auf daß sein weltchen *die welt* bleibe, in welcher er noch einen fuß auf den boden bekommt.
man hätte, prophezeite a. a., lautréamont, wäre er nicht krepiert, sehr wahrscheinlich früher oder später konfiniert.
parallelfälle gibt es nicht mehr, allenfalls bedauerliche irrtümer, opportunisten und aas-fresser en masse.
dazu ein a. a.-zitat, das ich mir für dich notiert hatte: »die wirklichen dichter sind diejenigen, die sich immer krank/und tot empfanden, während sie ihr eignes leben aufzehrten;/die falschen diejenigen, die immer gesund und/lebendig sein wollten, während sie sich das sein anderer aneigneten.«
wie denkst du über folgenden vorschlag: etwas zweihändig zu schreiben? ich sagte schon, daß ich – die a. a.-chronik ist fürs erste fertig – über schwarzkogler etwas sagen will, dann vielleicht einen a.-text (den er für den rundfunk geschrieben hat und der nie, weil unerträglich für bürger-ohren, gesendet wurde) bearbeiten will.
ich denke weniger, daß man damit zu einer addition von energie kommt, sondern vielleicht zu einer spirale. durch dieses zweihändige

einerseits einen gewissen toten punkt im text überwindet und darüber hinaus evtl. verschiedene eigenarten, von denen man sich monologisch schreibend nur schwer lösen kann oder die man übersieht.
konkret: ich würde dir, als ersten versuch, einen entwurf des textes mit entsprechendem spielraum geben und wir lassen ihn solange zirkulieren, bis er eine relative dichtigkeit hat, die kurzfristig als invariant erscheint.
sämtliche voraussetzungen für eine solche kollaboration scheinen mir gegeben – im jetzigen stadium.

(kassel 22. 4. 1976)

ich fand deinen brief am sonntag nach einer exkursion in die schweiz. du beschreibst exakt die symptome, die mich seit einigen wochen lähmen – dir zu schreiben, den ersten part der angekündigten arbeit über schwarzkogler zu beginnen: in wirklichkeit ein 2. anfang eines essays aus dem letzten jahr, der mir zu identifiziert erschien, mich nicht befriedigte.*
du wirst sehen, welchen anteil gerade bataille an dem ansatz hat, der beiliegt. ich glaube, du bist in gewisser weise r. s. vielleicht näher als ich und ich hoffe, du verstehst es, der sache vielleicht einen härteren, zynischeren charakter zu geben ... was ich, auch angesichts des skandals des selbstmordes, im augenblick nicht aufbringen kann. aber ich will der entwicklung nicht vorgreifen und erwarte gespannt deinen part (ermutigt es dich ein wenig, wenn ich sage, daß wir diesen text wahrscheinlich in den »protokollen« veröffentlichen können? ganz so wie jener text über artaud/van gogh, der – wenn auch nur ein- statt dreispaltig gedruckt – in der ersten nummer dieses jahres erschienen ist.). du kannst im skript also deinen part rechts hintippen, zusätzliche seiten einfügen/ anhängen, kürzungen vorschlagen, auf unklarheiten hinweisen etc. am ende kann man das skript dann auch rein optisch fusionieren. du hast das übrigens ganz richtig aufgefaßt: einebnung der »handschrift« wäre schon ein gutes resultat. ((ich überlege, ob man nicht ganz konsequent nur eine montage machen sollte, z. b. mit büchern über ekstase-technik u. ä. in der zwischenzeit nehme ich mir noch einmal bataille vor.)) es liegt jetzt bei dir, mir – außer dem r. s. – einen deiner ansätze zu unterbreiten.
nun, leicht wird mir auch dieses unternehmen nicht fallen, aber ich spüre, daß diese widerstände identifikationen abbauen und deshalb womöglich idealere konditionen sind als ein impulsives ausdrucks-

---

* hier und im folgenden ist von unserer gemeinschaftsarbeit: *die wiedereroberung des körpers* die rede (in: mattheus, b., *jede wahre sprache ist unverständlich*, münchen 1977, p. 99–141).

bedürfnis – dennoch sollten sie von einer art notwendigkeit getragen werden.
andererseits fragt man im entscheidenden moment nicht danach, ob es identifikatorisch ist oder nicht: die phrase vom täglichen klavierspielen ist eine binsenweisheit. jedesmal bist du entleert, stotterst, bleibst sprachlos, wenn es darauf ankäme. du sagst dir »das betrifft mich nicht ...« und dann, beim nächsten direkten appell: der erbärmliche trick funktioniert zum hundert-tausendsten mal. der gesamte organismus gehorcht aufs wort, schüttet adrenalin aus, pumpt blut (entgegen der psychischen verfassung sogar! man sieht sich lachend zu, der mechanismus läuft ab), fördert schweiß an die hautoberfläche oder rastet völlig ein – du antwortest, reagierst, setzt muskeln in bewegung ... der körper, und dies ist vielleicht die am schwierigsten zugängliche forderung artauds, sei erst zu gewinnen. er ist obstakel, sofern er, konditioniert, in einem automatismus außenreize zur verarbeitung gibt, ja erst solche produziert, für die es schon bestimmte begrifflich fixierte vorstellungen gibt. solche, die quasi rudimentär den vorrat einer sich bereits ereigneten kommunikation doublieren. grenzerfahrungen scheinen diese kette kurzzeitig zu sprengen.
übrigens: seit einem jahr oder mehr habe ich vielleicht zehnmal den plattenspieler in bewegung gesetzt – die musik irritiert mich. in den letzten tagen glaubte ich auch, daß ich künftig ökonomischer mit dem reden und schreiben sein müsse, du nennst es askese, eine art zurückweichen vor dem tun wider besseren wissens? man könnte sich mit recht so aus der affaire, dem konflikt ziehen, indem man voraussetzt: daß die majorität weiterhin scheiße produzieren wird, aber daß sie deutlicher als solche erkennbar wird, wenn man gelegentlich dort eingreift. das heißt, wenn man zur weiteren abwertung *dieser sprache* beiträgt → da bin ich noch lange nicht angelangt, leider. das argument wiegt, ich weiß es, wenig: es ist allerdings, scheint mir, nur brauchbar vor diesem umbruch/aufbruch/abbruch, der gravierendere konsequenzen zeitigen wird, man braucht nicht zu formulieren, welche. ich meine zu ›verstehen‹, was du unter vergessen dir vorstellst, unter einer temporären bewußtlosigkeit, weil doch die volle bewußtheit immer schmerzhaft ist. wie so etwas wie eine bewußtlose identität erreichen.
aus der nähe betrachtet ist wohl die mehrheit dort erfolgreich, wo es darum geht, sich durch die sanktionierten drogen in einen zustand erträglicher bewußtlosigkeit zu versetzen. hierbei sind keinerlei institutionalisierte gruppierungen oder subkulturelle/pseudorevolutionäre randgruppen ausgeschlossen: immer funktioniert es wie eine familie, die vorstufe dazu oder ein kleiner staat, eine partei, eine sekte. du läufst, wohin du dich auch wendest, der ordnung, dem staat und mit ihm der temporär vergessenmachenden geborgenheit/wärme in die arme.

ich kann es hier unmöglich aufrollen, will nur anmerken, daß a. a. fortwährend diese unverselle klammer körper/sexualität (im sinne eines geschlechtsspezifischen körpers) zu sprengen versucht hat. bestimmte artisten setzen das ja heute fort, weil sie bemerkt haben, daß dieser anzug maskulin-feminin ein atavismus ist, und versuchen, ihn für eine vielzahl von geschlechtern auszubauen. aber wir befinden uns wohl noch in einem pionierstadium.
deshalb auch muß man über r. s. reden: er fordert ja nicht die neukonstruktion des körpers im biologischen sinn, sondern zeigt, daß unser verhältnis zum körper (körperbewußtsein) abhängig ist von unserem verhalten zur sprache und folglich zur ordnung und zum staat. die abgesicherte identität ist halt nur eine selektion aus der heerschar von identitäten, die aktivierbar, denkbar und möglich sind. transponiere das auf die sexualität, das sensorium, wege und mittel der kommunikation. und ganz gewiß reichte die wirkung bis hin zu den produktionsbedingungen und -weisen.
gut. das naheliegende schwimmt mir weg – ich will dir nicht von meinen beschränkten versuchen in richtung bewußtlosigkeit erzählen: du kennst das ergebnis.
es wäre *doch* schön, auch um manche dinge demonstrieren zu können, wenn du nicht gar so weit von diesem tisch entfernt säßest.

(linz 3. 5. 1976)

lieber bernd!

nur eine kurze zwischennotiz ...
soeben ist auch dein 2. manuskriptteil angekommen. eine ausgezeichnete sache: und eben darum möchte ich mir zeit lassen; das von dir angeschlagene und wie ich finde, sehr hohe d. h. tiefgreifende niveau bewahren. die arbeit scheint mir zu wichtig, um sie schnell und flüchtig fortzusetzen (ich will mir auch noch etwas material besorgen).
auch fällt mir schreiben nicht leicht ... vielleicht das wetter, vielleicht das heiße blut, das durch die poren bricht, fast schon aus den ohren tropft.
(ich habe jetzt gerade der ›kulturverwaltung‹ abgesagt – eine halbprivate institution, die mich zu einer lesung eingeladen hatte – scheint, als wäre es höchste zeit, langsam mit meiner integration zu beginnen, als besinne man sich jetzt auf mich.
nicht nur, daß mir das höchst zuwider ist, auch das noch feuchtgebliebene restchen der vernunft – das ich mir am leben ließ, um mich gegen die einsaugungen des apparats zu wehren – revoltiert. ich hasse die

integralen tendenzen, die, welche einen von rückwärts einholen wollen, in ›gefilde‹ zurück, die man nicht nur schon verlassen glaubte, sondern, die man permanent weiter verlassen will.
ich habe abgesagt, ich will mit dem kultur-kult-betrieb nichts zu tun haben).
es geht nicht an, vor einem verseuchten publikum am boden zu rutschen – schreiben ist etwas anderes.
schreiben beläßt noch die redefreiheit – soweit sie heute möglich ist ... soweit man sich gegen sie wehren kann: soweit man sich gegen selbstdenunziation wehren kann.
ja, ich wollte dir einigemale schon (wie das so heißt) einen besuch ›abstatten‹. ich hoffe, bis diesen sommer meine geldschwierigkeiten wieder einigermaßen behoben zu haben.
es wäre sicher wohltuend, miteinander zu sprechen – die sprache entlang. hier ist es sehr einsam – schärfer als in der brd. hier ist der zwang zur konformität größer und unsichtbarer. es gibt keinen radikalenerlaß bspw., aber seinen effekt, es gibt keine arbeitslosigkeit, aber auch keine arbeit ...
die brandmarken: nicht, daß sie lästig wären, störend oder phlegmatisch/nur ein kontinuierlich präsentes klirren der ohnmacht, ein blutiges, urinierendes schwitzen.
und, man kann sich schwerlich hier von seiner vergangenheit hier freimachen: entblößen. sie begegnet schritt auf schritt.
aber ich will das unerfreuliche lassen und mich täglich tiefer in »die wiedereroberung ...« vergraben, eintauchen.
nächste woche auch ausführlicher schreiben.
bis dann das beste   karl

(kassel 5/6. 5. 1976)

lieber karl,
ich hätte sagen sollen: in wirklichkeit habe ich über den suizid geschrieben (was ich wiedereroberung des körpers nannte). es deckt sich, dieses zentrum, mit dem, auf was ich hinarbeite: die bedingungen aufdecken, die leute wie vaché, rigaut, duprey, roussel u. a. zu dieser abtreibung gebracht haben, was für die plötzlichen richtungsänderungen bei artaud (der eine eigene familie von suicidés errichtete: nerval, poe, nietzsche, baudelaire, lautréamont), bei panizza etc. letztlich auslösend gewesen ist. das heißt, ich nehme mir a. a. vor, oder nietzsche, oder bataille. zunächst: die psycho- und soziologen lügen, nichts ist abgeleitet.
mir ist der suizid-spleen von a. a., bataille (depressiv), nietzsche (+ reale schmerzen), gérard de nerval (depressiv), roger gilbert-le-

comte (opiomane) durchaus faßbar. als ich die notizen eines tbc-kandidaten über die letzten jahre artauds las, stellte sich sogar eine art von physischer* übelkeit ein, ähnliches passierte mir bei bataille, seinen persönlichen anmerkungen zu bestimmten definitionen. so zur »inneren erfahrung« (konträr zur mystischen), welcher der wunsch vorausgehe, alles in frage zu stellen ... ein unternehmen, das nichts erreichbares kennt, weder eine lösung (im sinne von »getaner arbeit«) noch ein anhalten des prozesses. er stellt es als kontinuum dar und nennt diesen zustand das »schwimmen«:

»a 1) reale sorge;

a 2) aktion (produktive verausgabung von energie);

a 3) entspannung;

b 1) angst;

b 2) teilweiser, explosiver ... ich-verlust (unproduktive verausgabung, religiöses delir, aber die religiösen kategorien vermischen sich mit der aktion, die erotik ist etwas anderes, das lachen tangiert die göttliche unschuld ...);

b 3) entspannung; etc.«

und dann definiert er jene beiden extremen möglichkeiten, mit denen auf den schmerz, das unerträgliche reagiert wird; der obligatorische weg der heilung oder der flucht (mystizismus), andererseits die kraftprobe: bataille führte sozusagen als dritte unbekannte größe die transgression oder verausgabung ein (das lachen, die ekstase, erotik etc.) ... artaud plädierte für die neukonstruktion des körpers und seiner organe (eine variante der transgression vielleicht? der vorschlag, durch die eliminierung des todes-gedankens den tod selbst zu annihilieren ... wo bataille sagt, er sei die einzige gewißheit) ... das willentliche sich-aussetzen der tortur (gilbert-lecomte z. b., gedämpft durch drogen; bataille übertüncht mit alkohol, während ihn alles niedrige, erdige, friedhofsähnliche anzieht; die schamanistische ekstasetechnik des »gespielten todes« usw.).

»was das bestreben, glücklich zu sein, bedeutet: das leiden und das bestreben, zu entkommen.() die idee des heils, glaube ich, kommt demjenigen, der das leiden *zersetzt*. derjenige, der es im gegenteil dominiert, will zerbrochen sein, will sich mit der zerreißung einlassen.«

ich komme also von der anderen seite, weil der suizid, obwohl er die weigerung bedeutet, zu kommunizieren, andererseits der augenblick

---

* ähnlich suggestiv wirkt die sprache der schizos, wohl auch artauds formen der rezitation. ich begreife, welche große rolle die »normale« akzentuierung in der gesprochenen rede zur sinn- und verständniskonstruktion spielt. bei jenen ist diese normiertheit der akzentuierung durchbrochen, wenn auch die sätze selbst durchaus nicht sinnlos oder unverständlich sind: im gegenteil, die klage ist wie bei niemandem sonst hörbar. aber auch die reine »privatsprache«, z. b. glossolalien, löst physische reaktionen aus. wie, frage ich mich, ergeht es dann erst *dem sprecher*?

ist, wo der selbstmörder am intensivsten kommunikation evoziert. noch einmal bataille: »das letzte von rimbaud bekannte gedichte ist nicht die äußerste grenze. als rimbaud die äußerste grenze erreichte, erreichte er die kommunikation nur durch das mittel der verzweiflung: er unterdrückte die mögliche kommunikation, er schrieb keine gedichte mehr.« deshalb vielleicht das unerträgliche der inaktivität: ein system errichten, schreiben, um nicht verrückt zu werden (was exakt das tun-widerbesseren-wissens ist). die »innere erfahrung«, beinahe profan, das haltlose lachen (angesichts von schmerz oder tod etc.: jede häufung wird absurd), die erfahrung der leere, die abwesenheit des sinns. der wahnsinn, als produktives element, führt einen dem gesellschaftlichen corps feindlich gesinnten »sinn« ein, destruktive, revolutionäre energie.
nicht der »glückliche narr«, aber das gegenstück zum existenzialisten ... der wie bataille, neurotisch und gebildet, schwer zu ertragen ist.
ich baue diese figuren um mich herum auf ... und weiß nicht wohin ... womöglich ist es falsch, überhaupt pläne zu machen oder vielmehr: hinderlicher?

p. s.: der einwand muehls* apropos r. s. ist leider wohl auch einer der stärksten – auch wenn er sich auf viele artisten anwenden läßt. andererseits ist die richtung, die muehl heute einschlägt, schon mehr als bürgerlich (ich denke nur an das problem der auflösung der zweierbeziehungen, der kommerzielle aspekt von sog. therapeutischen kommunen).
überlege dir schon mal, wann und ob *du dieses jahr* eine exkursion hierher machen willst.
ich denke ernstlich darüber nach, ob wir nicht gemeinsam aus unserer korrespondenz – besonders über die sprache – ein buch machen sollten: das wie und wo ist eine andere frage. was meinst du? (diese merkwürdige aktivität beunruhigt mich selbst ...)

(linz 10. 5. 1976)

lieber bernd,

will deinem brief sofort antworten. bin dabei, mich immer tiefer in deinen text hineinzuarbeiten und das blatt, auf dem er sich befindet, durchscheinend zu machen ... durch die kanäle der sprache durch und hindurch. (konnte meine lethargie abschütteln und ich finde das gut

---

* »ich war nie werbegraphiker. aus einem werbegraphiker kann nie etwas werden, trotz bestem willen und anständigkeit, z. b. rudolf schwarzkogler ...« *neues forum* 216: 51 (1971).

so) ... *die sache ist zu wichtig,* um sich lethargie leisten zu können, oder, was mir gefährlicher scheint, *um sie anderen: mechanischen kalkulanten zu überlassen.* das, auch, um deine bedenken gegen deine aktivität zu zerstreuen ... schreiben ist immerhin noch geblieben – natürlich: es sind punkte, wo schreiben zu ende gehen muß (du hast auf rimbaud hingewiesen), ich glaube jedoch, daß wir noch nicht in dieser situation sind ... wir schreiben *noch nicht* leer ...
ich will nicht für dich sprechen; dies trifft nur für mich zu – soviel jedoch: *entscheidende impulse verdanke ich dir.*
ich will aber direkt zur »wiedereroberung« übergehen: ich faßte sie schon beim ersten durchblättern als ›phänomenologie‹ *des suicids* auf – dein jetziger brief bestätigt es. ja, ich bin dabei, die spannung zwischen r. s. und dem standardverhalten herauszuarbeiten. etwas, was mir bspw. bataille, soweit ich ihn jetzt sehe, außer acht gelassen hat.
in diesem sinn (der kontrastierung mit dem standard›bewußtsein‹ (bzw. unbewußtsein)) – betrachte ich schichten meiner komplettierung durchaus als psychologisch (auch wenn das nicht mit dem akademischen einhergeht), psychologisch, *weil* akzeptables aus den fangarmen der philosophie extrahiert wird / ein wahnwitz in den augen der schul- und kathederbänkler. *nur in den verkehrungen der literatur* (aller disziplinen) wird so etwas wie wahrhaftigkeit sichtbar.
– ›erotische‹ dispositionen, halbflüchtige intermezzi / jetzt, zu mittag / ich werde mich vorsehen, mich einschränken / der autoerotismus ist ... gefahrloser? –
ich denke, wir wollen einen erratischen block in diese welt der literatur und ihres betriebes setzen. übrigens gleich auf die zeitungsnotiz. »die rampe« ist ein mittelmaßblatt: von der oö landesregierung herausgegeben, also *eine behördlich veranstaltete literaturzeitschrift.* kann sich keinesfalls mit den »protokollen« messen. übrigens (um beim zeitungsausschnitt zu bleiben) findet der »krieg« zwischen »reaktionär« und »progressiv« *wie üblich* im kaffeehaus statt, bei einem mocca ... *die übliche* rangelei um pfründe oder pöstchen im literaturbetrieb. und »das grazer forum stadtpark + manuskripte« betreibt seit langem nur inzucht. einzig michael scharang hat mehr niveau. bspw. was wolfgang bauer macht, ist doch nichts andres, als nostalgische unterhaltung für die zuspätgekommenen oder für die in den apparat eingewanderten (natürlich) halb-hippies der späten sechziger.
es gäbe sicher manches detail, aber das gibt wenig her. du hast sicher meinen letzten brief ... ich halte nichts von lesungen (um sich zu profilieren), von dem ganzen überflüssigen spektakel. wahrscheinlich ist das zwar die einzige möglichkeit, um zu einem verlag zu kommen, zu kleinen geschäftchen usw. jedenfalls bin ich noch in dieser hinsicht *nicht weichgemacht, nicht bereit, mitzuplärren.*
zu mühl: seine veranstaltungen – auch jetzt die a. a. kommune im bur-

genland, sie ist neulich einmal abgebrannt – waren vor allem, scheint mir doch, identitäts-put ons, mehr show. er wollte primär *herr sein* – nicht vom umstoßen war die rede, sondern von *simplen abreaktionen*, der welt ziemlich gleichgültig gegenüber, auch jenen dingen, von denen wir reden wollen. der radikale gestus von mühl: ein modischer trend; die schlachtungen gags.
mühls einwand – durchaus, geht aber über eine oberflächlichkeit nicht hinaus, bleibt derber psychologismus (grad wie ihn der vorfabrizierte psychologe noch fertigkriegt). was einer wurde, spielt für die sache kaum eine rolle, sondern was er tut – in welcher konstellation es sich zur kultur verhält.
technisch werde ich so verfahren, daß ich meinen text auf die von dir freigelassene hälfte der blätter setze, streich- od. vielmehr einschiebevorschläge werde ich mit bleistift markieren. ich werde mir dann fotokopien anfertigen und dazu folgende vorschläge:
versuchen wir unabhängig voneinander eine erste integration/synthese beider teile (ich werde mich dann näher auf deinen text beziehen und stelle mir das bei dir analog vor. im nächsten schritt dann wieder zusätze oder striche usw.).
wichtig scheint mir – du hattest im vorletzten brief davon gesprochen: auch optische synthetisierung: also ein text (zumindest als gerüst) und eine schrift. ich werde vorläufig noch bei meiner groß-schreibung bleiben, es ist zu unhandlich, jetzt schon umzustellen, denke aber, daß es sinnvoll sein wird, in der letzten phase den text in der von dir verwendeten homogenen kleinschreibung zu halten.
übrigens denke ich, daß es sinnvoll wäre, zum schluß alle manuskripte (usw) zu vernichten, daß also ein nichtrekonstruierbarer text übrigbleibt, ohne genese, ohne trennungsmöglichkeit. es scheint mir das wichtig für die (textliche) auslöschung unserer individualitäten. (die fotokopien während der entstehung, während der produktion sinnvoll, um einem ev. verlust bei der versendung vorzubeugen)
zu (jetzt noch) meinem anteil: ich überarbeite ein sukzessives gerüst immer einige male, das kostet zeit – und für diese bitte ich dich um verständnis: ich will nicht bloß zeilen schreiben ...
die enteignungsverhältnisse: sie machen das wesen des suicids, d. h. überhaupt seiner möglichkeit, aus. ((ich lese »aliéné« als entfremdung/ enteignung ... leider spreche ich nicht französisch ... ich hatte es schon bedauert, als ich baudelaire las, und ihn deutsch (also transponiert) lesen mußte.)) wohlgemerkt, daß »der begriff entfremdung« vom platten sozioökonomismus unkenntlich gemacht wurde. soweit ich aber jetzt sehe, faßt bataille ›entfremdung‹ (obwohl er nicht mit diesem wort hausieren geht) zu flüchtig an. er schneidet »vernunft« vom ›gefühlsmäßigen‹ ab – ich würde ja behaupten, daß sich bei a. a. beide verbünden: obwohl bei diesem vernunft weit mehr ist, als der bloße kausalmecha-

nismus des verstandes; fast: vernunft gefühlsmäßig geschult wird – wobei ›gefühl‹ selbst über bloße empfindungswertungen hinausgeht und zum erkenntnismaterial wird. (inzwischen ortswechsel, eine kleine mahlzeit, um den stift hier halten zu können) ich werde versuchen, das näher auszuarbeiten, an r. s. herauszulösen ...
natürlich, die bilder ›welten‹, sie sind die schluckbeschwerden der kleinen weltausbesserer. die schwierigkeit liegt nicht darin, sich für jene verständlich zu halten, sondern vielmehr, sich a priori gegen sie zu immunisieren. ich meine, man kann über korrekturen sprechen, über unscharfe fokussierungen und auch über eine umkehrende, das ›bild‹ auf den kopf stellende optik – [ich] ziehe zwar interferenzen vor? schließlich praktizieren wir hier eine spektrale verständigung: nicht *über etwas* (du nanntest es: »kunst soll/kann nicht abbilden«), sondern über *aufgelöste*, in die reinen farben *gelöste, etwasse* – immerhin, es geht darum, sich nicht zurückschrauben, zurechtstutzen zu lassen. ((darum – das nochmals – meine aversion gegen diskussionen, insbesondere dann, wenn sie zeitlich fixiert sind (von 12–13 essen, von 13–14 ruhe, von 14–15 lesen, von 15–16 etwas sex, von 16–17 ansprache der mitmenschen, von 17–18 stadtverkehr, von 18–20 diskutieren ...))) und solches ist in der diskussion zweifellos. schließlich heißt das schlagwort kommunikation (›kommunikative‹ pseudotherapie ... sich die kehlen heiser reden, um sie nicht umsonst zu haben). die gründe zu reden, eher identitätskrampfhaft ... (ich rekapituliere auch mein zeitweiliges verhalten ...) gerangel und geplänkel. solches kann beim geschriebenen (doch) nicht (so) passieren. (man kann auch öfter lesen, passagen studieren ...) trotzdem ist schreiben nur ein vehikel ... sinnvoll und nützlich nur partiell – konkret, dort wo es sachverhalte einzukreisen, zu klären, zu korrigieren gilt.
dein bataille-zitat zum leiden und der zweifachen ›perspektive‹ ist wichtig. auch bei r. s. sind beide aufzufinden, denke ich. überdies schwankt bataille ununterbrochen – nur »gilles de rais« und »der heilige eros« verglichen; auch im letzteren selbst immer wieder das zurückschrecken vor der eigenen courage. bataille hält die dinge in schwebe – er legt sich nicht fest / aber nicht aus kritischem ›purismus‹, sondern aus analytischer indifferenz. etwa, erotik ist ihm ja durchaus noch möglich. in dieser hinsicht ähnlich rimbaud – immerhin war ihm schweigen noch möglich, und ja, auch schweigen ist reden, ist kommunikation.
hoffe, in zwei wochen dir das manuskript retournieren zu können.
noch kurz: ich will im sommer oder frühherbst – wenn mir ein finanzielles ›stück‹ noch durchgeht – nach kassel schauen. deine idee mit dem buch über sprache – nach der korrespondenz packt mich auch (auch als antwort auf den linguistischen terror und semantischen käse heutzutage).   für heute herzlichst   karl

(kassel 15/16. 5. 1976)

lieber karl,
schönen dank für deinen langen brief, der mich gefreut hat. der »corps aliéné« umschreibt in etwa das, was man den »entfremdeten körper« nennen könnte, quasi die passive form, auch spricht man bei geisteskranken oft von einem aliéné.
es ist schon so, daß sich die problematik als ein regelkreis darstellen läßt: kommunikation selektiert identität, identität selektiert kommunikation → reinforcement, das in die ordnung und folglich in den staat führt. eine beziehung, »in der die sprache die identität einer person und die integrität eines körpers in einem verantwortlichen ich vereinigt, aber über alle kräfte, die dieses ich zersetzen, schweigt« (gilles deleuze). weshalb die einstellung zur kommunikation schlüsse zuläßt auf die einstellung zu körper und staat: der körper als rezeptive (erleidende) und emittierende materie stellt sich, im rahmen der sprache, als »corps social« dar, das verhalten wird nicht etwa durch biologische, physiologische oder physische obstakel determiniert, sondern durch die (sprachabhängige) körperliche selbsterfahrung. deshalb kann a. a., die halseisen von syntax und semantik zersetzend, behaupten: ich bin eine lebendige fackel,/wir sind noch nicht geboren,/wir sind noch nicht auf der welt,/ die einzige frage ist, mit sich genügend körper zu haben, um seine kräfte den wesen zu entreißen, die sie gestohlen haben,/ es gilt die frage der zusammenstellung des menschlichen körpers, der lokalisierung seiner organe und bestandteile zu klären...
ich denke an den baum-menschen (in opposition zum rein mentalen image vom körper, das diesen verleugnend ignorieren oder überwinden will), der die anatomie als grenze des empfindens exzentriert... und der sich um so mehr einer sprachlichen eingrenzung/lokalisierung entzieht, als er in noch kaum ausgelotete bereiche hineinragt... oder in solche, die stark tabubesetzt sind. der in der diskursiven sprache fixierbare körper ist der alienierte, enteignete.
übrigens ist alles umrahmte im manuskript textmaterial von r. s. um die abschließende synthese der texte zu erleichtern, rate ich dir, gleich mit der kleinschrift zu beginnen. man braucht dann vielleicht nicht mehr alles neuerlich abzuschreiben und könnte das definitive manuskript per montage oder fotokopie herstellen.
ich mache mir notizen für die erweiterung, will aber in erster linie auf deinen part reagieren, gewisse punkte aufgreifen oder weitertreiben. vor allem interessiert es mich, eine art von zweitsprache zu finden, die über das rein deskriptive/diskursive hinausgeht. zu überlegen wäre, ob man nicht den text zweispaltig führen sollte, wie ich es schon mehrmals getan habe: z. b. um bestimmte zitate hervorzuheben, kontradiktorische aussagen gegenüberzustellen – ausgenommen natürlich unsere texte.

schließlich hätten wir auch, wenn wir zusammentreffen, gelegenheit, die korrespondenz apropos sprache durchzugehen und zu selektieren. die koinzidenz »selbstmörder durch die gesellschaft« mit den beiden jüngsten fällen im rahmen des hiesigen strafvollzugs ist bemerkenswert ...

p. s. es ist besser, wenn du künftig meine adresse mit der maschine schreibst, die post hat schwierigkeiten bei der dechiffrierung deiner handschrift.

(linz 26. 5. 1976)

lieber bernd,

hoffe, ende dieser woche soweit zu sein, um dir den text retourzusenden. die letzten tage sehr intensiv gearbeitet, und wieder sehr viel gestrichen ... jetzt die reinschrift fertigstellen.
ich versuche noch, den text abzusichern, von vornherein gegen (vermutlich ohnedies schale) einwände ›abzusichern‹, einen – sagen wir – logischen akzent, im sinne eines schusses vor den bug der szientifischen und ästhetisierenden dünkelei.
sinnvoll wäre vielleicht, du könntest die ›innere erfahrung‹ (insbes. s 19) schärfer fassen, insofern sie nicht gegenstück einer – fragwürdigen – äußeren erfahrung im sozialpsychologischen duktus ist. auch vermute ich eine schärfung s 16 unten von vorteil, da die mystisch-ekstatische erfahrung als erneut domestikable ...
ich werde schwarzkogler gegen mühl kontrastieren, ich glaube, hier könnte man ruhig von einem gegenstück sprechen, vor allem, da es letzterem nicht ernst war.
dann eine kleine korrektur zur psychoanalyse, sie ist erst zu formulieren, jedoch soviel, daß ihre reduktion auf therapie den konzeptionellen anspruch – auf ein mögliches hin – in die versenkung gestoßen hat. übrigens mühl war ja von der psychoanalyse recht begeistert und lehnte alles übrige mehr oder weniger simpel wegwischend ab. ähnliches bei den guten alten marxisten ...
im letzten brief hattest du etwas ins auge springendes angeschnitten: übelkeit beim lesen von texten, artaud; soweit ich sehe, gemeint damit der transport einer vegetativen situation via sprachkonstellation, von schreiber zu leser. ich fände es wichtig, hier mehr zu versuchen. bekannt ist – wenn auch meist unterschlagen – der urinierdrang mancher

menschen beim mitanhören eines auf stein pritschelnden harns – oder gähnen. exzessiver: chorea, veitstanz.
entscheidend ist das wahrnehmen, konkret: nicht das lesen, wie etwa lyrik, die eine wortladung aus dem und in das emotionelle transportiert, sondern doch die vegetative transformation. durchaus... mir ging es fallweise bei den ›blumen des bösen‹ so, daß ein glas port die rationalen schwellen etwas ins wanken brachte und diese (noch unkitschige, noch ehrliche) sentimentalität sich ausbreitete, den herzschlag dämpfte – so ein zurückziehen aus der objektwelt. ich finde ja, daß meinetwegen wein durchaus auch ein hilfsmittel für die eindämmung der ratio sein kann. ((üblich, als jüngling ein paar biere, um manche dinge leichter zu erledigen, jene ängste, sagen wir, [alltäglichen] neurosen niederzuhalten)) trotzdem ist der wein schal geworden, mir ist das klar; hilft vor allem zum einschlafen, um ruhiger zu werden ... die kleinen ›tragiken!‹
batailles konzept von spannung und entspannung – dein vorletzter brief – ähnelt der konzeption von wilhelm reich um die 40er jahre herum. b. bringt zwar die außenwelt ins spiel, insofern sorge und angst gründe außerhalb des einzelnen haben (angst, insofern sie sozusagen historisiert wird, von den lebensbedingungen produziert). übrigens wären gerade gestik und mimik, die unsere standardweisen sprengen, angetan, (reich'schen) psychoanalytischen effekt zu zeigen: neurosen, die die normalen verhaltensweisen ja sind, (die domestizierten), ((neurose insofern nur graduell, als sie bei sensibleren individuen nur hervorspringend wirken, auch versagender, sich weigernder,)) durch manipulation am körper zu beheben ... etwa massage, entzerren der gesichtsmuskulatur usw.
diese schattierungen sollten nicht verlorengehen.
noch eine notiz von g. b. zur eliminierung des todes durch die eliminierung des bewußtseins davon. dabei fällt die heute geübte verdrängungspraxis auf, weiterreichender: das vergessen. solange bewußtsein partiell bleibt, taugt es nicht viel, finde ich. wenn, dann bewußtlosigkeit, nicht im sinne von klinischer ohnmacht, sondern verlust von reflexion. du hast es erwähnt.
ich möchte auch den sachverhalt des wahnsinns (genaugenommen ein euphemismus) nicht nur als »einen der gesellschaft feindlich gesinnten sinn« bezeichnen, sondern als die auslöschung von sinn überhaupt: die reine subjektivität. hier wäre ein kreis zu vorrationalen denkweisen, oder lebensweisen überhaupt, zu schlagen; wahnsinn als atavistisches überbleibsel und *die* chance, ließen die verhältnisse seine verbreitung zu.
kürzlich bond's ›lear‹ gelesen. geht, wo bernhard verhalten bleibt, aus der sprache heraus, ins triviale über. sieht man vom wiederaufmontieren des shakespearschen gerüstes ab, passabel, zynisch, grausam – nicht

durch die grausamkeiten, durch die repetition des szenarios, das zögern.
neulich auch kubrick's »dr. seltsam, oder wie ich lernte, die bombe zu
lieben« im tv gesehen. auch eine passable travestie. im hintergrund der
ständig tänzelnde sarkasmus, eine feier auf den fälligen untergang. die
typisierung des stereotypen bomberpiloten oder des seltsam, hämisch.
doch noch lichtblicke. nun, wie gesagt, ich bin bescheiden geworden: zu-
sammengesunken.
immerhin, es gibt noch einiges zu tun.
für heute das beste von hier   /karl

als nachtrag ... 30. 5. 76

werde morgen den text an dich abschicken und du wirst ihn mit diesem
brief in händen haben. worthemmungen. überdies mußte ich auf einer
speziellen maschine schreiben lassen. aufgefallen ist mir bei den von mir
beigesteuerten stellen, daß sie großteils zu langatmig formuliert sind.
kürzere sätze wären besser gewesen.
um es in aller kürze zusammenzufassen: es ging hauptsächlich darum,
festzuhalten, daß der schnitt ins eigene fleisch − in welcher form auch
immer − die einzig mögliche art einer ästhetik ist: das spiel mit sich,
aber durchaus ernst. so etwa s. 12, daß eingriffslose unternehmungen −
kunstwerke − sinnlos wurden. es ginge um das gesamtkunstwerk, wäre
der ausdruck nicht so abgenützt, um den menschen als selbstproduzier-
ten ... wir sind uns darüber einig. bei s. 16 unten kommt nicht so ganz
hervor, was ich wollte: zur geschichte von vernunft sozusagen, wie denken ins quantifizielle wanderte, zu datenmaterial wurde. damit zur ba-
stelei − empirisch überprüft. (anmerkung 24 von dir, würde ich vorschlagen, in den text einzubauen.)
dann zu kunst allgemein − daß sie ihre proben als dokumente ausgibt,
kurzzeitig gültiges zu endgültigem macht. an die experimentiersucht,
die sich fixiert wiederfindet, von vornherein nicht auf fluß angelegt, nur
bastelwerk. ebenfalls wie das andere.
außerdem habe ich ein blatt mit anmerkungen verloren, es sind so ein
gutes halbes dutzend zitate. wenn ich es finde, schicke ich es nach − eines
weiß ich noch, beim thema androgynie sollte auf f. schlegel verwiesen
werden, der in der lucinde schon einmal die verschmelzung der ge-
schlechter gefordert hatte. dann auf nietzsches genealogie, allerdings
fehlt mir jetzt der zusammenhang.
prinzipiell also eine diskussion des selbstmordes ...
ich fühle mich jetzt sehr müde, ausgeschrieben, leergesprochen. keine
umfangreiche sache eigentlich, aber sie hat mich sehr angestrengt. wie
mit dem kopf gegen einen felsblock geschlagen.
das beste − karl

noch ein nachtrag 1. 6. 76

lieber bernd
habe die worte, die mir zu mehreren stellen passend schienen, zwischen die blätter gelegt. kürze oder sortiere aus, ganz nach belieben.
schlage jetzt vor, den text ineinanderzuschieben, eins draus zu machen. habe mir übrigens fotokopien zur sicherheit für den postweg gemacht. meine aufzeichnungen/notizen sind vernichtet, (dasselbe dann die fotokopien).
noch eins – mein sätze wären zu zertrümmern, in handliche splitter zu bringen ... ich habe es zu spät gemerkt. gestern noch die briefe durchgesehen – so finanziell die reisekosten drin sind, gebe ich sofort nachricht.
das beste karl

(kassel 4. 6. 1976)

lieber karl,
gestern hatte ich einen brief angefangen und vor übermüdung aufgegeben, heute kam deine sendung.
das resultat übertrifft meine erwartungen, sogar in einem maße, daß jede erweiterung eigentlich nur ein verlust sein kann.
deshalb habe ich nur einige artaud-sätze noch eingeschoben und einen text-teil, der deiner seite 5a entspricht (wo es um das »selbstverständnis« des schreibens geht). dies als eine art koinzidenz, unabhängig voneinander: du wirst sehen, welche passage ich meine. sie ist fast automatisch geschrieben, ganz so, wie ich vor acht jahren begann, etwa hundert blätter mit gehirnausfluß zu besudeln, gedopt auf die verschiedenste art und weise.
heute genügt mir die wirklichkeit vollends, um mich in fahrt zu bringen. z. b. eine dieser spirituellen zeitschriften, die man mir ungebetenerweise zusteckt. wenn ich die kraft hätte, würde ich mir den neuen spiritualismus einmal gründlich vornehmen – bisher hatte sich meines wissens nur lummerts **kuckuck** einmal kritisch damit auseinandergesetzt.
das thema suizid läßt mich kaum los. früher hatte ich viel in dieser richtung in prosa investiert, die letzten tage waren es einige artaudtexte über »selbstmörder durch die gesellschaft«, die ich übersetzt und mit einer kleinen studie versehen habe. ich hoffe, diese sammlung wird mit der chronik im nächsten jahr erscheinen. –
von verausgabung gar nicht zu reden, schmerz- und/oder depressionsfluten, die mich heimsuchen –
als eine art präambel zu der a. a.-textsammlung für den **kuckuck** schrieb ich:

»problemstellung, die eine auseinandersetzung mit den abhängigkeiten, die zwischen sprache und bewußtsein, kommunikation und wahrnehmung bestehen, impliziert, d. h. mit den konstituenten jener identität und jener wirklichkeit, an welcher die des schizofrenen gemessen wird und die man, um ihn zu diffamieren und schließlich seiner habhaft werden zu können, zum indiz geistiger gesundheit erklärt hat.
a. a. zeigt, daß – sofern das ›normale empfinden‹ wie die ›normale kommunikation‹ direkt in die ordnung und folglich in den staat führen –, den regelkreis nur durchbricht, wer die entgegengesetzte richtung einschlägt ...«
mit anderen worten: ich bin der feind der neurose (als ihr opfer) und ich bin auch der feind des reich'schen vitalismus, seiner klassierung in gepanzerte einerseits und menschen mit sauberen gedanken andererseits. dies ist überspitzt, aber seine therapie knüpft halt sehr eng (oder wurde apportiert) an die fernöstlichen konditionierungs-praktiken (wider willen?) an, und sein vokabular ähnelt verdammt dem faschistoiden.
die triebabfuhr als eine milchmädchenrechnung, die im sinne des systems stets aufgeht, aber ich denke, auch dem letzten yoga-adepten wird das lächeln noch gefrieren, ohne daß man viel dazu tun müßte. (merkwürdigerweise sind auch heute die spirituellen organisationen solche, die sogar rein materiell funktionsfähig sind – im gegensatz zu anderen »alternativen«.)
deshalb bringe ich auch nichts bewegendes über die »innere erfahrung« zustande, wohl auch, weil sie im wesentlichen eigentlich trivial ist, als solche aber oft unerkannt bleibt – weil sie eben nichts mit der mystischen erfahrung gemeinsam hat ... zumindest was das dramatische anbetrifft. vor allem: bataille schrieb darüber an die tausend seiten, was sich einfach nicht zu einigen sätzen komprimieren läßt. jede beschneidung wirkt da wie zynismus, und das soll es auch! gut, zum hermaphroditen etc. haben sich dutzendweise gewisse leute geäußert, aber darum ging es doch nicht: so müßtest du die ganze geschichte des abendlandes schreiben, um bspw. den körper-geist dualismus aufzurollen ...
das wäre auch schon mein ganzer einwand gegen deine ausführungen: du hältst dich zu sehr mit definitionen auf. (andererseits kannst du noch bestimmte worte gebrauchen, die ich einfach nicht mehr artikulieren kann. daraus erklären sich auch manche streichungen meinerseits in deinem text. andere unstimmigkeiten habe ich prinzipiell so belassen. weitere homogenisierungen sind rein formaler natur, z. b. die schreibung des ph als f. du wirst selbst sehen, ob die integration eine glückliche ist: ich schicke dir das duplikat des exemplars, das ich von den texten gemacht habe ... mit der bitte, es mir möglichst bald korrigiert zu retournieren. ich würde dann eine kopie der arbeit an breicha geben.) wie auch immer schmälert es nicht das resultat, das meines erach-

tens auf dieser ebene kaum zu übertreffen ist (vor der sprachkritik fällt auch dieser text, da hilft keine euforie ...).
vielleicht sollte ich noch sagen, daß ich kürzlich eine liste mit meinen projekten an chr. schubert nebst der langen version von »jede wahre sprache ...« für das sogenannte handbuch der alternativen ... 1976 gab: eine idiotische reaktion von mir.
oftmals bringe ich es kaum fertig, eine veröffentlichung einer meiner arbeiten auch nur anzusehen – soviele skrupel ... sie können nicht groß genug sein.
kürzlich las ich den »vorschlag für ein geniebefreiungs-projekt« von henry flynt*, ehemals violinist bei den velvet underground. er skizziert dort das modell einer menschenwürdigen lebensform auf der basis einer art aristokratischen kommune, die sich der strategien des opportunismus bedient und in den gesellschaftlichen zwischenräumen subversiv agiert ... wie es burroughs auch schon einmal ausführte. ich sage das, weil auch ich manchmal überlege, wie manche abhängigkeiten zu beseitigen wären. nicht utopia, ich wäre schon zufrieden, wenn man hierzulande eine zs. von format auf die beine bringen könnte. allein, die zeiten scheinen schlecht und andere dinge wichtiger.
du schriebst einmal von einer einladung zu einer sog. dichterlesung ... ich bin zweimal in die verlegenheit gekommen (zürich, wien), ohne sie wahrzunehmen. dann: *wenn* du etwas machen willst, läßt man dich nicht.
heute jedenfalls halte ich jeglichen schizoiden fluxus für wirksamer als das schweigen aus konsequenz. ich denke dabei an den brück-satz, daß du schon beim brötchen-einkaufen dich mit der wirklichkeit arrangierst.
man muß lernen, durch brötchenessen die fähigkeit zu erlangen, fliegen zu können.

(kassel 5. 6. 1976)

rasch noch einige »knoten« vorweg. deine seite 17a habe ich unterschlagen, weil du dort psychosomatische *krankheiten* als verdrängte todessehnsucht, als hintertür und **flucht** definierst: teilte ich diese ansicht in einem dieser schar von punkten, würde ich an dieses thema nicht einen satz mehr verschwenden.
erstaunt hat mich eine passage, wo du – übrigens wie bataille! – dem sinken der geschlechterspannung irgendwie nachtrauerst. bedenke dabei nur eines: die gespielte lockerung oder gleichgültigkeit erscheint mir notwendig als eine art übergangsstadium eines prozesses, dessen ziel es

---

* *ausgabe* 1 (mai 1976).

nur sein kann, eben die oberflächlichen, rollenkonformen beziehungen zu destruieren, sozusagen die kinomythen der 30er jahre.

vor allem aber erweitert bataille (um den es hier nur sekundär geht) in der »aufhebung der ökonomie« seine konzeption des souveräns nicht in richtung eines zuwachses von individualität (oder »ich«), sondern um deren abbau. was in etwa den alternativen lösungen entspricht, wie die verbrauchte sprache zu behandeln sei: repetition bis zum erbrechen (verschleißen) oder aber einführung schizoider elemente (disjunktiver). –

überlege dir, ob invektiven, gegen picasso etwa (p. 13), dem text als ganzes nützen.

sieh dir auch die passage auf p. 17 (unten) einmal daraufhin durch, ob sie in ihrer aussage durchgängig ist und keinen widerspruch in sich enthält, dasselbe auf p. 25 ab »kontingent ...«

auf p. 14 »um die exposion von schmerzen« habe ich *exposition* geschrieben?

du bekommst die kopie auf jeden fall von mir zurück – wenn ich deine korrekturen dann übertragen habe.

auch mit dem abschnitt auf p. 22 habe ich schwierigkeiten, einmal mit deiner anmerkung (36) verglichen. diese anmerkung habe ich, hoffentlich in deinem sinne, zu einer kritik an muehl transformiert, zumal ich der ansicht bin, daß wir durchaus mit dem *denken* noch nicht an der grenze sind.

deshalb auch meine fragezeichen bei »das denken« und »das reale«, fasse ich doch beides als sprachliches kartenhaus auf, für das mir eine größe zum vergleich fehlt.

das finale (deiner numerierung nach p. 56) habe ich um den satz: »wir haben ... schreiberlaubnis oder sprechsicherheit« gekürzt. denn um spracherlaubnis geht es leider noch immer solange, wie ich weder im besitz von produktionsmitteln, noch von kapital, noch von einem distributions-system bin. daß die literatur nicht über die massenkanäle geht, spricht nicht für sie, aber gegen das monopol von rundfunk und tv. –

was ich nicht vorhersehen konnte, ist, daß vieles einer mündlichen erörterung bedarf bei einem solchen projekt. ich meine nicht, durch »abstimmung« irgendwie »richtige« lösungen herbeizuführen, sondern den sprachgebrauch durchzugehen, die strukturierung des textes (die ökonomie innerhalb der einzelnen themata) etc.

meine bitte: kürze wo du kannst und gib mir dein korrigiertes exemplar bald zurück (korrigiert – auch hinsichtlich der integration).

ich hoffe, wir werden das, was per korrespondenz nicht zu bewältigen ist, einmal besprechen können.

(ich sagte schon, weshalb ich nicht erweitern möchte; allein für das abschreiben, die kürzungen habe ich drei tage gebraucht.)

(linz 10. 6. 1976)

lieber bernd:

schönen dank für das exemplar – ich hatte es sofort durchgelesen und war auch überrascht, wie gut die jetzt ineinandergefügte wirkung ist. hatte mir auch nicht gedacht, daß es so umfangreich würde und auch daher sofort die anmerkungen, notizen die ich noch gemacht hatte, wieder beiseitegelegt.
ich finde, es wirkt aus einem guß. und die widersprüche liegen in der sache, runden eher die einheit des textes ab, als ihn anzusplittern. ich finde meine textteile in deine aufgelöst, nicht mehr – sieht man von einigen wendungen vielleicht ab – rekonstruierbar im sinne der herstellung: und das ist gut so.
der dazugekommene einschub ende des IV. teils scheint mir sehr passend, er komplettiert – auch formal völlig. eine kürzung, die vielleicht an manchen stellen sinnvoll gewesen wäre, zur straffung – ich konnte mich nur sporadisch entschließen, überlasse dir aber gern noch streichungen (insbes. bei den skizzen zum sexuellen, die mir jetzt auch von mir zu betont vorkommen). aber wie gesagt, ich kann mich, jetzt, nach mehrmaligem studium, nicht mehr dazu entschließen, der guß ist für mich optimal und deine synthese ist es ebenfalls.
s 17, von ›dem versuch‹ bis ›empirifiziert‹ habe ich im ausdruck leicht umgestellt, wollte aber die ambivalenz doch lassen: zum einen der verweis auf den abendländischen entwicklungsgang, zum anderen seine negierung. die geheftete bewegung von ›geist‹ befaßt beides.
picasso: ich wollte seiner malerei keinen abbruch tun, nur betonen, daß ihre ehrlichkeit heute insofern vorbei ist, als diese malerei gefeiert, vermarktet wird, schließlich, daß nach guernica von ihm nichts mehr zu malen gewesen wäre. aber das könnte ein eigenes kapitel sein (– darum habe ich es gestrichen). wie du völlig zu recht schreibst, es wäre die »geschichte des abendlandes zu schreiben«, der »körper geist dualismus aufzurollen«.
aber das ist gerade das problem bei essays: die kürze, in der etwas zu sagen wäre – immer trotz besseren wissens, daß sich nämlich nichts mehr sagen ließe – zwingt zur scharfen, zugeschliffenen formulierung, die manchmal, vereinfacht und auch doch unbeabsichtigt ins fleisch schneidet. es wäre was zu riskieren, mehr noch; nur wozu.
hier auch die frage des suicids; ich halte sie für nicht lösbar, die angeschnittenen varianten wollten zugänge zur frage andeuten, jede von einer anderen, den übrigen [fragen] in frage gestellt – und: widersprüche dürften noch am meisten von dem, was einst einmal wahrheit zu nennen wäre, übriglassen, unverzerrter. nur so, sozusagen privat, könnte gesagt werden, dieser einzelne würde gebraucht: von dem, der

dies sagt. etwa um zu klären, wenn und wo dieser nicht weiter weiß. genaugenommen egoismus, einer der infinit ginge. als trost bleibt uns aber jedenfalls der kleine rahmen, immerhin: der ehrlichere.
bernhards neues stück, »die berühmten«. hochgelobt von der presse; (übrigens gilt a. rainer hier nicht einmal mehr dem kunstmarkt als avantgardist), und so leid es mir tut, ich mußte mir die frage stellen, was es für das werk bedeutet, wenn es (und der autor) als arriviert hingestellt werden, obschon mir klar ist, daß davon das werk nicht berührt ist, oder nicht berührt zu werden braucht.
zur sexualität, androgynie usw., neuerdings von strikt materialistischer und akademischer sicht, dennoch aber von interesse (– partiell, schreibt viel über rom und griechenland, ausführlich über päderastie usw., schlußteil: tendenzen, daß die geschlechterrollen aufhörten, dies so sein müßte): ernest borneman »das patriarchat«. auch hier, im hochgelobten die frage wie oben.
es ist schon möglich, daß ich dem verlust der sexuellen spannung nachtrauere, ich habe dieses problem nicht gelöst, pendle zwischen ekel (die abscheu vor den »kinomythen der 30er jahre«, wie du es nennst) und einem als-biologisch-noch-wirksamen bedürfnis. hier reich: seine verwertung ist mir klar, dasselbe wie bei freud usw. – ich meinte, der mechanismus von psyche – soma könnte von interesse sein, nicht der düpierte versuch, sich von den neurosen zu heilen, oder an ihre heilbarkeit durch zuspruch oder zugriff zu glauben: eher, die neurose als erkenntnisprinzip, die physiologische wirkweise als eventueller ansatzpunkt für tiefergreifende absichten.
((nur kurz angedeutet – wenn neurosen physiologisch greifbar (im handfesten sinn des wortes) werden und ebenso psychosen, wieso sie nicht über die physiologie erzeugen – das geht doch mit artaud, r. s. und auch den rainer'schen face farces zusammen (im initialstadium?)))
die idee mit einem versuch über den neuen spiritualismus finde ich nicht schlecht (ich bin zu weit vom schuß, um diese dinge brauchbar zu sehen – es tut sich hier nichts, soweit ich aber sehe, das oberreaktionäre in reinkultur, [hadayat-ullah] hübsch und dgl., das ist ja nicht mehr auszuhalten). übrigens hatte ich immer etwas augenmerk auf rilke geworfen, wenn ich dazu komme, schicke ich dir einmal eine kopie, zur information. hat zwar nichts mit dem neueren spiritualismus zu tun, aber auch viel religiöses geschwätz, fin de siècle auf altösterreichisch.
nein – es gibt noch ein paar dinge zu tun, bevor man mit dem spiel, mit diesem gefährlichen aber subtilen, an der allgemeinen lage gemessen, nicht mehr so gefährlichen spiel ernst machen könnte : wenn sich ins aus begeben, dann mit einem großen spektakel, mit anderen mit ... jenes »genie-befreiungsprojekt«, von dem du geschrieben hast ... eine mögliche form, um die jahre leichter über die runden zu bringen. vor allem auch gälte es, das »selbstbewußtsein« zu stärken, – bspw. braucht

man es schon beim brötchen-kaufen, solange als man dabei nicht fliegt —
auch das des frontmachens (der abgrenzungen gegen die verseuchung).
immerhin sind diese versuche noch alleweil die ehrlicheren. hier wäre
schon einmal von — kürzelhaft — aristokratisch zu sprechen ...
das beste /karl

(kassel 21. 6. 1976)

lieber,
heute wollte ich dir eigentlich die briefe schicken, aber nach reiflicher
überlegung erscheint mir das ansinnen, daraus ein buch zu machen, als
ein aussichtsloses.
auch glaube ich, daß das »r. s.«-projekt für mich eine der letzten stationen sein wird, auf diese art und weise etwas zu veröffentlichen. gewiß werde ich alles tun, den einmal eingeschlagenen weg — was die
r. s.-arbeit betrifft — zu dem bestmöglichen resultat zu treiben, um mich
dann nach etwas anderem umzuschauen. [...]
demnächst, hoffentlich in besserer stimmung, will ich von anderen dingen schreiben.

(kassel 29. 6. 1976)

lieber karl,
ja, es mag die hitze sein, aber ebenso gut könnte man sagen, es ist die
tabes-doloris, die pest, die malaria, und ... wieder die gesellschaft, die
uns offenbar wirksamer zuzusetzen vermag als wir uns ihres einflusses
erwehren können. ich spreche nicht von den sichtbaren pressionen, sonderen von denjenigen, die an unserem bewußtsein arbeiten, es so und
selten anders einrichten, so, daß man selbst den von ihr errichteten klassierungen aufsitzt. der weiße fleck, in welchem sich der suizid ereignet,
ist halt der punkt, wo man überzeugt ist, sich im untersten fach dieser
klassen zu befinden und meint, nichts mehr ausrichten zu können. an
diesem punkt hat man natürlich das denken und die normen der gesellschaft wie nie sonst adoptiert — aber es gibt, wenn man genauer hinsieht, keine unnachgiebigkeit, keinen widerstand, der vor der mikrobenhaften gesellschaftlichen seuche absolut wäre, es gibt diese gleichgültigkeit, von der wir träumen, offenbar nur als fiktion.
sich diese fiktion zu erhalten hieße, nicht so genau hinzusehen. wenn ich
sage, daß albert camus über den tod wie artaud denkt, sprühen die
funken, weil doch auch das denken in selbstmordmöglichkeiten bei einem
»absurden« nicht »paßt« und zudem die beiden persönlichkeiten durch
welten getrennt sind.

sieh dir dann an, woher der dadaismus, der surrealismus, die konkrete dichtung kommen;
lies die privaten oder halb-privaten äußerungen der einzelnen dazu und du wirst sehen, daß wir nicht einen schritt vorangekommen sind.
da klopft die metaphysik, das jenseits, die transzendenz, schließlich gott selbst an die tür, – ein name übrigens, den diejenigen nicht aussprechen, die mit ihm (oder der vorstellung von ihm) noch nicht fertig geworden sind, ebenso nicht abgerechnet haben, wie mit dem tod. ja doch, karl kollmann, wir leben noch immer in einer christlichen todes-kultur, umgeben von totengräbern und aasfressern. und das ist kein symbolismus mehr. »entweder oder. nicht sprechen, nicht schweigen. selbstmord«, schrieb der ex-surrealist jacques rigaut, der ein suizid-unternehmen gründete und sich dann auch umbrachte (den auch camus zitiert). nun, die surrealisten waren kaum weniger ein selbstmörder-klub als die wiener gruppe. –
fast scheint es so, daß brinkmann, als er das erkannte, abtreten mußte; merkwürdigerweise hatte mich sein gesamtes buch (die gedichte, die vor einem jahr erschienen sind*) vom vorwort an beunruhigt, denn so viel härte und verzweifelter zynismus überraschte mich sogar bei ihm. aber zur zeit ist es unmöglich, so etwas zu äußern, weil es nicht ins bild »paßt«, in einen dieser altäre des kulturellen kapitalismus.
ich möchte im gegenteil behaupten, daß du die namen und institutionen und charaktere überschätzt:
der surrealismus galt in den 20er jahren nichts und heute erst recht nicht, nicht einmal in frankreich; es hat eine zeit gegeben, wo artaud in keiner der größeren zeitungen veröffentlichen konnte und auch heute nimmt er irgendeinen der ränge nach claudel, sartre etc. ein, die man nicht mehr nennt; hier gilt er nichts, in den staaten mißversteht man ihn als mystiker, ersten drop-out ... [...] es ist jedenfalls sinnlos, weiterhin in solchen kategorien zu denken und mit namen und titeln zu argumentieren. [...] auf jeden fall sollten wir deinen plan, über bataille zu arbeiten, im auge behalten und bald in angriff nehmen.
es wäre gut, wenn ich von dir den ersten ansatz hätte, mit dem ich einsteigen könnte. formal müssen wir es ja nicht unbedingt wie bei r. s. halten: ich stelle mir eher vor, daß ich gewisse passagen einfüge/hinzufüge, besonders über: die mystische und erotische ekstase; die räusche der krankheit etc.; den körper ohne organe; ›der mensch und sein schmerz‹. ich will jedenfalls weniger philosophisch imprägniert argumentieren denn »poetisch«, auch auf historische fälle gestützt (gilles de rais). daß du nur einen ausschnitt von g. b. kennst – kaum weniger als mir bekannt ist – sollte für dich kein hinderungsgrund sein, zumal das »ziel« ja keine dissertation über das denken batailles ist. [...]

* *westwärts 1 & 2*, reinbek 1975.

(linz 30. 7. 1976)

lieber bernd:

einen textteil fertig – noch bevor mich dein brief erreichte. leider ähnelt er dem, den du schon kennst – auch in der form usw.
ich sitze aber jetzt über einem nächsten und, wie es aussieht, längeren teil. ich versuche, ihn deinem text* (in schreibweise und form) anzupassen. er geht – und dein brief hat mich darin bestärkt – auf die verbrüderung mit dem schrecken, auf destruktion. ich versuche dabei, die verallgemeinernde art des ausdrucks abzustreifen, persönlicher zu werden.
so merkwürdig das jetzt klingen mag: ich habe wieder *nikolaus lenau* zur hand genommen, diese todessehnsucht finde ich (im 19. jh.) nirgends so versöhnlich und ernst, würdevoll!
man muß ihm seine zeit konzedieren, baudelaire schrieb ja erst später, aber ihn auch von dem verzärtelnden gehabe befreien, das ihn umgibt (vielleicht ist dir bekannt, daß er, lenau, bis zu seinem tod im irrenhaus in wien, unsagbar in sophie von löwenthal verliebt war, ›platonisch‹ wie man das nennt, auch daran »wahnsinnig« wurde, wie man es beschreibt. der zusammenhang der sprengung herkömmlicher erfahrung ((der übergang in das stadium von etwas nicht-normalem)) durch sucht und versagung könnte hier interessant sein.
etwas, das bei mallarmé und trakl natürlich, ja wieder auftaucht, auch bei breton vereinzelt).
ja, im jetzt zu schreibenden werde ich abzutasten versuchen, was erotik noch sein könnte und auf die (christliche) mystik einmal kurz eingehen – du hast das im brief auch angerissen – informationen dazu habe ich auch schon gesammelt und ich bin jetzt dabei, sie auseinanderzubrechen, wie – sozusagen – eine muschel zu knacken.
bataille, breton (aber auch hier: beckett und bernhard) haben sich als voyeure am leben erhalten. anders dann artaud, r. s., aber auch celan. (letzte woche auch in der »zeit« ein artikel über paul celan: sogar die quietistische interpretation bemängelt *das fehlen einer destruktiven celan-perspektive.*)
ich arbeite jetzt von früh bis spät, zum glück ziemlich ungestört und relativ kraftvoll, lebendiger – obschon nicht mit jenem falschen »elan vital«, der aktivitäten aufhäuft.
da du im brief *novalis* erwähnt hast; ich halte auch fr. schlegel für einen der ausgangspunkte des unternehmens negativer destruktivität (im gegensatz zur positiven destruktivität, mit der die individuen wieder bei der stange gehalten werden). in seiner »lucinde« läßt sich das

---

* *transgression / ekstase / innere erfahrung* war als gemeinschaftsarbeit projektiert.

schon aufspüren. das schwanken zwischen dem sich's-einrichten und dem alles-hinter-sich-abbrechen.
das buch von uwe nettelbeck – du hast es mir zum ansehen empfohlen – ist noch nicht gekommen; ebenso batailles »das obszöne werk« ist vergriffen, hat man mich wissen lassen.
nächste woche hoffe ich den text an dich abschicken zu können, inzwischen das beste von hier   karl

(kassel 6./9. 8. 1976)

lieber karl,

mit meinen letzten seiten habe ich versucht, das »programm« wiedereroberung des körpers – transformierung der anatomie etwas durchscheinender zu machen. wenn ich dabei oft wissenschaftliche bereiche tangiere, dann bloß, um sie gründlich abzufertigen und sie gegenüber dem, was man poesie nennt, zu degradieren. ein ähnliches unbehagen befällt mich angesichts der apriorischen setzungen der filosofie, auch wenn es dort gelegentlich ausnahmen gibt (sogar bei wittgenstein), aber nicht diese gewisse trance, die ich jedem abverlange, wenn er eine idee artikuliert: ich halte es für schweinerei, mit den buchstaben, formulierungen und formeln zu spielen, ohne sie zugleich leben zu wollen, sie zu be-leben, d. h. sie zu sein. und es gibt kein anderes sein, nicht diese populäre trennung eines von animalischen bedürfnissen geknechteten tier-menschen einerseits und zum anderen den reinen intellekt, den reinen geist, den ›homme de lettres‹ andererseits.
deshalb ist die transformierung des menschen ganz gewiß keine metapher – vor allem hat dieser plan sehr wenig mit den zielen der reformler oder emanzipatoren etwas gemeinsam, denen daran liegt, gewisse deviante verhaltens- und lebensformen durchzusetzen, zu etablieren, im staat möglich zu machen wie sie bspw. in den späten 6oer jahren propagiert wurden. gewiß gehen von dort noch immer einige impulse aus, aber unter unwürdigen bedingungen, – nur unter solchen, die die gesellschaft den initiatoren gestattet –, werden sie erst lebensfähig, jedoch nie tragfähig, denn sie bedürfen des dekadenten klimas, um existieren zu können. (das insofern noch interessant, als diese leute von ›gestern‹ quasi in einer haltung erstarrt sind, in welcher sie sich selbst parodieren: sie haben gelernt, es wie die mehrzahl der gesellschaft zu tun, sich aufzusplittern, in ein doppelköpfiges wesen nämlich, das schmerzhafte kompromisse schließt und zwecks besänftigung dieses schmerzes bedürfnisse entwickelt, die ihm ein anonymer apparat sugge-

riert — zu deren befriedigung es weitere kompromisse eingehen muß etc.)
es wäre müßig, hier irgendwelche namen zu nennen — zu illustrieren also, wie die sog. subkultur von der ›kultur‹ absorbiert wurde. ebenfalls ist es überflüssig zu bemerken, daß sie niemals eine kultur errichten konnte, nicht einmal eine eigene literatur — und wenn diese nur das scheitern dokumentierte.
so gesehen wachsen bestimmte gruppierungen (wie der surrealismus) oder einzelpersönlichkeiten (wie bataille) von ›vorgestern‹ perspektivisch in fast unzulässiger weise.
((das einzig lesenswerte, auf das ich in letzter zeit stieß, war ein interview mit jean genet.))
was artaud insbesondere angeht, so kommt seine »attraktivität« wohl daher, daß er — gemessen an dem erlebten — ein integraler mensch war und eben kein literat. schwer zugänglich werden einem allerdings einige probleme, an die er fixiert ist, deren ursprung wahrscheinlich im katholizismus liegt (wie übrigens auch bei bataille). h. g. wells schrieb einmal an joyce: »sie glauben wirklich an keuschheit, reinheit und den persönlichen gott, und das ist der grund, warum sie immer in aufschreie über fotze, scheiße und hölle ausbrechen.«
allerdings erscheint mir joyce's sprachbehandlung noch dazu wie eine art infantilismus — trotz der pionierarbeit, die leute wie er oder carroll geleistet haben (einen reaktionär nennt auch o. wiener den joyce-›schüler‹ arno schmidt in seiner rezension von »zettels traum«. davon abgesehen hat auch wiener 1969/70 ein optimum erreicht, auf das er nur noch mit opportunismus re-agieren konnte — in jeder beziehung. die selbstmörder der »wiener gruppe« markieren auch in dieser beziehung eine grenze, die grenze des erträglichen.). artauds ambivalente haltung zur kirche wird vielleicht auch in jenen briefen deutlich, die ich für den kuckuck übersetzt habe: ich fürchte, diese frage ist eine, die durch ihre abwesenheit — indem man sie unberührt läßt — um so wirksamer und drückender ist, ganz so, wie das halseisen sexualität, das man wegemanzipiert zu haben glaubt.
endlich kann die häufigkeit ›religiöser‹ krisen, die in den wahn münden, keine zufälligkeit sein (der mensch werde, so bataille, in der überschreitung der grenze zu gott). einige andere relativ konstante phänomene (die glossolalien bei ekstatikern und schizofrenen, die depersonalisation, die zentrierung auf die sexualität) bestärken mich in der vermutung, daß dort wünsche artikuliert werden, die im corps social keinen platz haben. dies auf das geschriebene übertragen heißt: jede zustimmung macht mich mißtrauisch und es erfordert schon eine gewisse fähigkeit, auf erfolg verzichten zu können als garant dieser forderung (andererseits sind auch autoren gedruckt, deren denken dennoch nicht assimiliert wurde): d. h. akzeptiert schon, aber als literatur; in einer sur-

real. flugschrift hieß es aber »wir haben mit der literatur nichts zu tun ...«
egal: ich sehe jedenfalls keine perspektive in derartigen ›essays‹ mehr, wie ich sie geschrieben habe. in dieser form bleiben sie noch weit unter dem, was ich selbst fordere – und das können dann keine solchen texte mehr sein – selbst wenn sie bloß als transportmittel für *mein* denken fungieren (soweit es mir gehört) und vordergründig nur irgendwelche autoren oder artisten zum gegenstand haben.
womöglich habe ich mich auch – regressiv – von einem einstigen fortschritt entfernt (um verständlicher zu werden?) ohne es zu ahnen. ich sagte es schon: die meisten dieser zustände, die ich beinahe objektiv oder zitatweise hier und da aufrolle, habe ich erlebt: sobald sie aber in schrift gegossen werden, stimmt es nicht mehr, die schrift betrügt um die authentische empfindung. das macht es so schwer, manche briefe wirklich zu beantworten, das läßt vieles zu kitsch und banalität gerinnen, wenn man die dinge nicht dramatisiert oder ihnen eine strenge form gibt ...
6/8/76

von jenen beiden texten, die du mir geschickt hast, gefällt mir, im kontext meiner beiträge, »die bourgeoisie: ausrottung der angst« am besten; er ließe sich durchaus in die gesamte textur integrieren ... wenn er auch nicht gänzlich frei ist von gewissen pauschalierungen, mit denen du deine »message« unweigerlich abmilderst. ich sagte es schon einmal: was interessiert mich der allgemeine gesellschaftliche zustand, wenn leute wie bataille ideen anzubieten haben, die ihn torpedieren. diese kultur soll zur hölle fahren, aber ich will wissen, warum genau sie *dir* unerträglich ist. ich wünschte einfach, du könntest heraustreten aus dem zustand des konstatierens in den des beurteilens – und das heißt auch, modelle anzubieten, die transgressiv aus der apathie herausführen. ich fürchte, bataille ertrinkt andernfalls in *der* profanität, die unseren alltag regiert.
die anspielung auf hölderlins empedokles freut mich, weil a. a. das stück einmal adaptieren wollte (bataille kommt übrigens weit eher von nietzsche denn von lenau).
ich schlage dir vor, die anderen beiden texte zu einer eigenständigen arbeit mit einer anderen fragestellung zu machen. (man müßte ausführlich darüber sprechen. ich behalte sie, wenn es dir recht ist, bis zu unserem meeting hier.) bataille bereitet nicht nur dir schwierigkeiten ...
9/8/76

(linz 13. 8. 1976)

lieber bernd,

es ist sehr schwierig, die abstrakte sprache, den theoretischen duktus zu verlassen. auch das gehört zu jener identität – obschon sie vor ihr zu bewahren versucht – die welt, wenn schon nicht zum teufel zu schmeißen, so wenigstens dorthin zu denken. schreien lernen, statt nur die schmerzen am wort zu packen. nun, das wäre kein neues programm. aber ich frage mich, das ist legitim, warum etwa bataille sich nicht an seine konzeption gehalten hat. vergleichsweise hypothetisch könnte man sagen, daß es die gleichen codices waren, es derselbe virus ist, der mich dazu verhält, bataille nur zu lesen, statt ihn beiseitezulegen und das gemeinhin realität genannte zu vergessen. mit ihr auch ihn.
diese penetrante realität ist offensichtlich ebenso das bataille'sche transportmittel, wie das der tödlichen stereotypen (vom sexualverhalten bis zum morgendlichen frühstück). du schreibst es auch, »andererseits sind autoren gedruckt, deren denken dennoch nicht assimiliert wurde«. sicher, daß die sache so aussieht, daß unsere pauschalwirklichkeit sich gerade noch als transportmittel prostituiert (auch wenn das transportierte sich verbal gegen diese art von behandlung wehrt), aber nicht mehr! nur verbaler transport. wenn wir dieses laufband partikular mitbenutzen, dann, so scheint mir, schwebt die frage in der luft, warum und wieso es sich eben so und nicht weiter verhält.
im gegenteil aber, daß diese frage, oder ähnliche in solchen angelegenheiten, allein sinnvoll wäre. gegen die notwendigkeit, artauds überlegungen, batailles ideen oder wieners anmerkungen weiterzutreiben, wird die frage, warum diese dinge keinen effekt zeigen, es sei denn den suicidalen, der aber nicht so glücklich ist, nur akzidentell. wir sind heute soweit, daß wir für alles die gesellschaft (und über sie natürlich auch uns) verantwortlich machen; gut. ich glaube dazu, daß – und hier habe ich ein gutes gewissen, wenn ich die gesamte philosophietradition in den mund nehme – für konkrete vorgänge (sagen wir, für das »talent«, die poetische konzeption bis auf ihr äußerstes zu treiben) aber mehr notwendig ist, wobei es jedenfalls gleichgültig ist, ob das jetzt quasi naturhaft, oder milieubedingt, oder biografisch verursacht wäre.
und das bedeutet *jetzt*, zum beispiel für mich, daß es mir nie möglich sein wird, schwarzkoglers intention zu einem vielleicht sinnvolleren (der terminus in ganz vorsichtigem gebrauch) ende zu führen oder artaud fortzusetzen. ((klar, daß es nicht ein einfaches fortsetzen sein kann; der aspekt der zeit bestimmt(e) die richtung einer neuen konstellation mit.)) eine feststellung, die nur für mich gültigkeit hat; möglichkeiten, die mir versperrt sind, während sie vielleicht dir offenstehen. ich kann heute nur hergehen und mit allen mir zur verfügung stehenden

mitteln ((mit den konditionierungen der planetarisch homologen kultur, mit den austriacatischen spezifica von ihr, mit meinem milieu und meiner biografie und etlichen (von den sozialstatikern wahrscheinlich verlachten) koinzidenzen und kontingenzen)) mich mit artaud, schwarzkogler, camus und anderen leuten beschäftigen, und *das* denken; möglich, daß dabei manche fesseln zu lockern sind; mehr aber nicht. vielleicht gelingt mir das, was man in sprachlicher distinguiertheit als erlösung bezeichnen könnte, per zufall, durch das aufgehen eines zur zeit unlösbar scheinenden knotens, oder unüberbrückbaren abgrunds: dann wird sich, das weiß ich, nicht mehr darüber schreiben lassen. aber es würde mir dann sicherlich die sprache nicht abgehen. *diese* zumindest.

zur zeit sehe ich meine aufgabe noch darin, notizen zu machen – allgemeiner art. dann solche, die durch die sprache hindurchwollen, (in die richtung deutet der dritte teil – du hast ihn ja – und mehr noch der vierte, der mir unwahrscheinlich viel schweiß kostet). ich bemühe mich nach allen kräften, die sache – der sache gerecht – zu bearbeiten, ihrer habhaft zu werden. an die reste der poesie heranzugelangen. ((ja es wird besser sein, meine zwei ersten teile wegzulassen – es sei denn, du willst sie in irgendeiner form aufsprengen, verarbeiten. der vierte teil (in der alten reihung) benötigt noch eine zeit gültigerer, sagen wir: reifung, ich bin bis jetzt mit ihm bei weitem nicht zufrieden.))

ich wollte dich nach dem sommer besuchen; ich möchte so in den ersten oktobertagen nach kassel sehen – wenn du nicht unterwegs sein solltest, sonst mitte oktober.

die besten grüße /karl

(kassel 15/17. 8. 1976)

lieber karl,
ich hoffe, ich war mit meiner kritik deutlich genug, denn wie ich weiß, wie hart so etwas sein kann, weiß ich auch, daß man es dir von dritter seite nicht so klar sagen wird.

ohne unserem experiment vorgreifen zu wollen (in der beurteilung), gehört zu einer glücklichen und völlig befriedigenden lösung – wie die »wiedereroberung ...« es zu sein scheint – noch ein anderes element, das ich selbst (noch) nicht definieren kann. trotzdem will ich mit dir mündlich über ein paar worte und wendungen darin reden, um der arbeit jede zweideutigkeit zu nehmen und zu einer solchen zu machen, die wir beide voll und ganz unterschreiben können.

da sie so komplex ist, hat sie wahrscheinlich den versuch über bataille etwas gefärbt – geht es doch hier weniger um den suizid als darum, für bataille charakteristische vorstellungen auf ihre wirksamkeit, ihren »ton« abzuklopfen und andererseits darum, zu zeigen, wo sie nicht standhalten oder von dem denken anderer übertroffen werden könnten. wie auch immer es sein mag, verfolgt mich der eindruck, daß du fortwährend dinge in universelle formeln gießt (und sie somit vergräbst, verhüllst), die du durchaus so artikulieren könntest, wie du sie empfindest – die folglich nur du selbst zur sprache bringen kannst, weil du sie erlebt hast. es wäre überdies ein irrtum, zu glauben, man könne sich von den wesentlichen problemen – die erst ausgegraben werden müssen – durch glatte, arrogante phrasen befreien, wie es im cut-up und anderswo geschah und geschieht.

»weil das leben nicht diese destillierte langeweile ist, in der man unsere seele seit sieben ewigkeiten kasteit, es ist nicht dieser höllische schraubstock, in dem die bewußtseine verschimmeln, und das musik, poesie, theater und liebe braucht, um von zeit zu zeit – aber so wenig, daß es nicht der mühe wert ist, darüber zu sprechen – explodieren zu können«, so artaud in einem brief aus rodez.

etwas weiter heißt es von dem menschen, der frißt, atmet, schreibt, scheißt »wie ein in der erde der landschaften begrabener resignierter, den sich die landschaft wie einen leibeigenen unterworfen hat ...« ich schreibe dir das, weil du öfters gegen die zeitgenössische genitalität manifestierst und artaud sagt »... nicht etwa, weil die liebe keine seele hat, sondern weil es die seele der liebe nicht mehr gibt.« nun, es gibt die strindbergs, rousseaus, gides, artauds auch nicht mehr, aber es gibt die auf dem nullpunkt eingefrorene emotionalität noch immer, und nur wenige menschen, die nicht so empfinden und wollen, daß sich das ändert – wobei nicht diese pathetik handkescher prägung gemeint ist, in der sich die intellektuellen wohlig suhlen. ich könnte irr werden an diesen arschlöchern, deren denken einem zu guten essen entstammt, der verspielten sorglosigkeit von kindern der society, die einst das, was sie revolution nannten, wie ein spiel betrieben.* ich verlege die fronten zurück in unsere situation, das heißt in eine öffentlichkeit, deren ignoranz provokant ist.

ich verstehe sehr gut deinen zustand, der sich nach intensiver arbeit einstellt – eine art übersättigung, die einen für alles andere unempfindlich macht, man kann weder lesen noch sich passiven »vergnügungen« hingeben; als ich die chronik schrieb, erging es mir ähnlich. [...]
15/8/76

---

* gegen spiele und experimente habe ich nur dann bedenken, wenn sowohl performer als auch zuschauer – spielteilnehmer – unverändert aus ihnen hervorgehen (14-4-77).

eben habe ich deinen brief gelesen: ja, es gibt etwas zusätzliches, das über das rein handwerkliche des schreibenkönnens hinausgeht. ich glaube, es heißt, mit allem anderen rückhaltlos brechen zu können.
wenn du genau hinsiehst, wirst du bemerken, daß dieses charakteristikum auf die sonst miteinander inkompatiblen dichter anwendbar ist.
... wer aber wollte das leben gelebt haben, welches sie durchlitten haben? ich meine diese fortwährenden versagungen, als sie noch am leben waren. mit poe beginnt vielleicht die poesie der eigentliche und einzige sprengstoff, den es noch gibt, zu werden: weil ihn niemand haben will, weil diese kultur die poesie haßt und alle dichter nur noch die natürlichen und rechtmäßigen gegner dieser kultur sein können, einer kultur, deren erbe wir gezwungenermaßen angetreten haben.
diese matrone brachte es fertig, jene hungern zu lassen und – schlimmer noch – jenen einzureden, daß sie zu nichts taugten, unproduktiv seien, schließlich die ordnung gefährdende schädlinge der gesellschaft.
diese matrone hat ganzen scharen von dichtern des 19. und 20. jahrhunderts die pest, die lepra, die tbc, die selbstmörder-milz angehext, um sich ihrer zu entledigen – sofern sie es nicht vorzogen, verrückt zu werden.
jedenfalls haben die epileptiker, die paranoiker, die schizos, die aphasiker in meinen augen mehr zu sagen als der ganze balzac und alle, die ihm ähneln. die zeiten, wo man einem dichter noch eine tasse kaffee spendierte, waren schon vorbei, als artaud in rodez saß. heute ist die situation noch weitaus schlimmer: man beantwortet nicht einmal mehr deren briefe – wenn man sich auch derselben methoden bedient, um sie unschädlich zu machen; die soziale diktatur, der menschenhandel, der stumpfsinnige zynismus hängt wie ein lappen verwesten fleisches über meinem skelett: mich ekelt, karl kollmann, wennn mir die pure triebhaftigkeit entgegenkommt und wo sich bereits kinder als kleine bestialische maschinen entpuppen, die ihr gegenüber nicht anders denn als konkurrenten empfinden können, den sie übertreffen und nach möglichkeit auslöschen wollen. wenn ich zurückdenke, habe ich meine umwelt niemals anders erfahren: fratzenhaft, animalisch, stinkend.
das boshafte dabei ist, daß sie sich nicht als das bekennen wollen, was sie sind – und das macht ein modell wie das von r. s. so unerträglich.
diejenigen, die mit geschriebenem handel treiben, sind die größten schweine: sie verdienen es, als solche behandelt zu werden. [...]
kürzlich sprach ich mit einem maler, der die frage stellte, ob man (wie lange) ohne resonanz (weiter-)arbeiten könne; man kann es, denke ich auch jetzt noch, auf längere sicht nicht. [...]
... lassen wir das. die zeit scheint mir auf jeden fall rar zu sein und knapp zu werden; deshalb wäre es gut, wenn du im oktober oder im september kommen würdest. [...]
wie vieles sind meine wenigen erfahrungen auch in diesem punkt nega-

tiv: eines tages wollten oder vermochten alle, die ich einmal kannte, mir nicht mehr zu folgen.
heute war ein schlimmer tag, was mein konfusionistisches schreiben erklärt. [...]
17/8/76

(linz 19. 8. 1976)

lieber bernd,

eben ist dein brief angekommen. hier beiliegend einen kleinen teil von dem, was ich zu schreiben vorhatte; gestern in die maschine geschrieben. ich kämpfe nach wie vor mit den worten und ich muß jetzt eine woche rund, pausieren; meine nerven (um diesen ausdruck zu verwenden) sind z. z. zu sehr abgenützt.
ja, deine kritik war hilfreich, nur braucht es zeit, um biegungen und randzeichen aufzunehmen – sozusagen ins fleisch zu saugen. und offenbar, daß die sprache, der ich mich zu bedienen habe (auch jetzt, allein bei diesem komma schon oder der klammer jetzt), so gummiartig mich umfängt, daß es immens schwierig ist, die intention in ein wort zu gießen: wie in einer sog. ›gummizelle‹ der kampf mit der sprache.
dazu die wahrhaft erschreckende situation: dieses abgeriegelte universum – hier in ö. ist es noch deprimierender: die literaten, die schreiben dürfen, haben irgendein parteibuch in der tasche. und ohne referenzen (!) geht überhaupt nichts (bei den resten des wiener aktionismus sind das noch freunde in der etablierten kunstszene (wien), galeristen usw., die hier stützpunkte abgeben). nun – du hast geschrieben, daß du zwei bücher bei [...] bzw. a. matthes unterbringen wirst. ich würde das keinesfalls unterschätzen, ist erst einmal ein buch erschienen, so ist – und dies gälte es für dich durchaus (und mit durchaus gutem gewissen) dann zu nützen – die tür schon etwas geöffnet. und ein reguläres buch bedeutet noch lange nicht, daß etwa der autor (damit a priori) etabliert sei, bzw. ist das jedenfalls dann eine frage des persönlichen verhältnisses zum markt. (wie er noch zu nutzen wäre... usw.)
sicher, ohne widerhall, ohne reaktion – gleichgültig dabei, welcher art sie wäre – läßt sich nicht lange schreiben.
auch das mit der manuskript-edition (per fotokopie); ich habe es lange hin und her überlegt und bin bis heute nicht zu einem entschluß, zu einem weg gekommen. ähnlich wie die möglichkeiten, wie der fatale zustand dieses daseins sinnvoll zu überwinden oder verlassen wäre. man rennt sich einfach den kopf an dem vorhandenen an... bis zur apathie, ein zwanghaftes, bis zur gebetsmonotonie hinreichendes abklappern der

notwehrmöglichkeiten. gewalt, ja. aber wohl nur in der fiktion. sex, ja. aber nur schal. habe den neuen lautréamont zweimal durchstudiert. beim drittenmal mußte ich das buch aus der hand legen, ich habe es nicht mehr ertragen. aber nicht das skandalös geschilderte, sondern: daß es nicht wahr geworden ist. ähnlich bataille. das liest sich gut und es begeistert mich – warum aber kann ich einfach nicht gewalttätig sein oder opfer bringen oder mich selbst opfern? warum aber sollte es mir gelingen, wenn es bataille schon nicht gelungen war. ich erinnere mich, wie ich vor, na rund 5 oder 6 jahren sade gelesen habe; hat mich damals schon geärgert, daß es nur beim lesen blieb, daß es mir nicht möglich war, exzessiv zu sein.
bevor ich diese für mich entscheidenden (für manch anderen auch – es gibt doch noch einige wenige leute, die darum herum rätseln) fragen nicht zufriedenstellend gelöst habe, fehlen mir entscheidende worte – das ist klar.
vielleicht liegt auch hier der grund, warum ich gestern die beiliegenden seiten des textes nicht mehr fortsetzen konnte, obwohl die notizen darüber hinausreichen. ich habe gestern, d. h. bis heute um fünf in der früh über diesen vier seiten zugebracht, nachdem sie bereits in mehreren rohmanuskripten vorlagen. diese habe ich zusammengestrichen, auf ein drittel reduziert, es blieb, was sagbar war. ich habe tagelang deinen part studiert, mehr aber, scheint es, reicht nicht, gibt diese hand nicht her – um sie mit dem vorliegenden part zu verzahnen.
immer auch dieses dumpfe und manchmal unerträgliche gefühl, daß meine gedanken fremd sind, ich nur die sprache dieser zonen, in denen wir zu leben gezwungen sind, spreche; sie durch meinen mund. dann mißtraut man den worten, aber selbst das mißtrauen ist schwanger von dem, welchem man mißtraut. eine erfahrung, die zersplittert ist, und man versucht zeit zu gewinnen. distanz. damit diese zeit diese splitter zu einem ganzen verschweißt. wenigstens zu einem gittergerüst ... ja, zeit, um klare gedanken keimen zu lassen, zu fassen.
améry's buch habe ich schon bestellt. es dürfte nützlich sein; das zweite, der metken, soll hierher kommen.
übrigens wäre an bataille – wie du erwähnt hast – der religiöse kern zu entlarven und auch die einfache aufrollung sades. ich habe diesen wiederangesehen ... es ist im prinzip der bataille'sche kern.
ich werde erst anfang okt. kommen können – da ich erst dann das fahrtgeld parat habe. aber es ist sicher.
ich freue mich, dich dann zu sehen – heute das beste   karl

(linz 25. 8. 1976)

lieber bernd,

gestern das material und heute deine nachricht, schönen dank. dein ausgesprochen informativer essay im »löwen«, (du hast kürzlich geschrieben, daß dir jetzt derartige essays zuwider seien, da sie zu sehr der ›segnung der sprache‹ unterworfen blieben und dich daher eher fesselten, denn was zählbares im sinn von loslösung und neukonstruktion brächten.)
– nach wie vor halte ich derartige texte für eminent wichtig, zumindest sind sie (aber das nur als einer von mehreren teilaspekten) als antezepierte absicherung gegen jene überraschungen zu werten, die die zukunft noch bereithalten mag; neuerdings ist man (zumindest hierzulande) wieder schnell mit »rehabilitation« bei der hand...
meine verfassung hat sich gespannt – eine phase, die sich der beschäftigung mit g. b. leider störend in den weg legt (ein zustand, der schwankend, mit dem amok ernst machen wollte, man könnte es ein gefährliches spiel mit der konstitution nennen: schiebungen, verwischungen im gemüt. daneben die für mich belastende spannung zwischen imagination und realität, ich habe das im letzten brief kurz angedeutet, soweit ich mich jetzt erinnere).
ungelöst ist für mich das problem von vermittlung (im sinne der interpretativen textarbeit (oder kritik) und das einer unmittelbaren excavation (als verlängerung des körpers in die feder und ins papier). bataille hat das – im gegensatz zu a. a. – ebenfalls nicht gelöst, scheint mir doch. um es mit ›anderen‹ worten zu sagen: b. hat an der trennung von theorie und literatur (praxis in der herkömmlichen diktion) festgehalten, artaud hat beides ineinander aufgelöst, diesen prozeß zumindest sehr weit fortgetrieben. damit auch die verschmelzung von imagination und der realen bewegung (wenn ich, um das zu diagnostizieren, zuseher bleibe – aber wohlwissend, daß jenes reale selbst nur fiktion, eine zwar allgemein zustimmung findende ist), etwa als st. antonin. allerdings scheint mir das »›verrate mich‹... in seinem letzten irlandbrief an anne manson ...« (dein text s. 29) darauf hinzuweisen, daß trotz der beeindruckenden auflösung der kategorisierenden (nämlich jene von imagination versus realität) verhältnisse, der corps social die oberhand behalten hat. dies auch dann, wenn das »verrate mich« nicht im trivialen sinn eines versuchs zu einer ›heilung‹ zu gelangen, verstanden wird (als wollte er die internierung, um seinen ›teufel‹ loszuwerden), sondern als bestätigung der gesellschaft, daß er, der deviante, etikettiert sein möchte – als gesellschaftlich sanktionierte rettung des tatbestands von verweigerung bis hin zur in sich konzentrierten, sozu-

sagen symbolisch veranschlagten opferung (eine ähnlichkeit zu jenem jesus christus am kreuze...)
wichtig der hinweis zu burroughs, daß es um die abschaffung der sprache geht, hier dasselbe ziel wie artaud (s 26); klar, daß artaud weiter geht, aber burroughs hat immerhin partikulares fortzusetzen versucht – übrigens, theodor adorno hat von der sprache ähnliches geschrieben: sie lösche alle bedeutungen aus, nur die gängigen bleiben übrig, leer, positiv. dort, wo die sprache noch bild war (also abbildung, hieroglyphe eines gegenstandes), hätte sie noch ihre negativität (die die festlegung auf eine bedeutung und die damit mögliche je nach gesellschaftlichem usus unterschobene umbedeutung verhindert) behalten. anders, eher klarer gesagt: wo sprache nicht mehr linear kommunizierbar ist, ist sie wahrer und der mensch von ihr nicht indoktriniert (sprache nicht mehr als übermittlung *eines* sinnes, sondern:), eine polyvalente transportierung.
adorno in der »dialektik der aufklärung«; überdies: mir scheint doch auch, daß seine übertriebene verschlüsselung *nicht aus* akademischem protzgehabe entsprang, sondern er versucht hat, seine thesen – oder sagen wir: seine erfahrungen, denn gegen thesen hat er sich verwehrt, als zu platt und fix – der gängigen verständlichkeit zu entziehen, um sie nicht gänzlich dem ordnungsrahmen der sprache und der damit folgenden entwertung und umfälschung zu überlassen. und er hat einige male davon gesprochen, daß schizophrenie anzustreben wäre. ich glaube, der handfeste adorno, der nietzsche doch ähnelt, wäre erst zu entdecken. als wissenschaftler hat er jedenfalls (und deutlicher als marcuse usw.) – wenn der wust an theoretischen einwänden aufgehoben wird – am akkuratesten »die sprachverbote benann(t)« (s 26, artaud le mômo).
du hast recht, wenn du bemerkst, daß die gesellschaft ein anderes sei, als der text (eingangs in artaud le mômo); allerdings will ich einwenden, daß der text immer im verhältnis zur zeit und gesellschaft steht, die ihn provoziert. seit baudelaire (jedenfalls) klafft zwischen dem text (und der in ihm versuchten entsagung des vorhandenen) und diesem vorhandenen ein immer größerer und schließlich bei a. a. ein unüberbrückbarer raum. eine nichtaffirmative kritik (oder interpretation) versucht – denke ich – *nicht* aus dem text zu exzerpieren, was der gesellschaft verständlich ist, *sondern* die schändlichkeit und falschheit (der gesellschaft) an den am weitesten und radikal nach vorne (nach außen) getriebenen konzeptionen abzumessen (und ich bin hier breton sicher näher als bataille, – war doch a. b. der wahn das kontrastmittel für die realität, so g. b. hingegen der der realität gegenüber mündig gewordene zustand).
denn: wie sonst sollte etwas wahrzunehmen sein, (was mich beherrscht) wenn nicht an dem, was sich diesem am hartnäckigsten verweigert. nur über die dechiffrierung des textes (der über die gesellschaft hinausgeht)

läßt sich diese absehen und damit die fesseln, die jenes hinausgehen über sie behindern.
insofern ist es auch – solche dechiffrierung – ein vorgehen, eine bilanzierung in praktischer absicht, für mich (als einer, der hier und heute, so und so zu leben gezwungen ist).
für die kopie der aufsätze a. a. 's zum film schönen dank – wenn du sie benötigst, retourniere ich sie dir (und lasse hier noch eine kopie machen). faszinierend ist »die muschel und der clergyman«. soweit ich sehe, wurde das drehbuch realisiert. es wäre – und ich denke dabei an dich, als fortsetzung deiner a. a.-studien – sinnvoll, auch den surrealistischen film (im weitesten begriff) näher zu überlegen (aber das dann mündlich).
übrigens sitze ich gerade wieder bei g. b. ... ich glaube, allmählich kommt es mir leichter in die finger.
26. august   für heute das beste, dein karl

(kassel 25. 8. 1976)

lieber karl,
inzwischen hat sich meine karte mit deiner letzten sendung erledigt. ich habe deine erste arbeit an den anfang gestellt, gefolgt von meinen beiden ersten teilen; dann neuerlich deine letzten vier seiten und der schluß von mir. mit der synopsis kann ich etwa 40 seiten insgesamt in den nächsten tagen nach münchen schicken.
das finale des parts, den ich jetzt lesen konnte (also seite 4), entschädigt mich für manches, was ich sonst bei dir erstickt finde. ich verstehe sehr gut, daß du dich quasi an randzonen der sprache entlangtastest, wo dir die stimme wegbleibt und vielleicht eine heftige geste der empfindung angemessener wäre. es ist zweifellos der ton und die sprache der verzweiflung, aber gleichsam so, als stünde eine wand dazwischen, die – wenn es dir gelänge, sie niederzureißen – dir selbst weitere perspektiven eröffnen könnte und dein geschriebenes zu einer authentischen notation dieser verzweiflung machen würde, d. h. etwas unerträgliches für den, der es liest. ich glaube, daß ich früher auf ähnliche weise redete – wenn auch ohne die gesellschaftskritischen bezüge, auf die du achtest. und ich glaube auch, daß man mich nicht »verstanden« hat, wenn es auch nicht darum geht, verständlichkeit um jeden preis zu wünschen: ich fürchte nur, man war allzu bereit, sich mit den aussagen zu identifizieren. aber ich will das mit dir lieber bereden. denke bitte auch daran, alles das mitzubringen, was wir gemeinsam geschrieben haben.
sicher kennst du camus' ausführungen (in: der mensch in der revolte)

über lautréamont? kennst du auch lautréamonts »poésies«? das schlimme an den kommentaren, auch an dem von soupault, ist, daß sie lautréamont (wie auch baudelaire und rimbaud) zum christen verkleinern wollen. ich werde dir, wenn du kommst, artauds brief über lautréamont vorlesen.

(linz 1. 9. 1976)
lieber bernd:

du hast den sachverhalt genau beschrieben, der sich dem herausgehen, dem aussprechen entgegenstellt: eine wand. unsichtbar wie alle fesseln heutzutage.

du kennst das sicher vom film, früher geschah es manchmal, daß während einer vorführung plötzlich der ton verstummte – die gestalt, das filmbild spricht weiter, aber unhörbar, ungehört. dieser technische defekt lenkt die aufmerksamkeit des zusehers auf die gestik und mimik der figur und man versucht, auf sprachlose art zu hören. und unzweifelhaft, daß sich auch – im defekt der wiedergabeapparatur – die tragik der figur herausschält, im moment, wo sie nicht mehr gehört wird, bekommt die mimik und gestik den anstrich von verzweiflung.

ähnlich auch die situation des schreibens, ich versuche immer, den monolithischen block der sprache zu zerschlagen – sprechzwang, jedoch versagt die sprache; vielleicht auch eine frage des mediums, der atmosphäre.

ich versuche schon wieder seit tagen, alte experimente fortzusetzen. mir scheint der zustand kurz vor dem vollen erwachen, dieses weiche, nachgiebige stadium der halbwachheit, einer der ansatzpunkte, der logizität des sprechens (und schreibens) zumindest spurweise zu entrinnen. klar, daß es mir dabei nicht um das experiment geht – das haben die surrealisten ungleich ›schöner‹ gemacht – nur um ein mögliches ergebnis.

eine sprache, die noch niederschreibbar wäre, dennoch privat ist, autonom – soweit das möglich ist.

lautréamonts »poésies« kenne ich nicht, leider – jedoch (und das nur am rande) sehe ich ein, daß ich nicht umhin kann, französisch zu lernen.

nun, ich würde lautréamont eher als antichristen bezeichnen, die vollendete travestie des christentums, wenngleich das ›christliche‹ an maldoror – vielmehr die zerstörung dieses, auch nur ›bild‹hafte folie ist, eine sprachliche angelegenheit.

du hast einmal geschrieben, ungefähr: ›nach wie vor treibt in dieser kultur das christentum sein unwesen ...‹ leider fast schon eine biologische sache und das ende nicht abzusehen.

ich bin aber nach wie vor intensiv an bataille, denke aber, daß es völlig richtig von dir war, unsere arbeit (vorderhand) abzuschließen. es scheint sinnvoller zu sein, sie später wieder aufzunehmen: fortzusetzen.
für heute – das beste   dein karl

(kassel 2. 9. 1976)

lieber freund,
was ich vor tagen an deiner bataille-arbeit kritisierte, war wahrscheinlich bloß ein hinauszögern einer entscheidung, die mir schwer fällt: ich hätte gleich sagen sollen, daß wir in diesem fall in divergierende richtungen gehen und eine textfusionierung zu dissonanzen führt, die ich weder ertragen kann noch verantworten möchte – obwohl mir im prinzip an etwas zweistimmigem gelegen ist. ich glaube die dissonanzen gerade deshalb zu bemerken, weil ich weiß, wo es resonanzen, interferenzen zwischen unseren köpfen gibt.
vor allem hoffe ich, du wirst meine ablehnung nicht als eine totale deiner selbst betrachten, sondern als eine ablehnung deines doubles, das dir eine gewisse redeweise insinuiert.
du ahnst nicht, welche skrupel ich habe, irgend etwas zu veröffentlichen; dies drückt sich nicht in fortwährendem feilen und korrigieren aus – ich gebe vielmehr manches sozusagen mit geschlossenen augen weg und lese es nicht mehr, sobald es gedruckt ist. wenn ich allerdings erst einmal soweit bin, kann oder könnte ich jedes wort verantworten – wenn es sein müßte – was bei dem gemeinsamen versuch über g. b. dann nicht der fall wäre.
ganz abgesehen von der redeweise (dialektik, imperative, postulate, bilanzen über ganze jahrhunderte) gehen deine aussagen am denken batailles dort vorbei, wo ich meine, daß es sich lohnte, darauf hinzuweisen.
en detail sind es z. b. formeln wie »die rüde/handfeste erotik des arbeiters«; epochen, in denen noch etwas möglich war ...; der wahnsinn als hintertür dargestellt, wenn der druck der gesellschaft zu groß wird – und nicht als *souveräne* entscheidung etc. du solltest dich fragen, ob nicht deine rede jene letalität atmet, von der alle und alles deiner meinung nach befallen ist: mir liegt gewiß nicht an euphorie oder an lösungen, wo es keine geben kann – dann aber will ich worte wie »transzendenz« erst gar nicht gebrauchen, auch »lösungen« nicht, »schändlichkeit oder falschheit« (andernfalls muß ich sie neu definieren, was ein zugeständnis wäre).
jedenfalls wäre es mir lieber, wenn du an g. b. beteiligt wärst (als nicht), da vieles ja auch schon formal darauf angelegt war. ich sehe

jedoch keine andere lösung, bei der ich mir keinen zwang antun müßte.
sei bedankt für deine zeilen. die interpretation von artauds äußerungen in irland ist durchaus zutreffend, du nimmst 6–7 jahre vorweg, wo a. a. seine eigene kreuzigung schildert. andererseits wäre es überflüssig von a. a. zu reden, wenn er nur alte modelle oder mythen modifiziert hätte. für die psychoanalyse bloß ein fall unter anderen: kastrationsangst, die in die paranoia mündet. basis dieser interpretation ist das postulierte mutter-ideal, von dem sich sämtliche denk- und verhaltensweisen ableiten ließen. der so gekennzeichnete kranke befindet sich also in frontstellung zum vater (einschließlich aller patriarchalischen einrichtungen/ privilegien), ohne ihm jedoch ernsthaft konkurrenz machen zu wollen. daher die asexualität, der verzögerte suizid durch drogen, die regressive tendenz etc.
nur: diesen stern kann man vielen anheften. geschlossene, also fragile interpretationsmethoden und -systeme zurückzuweisen, bedeutet für mich, z. b. den wahnsinn als einen appell zu einer der seinsweisen zu begreifen, die sich jenseits dieses stupors befinden, den du an der gesellschaft diagnostiziert hast. es handelt sich, wohlgemerkt, nicht um eine religion oder eine philosophie oder gar um pragmatische überlebensmodelle: ein solches denken bedarf durchaus noch eines körpers, der es erfüllt. ich wehre mich aber dagegen, einfach zu sagen, der selbstmord sei mir mangels energie nicht möglich. [...]

(kassel 13. 9. 1976)

lieber karl,
die frage nach theorie und praxis erscheint mir bei g. b. nicht so zwingend wie bspw. bei beckett oder sartre, der übrigens eine in meinen augen verständnislose kritik der ›expérience intérieure‹ geschrieben hat (in dem band ›situationen‹). es rührt vielleicht daher, daß ich bataille die »innere erfahrung« (oder erlebnis) voll und ganz als einen gelebten prozeß der verzweiflung abnehme; was er darüber schreibt hat das gewicht gewisser bekenntnisse von heiligem – ohne allerdings die mystische ekstase, d. h. ein anhalten des prozesses zu erreichen (oder zu wünschen). dem gegenüber ist z. b. andré breton ein echter mystiker ... in dem augenblick, wo er zum kommunismus übertritt, oder zur liebe oder zur alchimie. – dasselbe gilt für burroughs und den rest, denen eine mischung aus wissenschaftsgläubigkeit und infantilem elan ersatz bietet; man muß wirklich annehmen, er erwartet von irgendwelchen techniken, seiner paranoia ein ende bereiten zu können. gegen beckett und joyce habe ich außerdem noch etwas: es ist das, was du unehrlich-

keit nennen würdest, ich meine die versteckte koprophilie, die heuchlerische skatologie (denke an: ›wie es ist‹).
was mich im wesentlichen an deinen ausführungen erschreckte, war das unmittelbare hinsteuern auf das alles oder nichts: vor allem die rasche antwort, den bewußtseinsverlust jeder anderen alternative vorzuziehen. diese sehnsucht nach dem nicht-sein, der annihilierung der existenz, ist mir allzugut bekannt und sie koinzidiert exakt mit dem moment des exzesses, den bataille meint. und gerade dort gehen a. a. und g. b. (und auch wir beide) auseinander. ich denke, daß dies 1.) forderung des corps social ist und 2.) ein zustand, in dem sich das corps social lebenslänglich *bereits befindet*, sich selbst annihilierend aus dekadenz, schwäche, faulheit, mangels produktivem schizoidem fluxus o. ä. es hieße a. a. verkennen, wüßte man nicht um die erzkatholische vorprägung, die sogar in seinen schriften aus der surrealistischen zeit ihren niederschlag gefunden hat; besonders hieße es den nicht-orthodoxen mystiker verkennen, der im wesentlichen durch die suche des ›absoluten‹ charakterisiert ist, durch den willen also, alles in frage zu stellen. es ist vielleicht zeitgemäßer, diese leute revoltierende zu nennen – deutlich getrennt von jener sorte revoltierender, die das heil in bestimmten gesellschaftlichen veränderungen sehen.
artaud hat dieses stadium passiert, das man heute glaubt ignorieren zu können. ganz pfiffige meinen, mit den populären pseudoreligionen, die in kursen gelehrt werden, zwei stufen in einem satz nehmen zu können, um – zu recht – auf ihrem faulen hintern zu landen, der heißt: den weg des geringsten widerstands gehen, das unmögliche denken wir, was gestattet ist, tun wir. das verstehe ich unter der profanen art der auslöschung des bewußtseins. du charakterisiertest a. a. einmal als scharf, silber, unnachgiebig. dies trifft zu, was seine forderung angeht, daß der mensch sich das weiche, schlaffe entreißen müsse. seine (körperliche) existenz gänzlich selbst in die hand nehmen müsse, sich von jeglicher fremdherrschaft emanzipieren.
wohin?
dahin, jeden augenblick sich selbst (und die welt) transformieren, transmutieren zu können.
was bei der populären form
der liquidierung
des bewußtseins
nicht
der fall ist. –
so zu leben ist keine kleinigkeit.
ich ergänze und gebe zu bedenken: a. a. litt sein ganzes leben an der abwesenheit seines körpers und das bewußtsein hat er nur in form von schmerzen gekannt. er geht von einem zustand des mangels aus, den er mit drogen kompensiert.

er ist ohne zweifel einer, der »zum brennen prädestiniert«, von der versuchung des suizids beinahe lebenslänglich heimgesucht war.
er brachte sich, im gegensatz zu crevel oder gilbert-lecomte, nicht um:
weil er stark war
und wußte,
daß einige wenige seiner bedürfen.
artaud ist unmenschlich stark gewesen, obwohl sein leben – nicht erst seit mexiko und irland –
einem furchtbaren albtraum gleicht.
du hast recht: der motor ist das corps social. nicht marginal, sondern ausschließlich.
das corps social ist größer als die summe aller mitglieder einer gesellschaft.
es umfaßt sämtliche anonymen institutionen, natur- und geisteswissenschaften, auf denen der kapitalismus des bewußtseins gründet.
(ich will noch ein beispiel nennen: es gibt in der anthologie ›wien. wiener aktionismus und film‹ einige tagebuchseiten konrad bayers aus seinem letzten lebensjahr; im kontrast zu seinen dichtungen fallen darin seine überlegungen mit denen sämtlicher dichter zusammen.)
dies um dir zu sagen, daß ich fürchte, du bist einem irrtum erlegen. ich habe gewiß keinen grund, irgend etwas zu erhoffen, aber ich kann andererseits nicht anders denken.
man befreit sich nicht von krebs durch schreiben, yoga, erotik usw. die fragen verbrennen, den geist annihilieren, gewiß: nicht aber beides beiseite schieben.
eben (9. 9.) bekomme ich eine kopie eines a. a.-textes, der ca. 1 jahr vor seinem tod geschrieben wurde und er bestärkt mich nicht nur in den wesentlichen dingen, die ich verschiedentlich rein ›intuitiv‹ apropos artaud gesagt habe und was mich antreibt, es dir zu wiederholen.
dein mißtrauen gegenüber bataille ist berechtigt, ebenso aber wäre es gegen breton und den gesamten ›grand-jeu‹-suizidzirkel angebracht – was deren werk nicht schmälert und uns nicht weiter interessieren sollte, denn es liegen beinahe 30 jahre dazwischen und mir kommt es wenigstens darauf an, daß du die dinge nicht als unbewegliche, destruktive maschinerie ansiehst, zu deren zerstörung es realer waffen oder eines starken glaubens bedürfte.
weil ja die meisten menschen daran eingehen, daß sie die welt wie ein museum verwurzelter werte, unerschütterlicher konditionen betrachten, in welchen sie selbst nur noch sich selbst parodierende schauspieler sind (sofern sie intelligenz haben). sie kommen nicht darüber hinaus, weil sie trugbildern, sprachlich verankerten bewußtseins-images ins netz gehen ... aus furcht, andernfalls ihr ich-selbst einzubüßen. ich stimme verdammt noch einmal nicht für das befriedende nirwana des nichtseins (nicht mehr!), vielmehr für eine präsenz, die autonom ihre jewei-

lig gewünschten zustände selbst herstellen kann. eine wunschmaschine, weil noch nichts wirklich ›fertig‹ ist. mit anderen worten: »ich scheiße auf all diese wahrheiten. ich erkenne an, *was mir paßt* und nicht, was sich auf der linie befindet« (a. a.). die differenz, kein organismus, sondern eine willenskraft zu sein, besteht gerade in der ›multiplen‹ identität: »denn es gibt ein etwas, das ich ist und das sie nicht sind und nicht sein können, weil sie sie sind oder nichts/ und weil ich nicht/ sie oder das nichts bin«, der zurückweisung dieser scheinalternative also. allerdings ist die liquidierung des geistes (»kein bewußtsein, kein double, kein echo«) nicht mit endlösung oder unverdienter *erlösung* zu verwechseln. der prozeß ist zweifellos schmerzlich, wenn nicht lebensgefährlich: »... die todesangst entstammt dem atem, den das wesen tötet und für sich zurückbehält,/wenn ich seinen ganzen intellekt verdamme/ und es hat niemals einen anderen bereich gekannt,/die wahre welt.« wenn die tatsache nicht auf ein einziges fixiertes element zurückzuführen ist, sondern als beweglich angesehen wird, sozusagen liquid, verstehe ich, wenn a. a. behauptet: »der mensch ist bloß ein opaker block.() ich bin das unendliche.«

der nächste ›kuckuck‹ wird substantielleres enthalten: stegentritt, pélieu, ploog und unsere beiträge. meinen kennst du schon.
du solltest in erwägung ziehen, deine arbeit vielleicht ganz von bataille abzunabeln und ihn nur als fixpunkt gebrauchen für etwas kompaktes über die sexualität. jetzt ist übrigens sein »abbé c« als taschenbuch wieder erschienen.
apropos publikationsmöglichkeiten: ich denke, da gibt es wenige nationale unterschiede, arschlöcher aber überall. nur beunruhigt mich dieses problem nur sekundär.

(linz 17. 9. 1976)

lieber bernd,

danke für deine zwei briefe, ich war ein paar tage nicht hier, darum erst jetzt antwort. »kuckuck 12« kam auch hierher.
nein, ich glaube nicht, daß ich so unmittelbar auf den verlust des bewußtseins zusteuere, wie es dir scheint. ich denke nur, daß das die einzig mögliche konsequenz wäre – solange nämlich, als ich den schritt noch nicht vollzogen habe. urteilen ließe sich in wahrheit erst nachher, nur dürfte dann jegliches urteilen wohl überflüssig, alles andere gleichgültig sein. aber um den weg dahin nochmals näher ins licht zu rücken: ich meine, du würdest bspw. mallarmé wegen seiner inkonsequenzen

nicht ernst nehmen; und du hast recht, wenn du konsequentes dasein
(›theorie‹ und ›praxis‹ in eins, etwa a. a.) forderst. was das anbetrifft,
bist du, nochmals wiederholt, zu recht radikal. radikaler als ich es je
sein könnte – mir gilt etwa mallarmé, dieser brave lehrer und erz-
reaktionär im täglichen leben, dieser kulturkonservative und politisch
(in unserem weiten verständnis) apathische, dieser anständig bürgerliche, aber was. – hier, in seiner lyrik treten jene feinen verästelungen
und tönungen auf, die später unterblieben und die ich als (eine art von)
erkenntnis rechnen möchte. (mallarmé ›als mensch‹ interessiert mich
nicht sonderlich, sondern seine lyrik; – das ist immerhin ein unterschied.) mir geht es um details, um die splitter und fugen des mosaiks
ebenso, wie um das ganze bild davon. über allen konsequenzen – mögen
sie auch irrig sein – sollte man jedenfalls die kleinen zwischentöne nicht
vergessen. und in dieser hinsicht schätze ich beckett, auch shakespeare
genauso, wie den kleinen beamten und simplen bürger (der so simpel
dann auch nicht war) franz grillparzer, welcher sich in seinen dramen
über seine fade existenz hinausschob, oder mallarmé, der sein wahres
leben in den gedichten führte.
natürlich geht dergleichen nicht mehr. aber das heißt ja noch nicht,
scheint mir doch, daß es deswegen wegzuwischen wäre. selbst ein nach-
wuchspoet heute, der seine spätpubertären lyrischen phrasen aufsagt
oder aufschreibt, ist immerhin noch jemand, der sich an sprache heran-
wagt: der immerhin das bedürfnis hat, sich zu äußern, der immerhin
noch liebesschmerz oder dergleichen e r f a h r e n kann, und sich selbst
zu nähern versucht...
daß dergleichen heute natürlich sinnlos ist (weil liebesschmerz sinnlos
usw., weil erfahrungen-machen-wollen es ebenfalls ist) und zur fatalen
wiederholung von veraltetem, abgenütztem und verhunztem verkam,
das ist klar – dennoch scheint es mir sinnvoll, zu unterscheiden. das
sind zwei seiten einer sache, zumindest zwei, denn einfach ist nichts und
eindeutig auch nicht.
darum auch hat lummerts »kuckuck 11«, das soloheft dieser hilde rubin-
stein, auch eine winzige daseinsberechtigung, dergegenüber natürlich die
›unberechtigung‹ sozusagen, schwer ins gewicht fällt.
daß die bewußtlosigkeit, wie sie mir als einzig sinnvolles erscheint, aber
nichts mit dem corps social zu tun hat (in dem sinn, daß sie nicht, wie
du meinst: »eine forderung des corps social ist«) wenn sie eine bewußte
bewußtlosigkeit ist, sagen wir: bewußt angestrebt ist, scheint mir hinlänglich deutlich. (ähnliches in dem buch von jean améry jetzt, – ich
habe es erst halb gelesen, aber es erscheint mir zu weitschweifig, etwas
wenig sagend, weniger als es versprach, – eine, oder die noch freieste
entscheidung des individuums.)
nicht jene bewußtlose bewußtlosigkeit, die die menschen überkommt,
bevor sie jemals erwachen, das niederhalten durch minimalbelohnun-

gen, vertröstungen, ordnung usw.. ich denke nicht nur an selbstmord. sich zu töten, zu vernichten, kann nur ziel sein, wenn der corps social vergöttert ist. selbstmord hat immer einen hauch von selbstbestrafung an sich – soviel gegen améry.

zudem bin ich mir wohlbewußt, daß bewußtlosigkeit nicht herzustellen ist – zumindest eben dann nicht, wenn sie bewußt geschehen soll, erwogen wird. das ist keine empfehlung an leute, die unzufrieden sind, d. h. in denen die vernunft aufflackert, nur eine feststellung eines sachverhalts. mehr ist nicht zu leisten; das andere, daß ich gewalt säen und handhaben wollte, ist wunsch, ziel, hoffnung – vielleicht ein sozusagen lyrisches aushusten, entwerfen.

ich möchte zwischen der schuldfrage (warum es so kam, daß ich und du und diese wüste hier draußen zustandekamen und zwar so, wie wir jetzt sind) und den versuchen, aus dem jetzt ein besseres zu machen, unterscheiden – sie aber nicht trennen. du magst das eine erklärung, das andere entwurf nennen, oder das eine theorie und das andere literatur – im prinzip geht beides aufs selbe, auf klärung. homöopathisch: was durch andere verursacht wurde, weil man zwischen sie geboren wurde, wäre nur durch andere zu retten. was hieße, daß alles sich ändern müßte, sollte es sich mit mir ändern – was fraglich ist, höchst zu bezweifeln; also bleibt der mensch mit sich allein.

es müßte kein bewußtsein geben, es könnte sein, daß man nicht mehr über das dasein nachzudenken hätte, was bis einschließlich a. a. gemacht wurde, sondern man nur wäre, einfach *sein* würde.

das ist der angelpunkt der schmerzt, auch bei artaud. wer die lösung* gefunden hat, denkt nicht mehr nach, schreibt nicht mehr, produziert nicht mehr, gar nichts: er ist. genügsam. du mußt die strapazierung dieser termini in diesen sätzen entschuldigen, mehr oder anders läßt sich das hier von mir nicht aus der sprache und dem denken herausquetschen.

du schreibst »ich stimme ... vielmehr für eine präsenz, die autonom ihre jeweilig gewünschten zustände selbst herstellen kann«. ja. fraglich aber, ob jenes wünschen, jene wünschbarkeit von zuständen nicht ausschließlich eine sache dieses heteronomen zustands ist. ich meine ja, daß autonomie mit wahrhafter selbstgenügsamkeit einhergeht. zustände nach beliebigkeit herzustellen ist, scheint mir, ein wunsch der uns heute beherrscht, er gehört zum konsumverhalten, wo jeder das sich wünschen

---

* lösung ist m. e. ein unglücklich gewähltes wort, weil jedes ›problem‹ einer zwiebel ähnelt: wer, die ersten schalen entfernt, das für eine lösung hält, verwechselt stehenbleiben mit problemlösung. will sagen, er gibt sich mit einer begrenzten zahl von fragen, operationen zufrieden: die exklusive, totalitäre untersuchungsmethode. eine ordnung perforiert, stößt du auf eine andere. weshalb sich also der diktatur von zielen oder lösungen beugen, die alles wünschen totschlagen, wenn man sie installiert? genügsam-sein würde so zu einem synonym von einfalt (b. m., 14-4-77).

zu können glaubt (und muß), was er als seines sich einbildet; scheinfreiheiten letztlich und das führt wieder zur konsequenz...
ja, ich weiß es jetzt genau: ich möchte dich am 8. oktober besuchen, soll ich zu einer bestimmten zeit kommen, um dich anzutreffen?
das beste für heute   karl

sozusagen als nachbemerkung

schreiben scheint heute ein aussichtsloses unternehmen zu sein; sprache ist von den elektronischen medien nahezu gänzlich verseucht und die kompetenz, sich der schrift zu bedienen, in anbetracht der allmacht der journaille eine frage schmutzig aufstaffierten übermuts. wer immer sich der sprache bedient, ist von vornherein auf das schwerste in mitleidenschaft gezogen. wo es authentizität gäbe, da nur in der sprachlosigkeit, jedenfalls jenseits von allem eingängigen. »leiden« hat lächerliche züge angenommen (aber nicht, weil es tranquilizer gibt) und »humor« birst so ganz nebenbei und unbemerkt, im zeitlupentempo gewissermaßen, vor stumpfer depressivität. nun, mittlerweile gibt es lachmaschinen. um lachen zu können, nehmen die menschen zuflucht bei ideomotorischen impulsen.
die welt da, dieses matte eintopfgericht abendländischer zuverlässigkeit und vorhersehbarkeit, sie trieft von gleichschaltung und genehmer: genehmigter psychopharmazie. hinlänglich bezeugte das auch die verwendung der halluzinogenen substanzen, en vogue vor einigen knappen jahren. der bislang schärfste angriff auf die eingefahrenen wahrnehmungsweisen und empfindungen blieb in den alten eingedrillten kategorien stecken. die symptome karikieren die verfassung, in der sich die menschen befinden: lachmaschinen, und wiederfinden: drogen. sie reden deutlich genug. das euphemisch psalmodierende »subjekt«, weiß sich heteronom, wie sehr, ist eine frage seiner verdrängungsleistungen. mit der physiologischen basis, mit dem körper an die kultur ausgeliefert, erhofft es, erträumt es seine befreiung von den zwangsregulationen nur mehr mit sachen, die auf es einwirken.
in briefen schreiben, was man sich in einer anderen form, in einem essay etwa, nicht mehr zu sagen getraute: aus skrupelhaftigkeit, aus furcht, mit leeren phrasen schaum zu schlagen. der intime meditative charakter, den briefe fallweise noch haben und sich auch leisten können, da sie nur für einen empfänger bestimmt waren, lockert die sprachlosigkeit. er löst nicht die zunge – kein plappern, keine ›vertraulichkeiten‹, so etwas gibt nur ein possierliches gefängnis für neugierige interessiertheiten und intimisierenden schmarrn ab. die meisten fühlen sich wohl dabei, darum sind briefe so gängig und betulich; schmalzige minimal-news und biografische detail-daten sucht ein leser hier vergebens – zu seinem glück.
die unterbindung biografischer scharmützel und die absage auf den austausch von privatheiten läßt den verzicht auf mitleid und heuchelei zu, in welchen für gewöhnlich umfassendere fragen von vornweg ver-

schmiert und erstickt werden. sympathie für den partner des brieflichen dialogs provoziert eher attacken. nicht der in die unzulänglichkeiten und malaisen des alltags verstrickte mensch schreibt oder erhält briefe, sondern der, welcher noch übrigblieb. natürlich, subjektivitäten. aber sind sie hier nicht objektiv geworden? – mehr als es im vermeintlich objektiven habitus geschehen könnte! keine hudelige gängigkeit; ein vortasten, ein ausloten, umsichschlagen. keine person hat diese briefe geschrieben, sondern wunde finger, die auf schreibmaschinentastaturen hackten. haut, die brennt. schmerzende körper. keine namen. bestenfalls gepeitschte physiologien. sicherlich sind briefe monologe. was sollten sie auch sonst sein, heute, im zeichen wiederentdeckter gesprächigkeit. monologe, die aufeinanderprallen, in der hoffnung, damit die deckschicht, den allseits feinsinnig polierten oberflächenlack der wahrnehmungen und denkkürzel zum absplittern zu bringen. es wurde erwähnt: keine namen schreiben dies hier, sondern verletzliche menschen und ihre worte bezeugen diese verletzlichkeit, da es die des terrorisierten körpers ist, auch wenn er sich zum denken zwingt und an dessen grenzen anschlägt, sich noch wunder reibt als er's schon ist. das offenlegen dieser verletzlichkeit ist heute das maximale, wenn wir schon so reden, was es noch an ehrlichkeit und wahrhaftigkeit gibt. die transpiration durchwachter nächte auf das papier gedrückt, das taumelnde denken; verschult und von den institutionen dann im stich gelassen: hämisch läßt man es an worten knapp und an banalitäten irr werden. in den schläfen dröhnt das blut. erst im morgengrauen setzt die ermattung ein und mit der dämmerung, die vom grauenhaften alltag kündet, dämmert man in den schlaf.
briefe schreiben, das heißt, das denken langsam und mühselig vorsetzen, die unterbindung biografischer scharmützel und die absage an den ausdern verletzliche menschen, und ihre worte bezeugen diese verletzlichschritt um schritt. zumindest jenen rest vom denken, den man in händen meint. so etwas gibt kein glattes, rundes bild. nur zerrissene, oft neu angesetzte skizzen. kleine, an den narben kratzende fahrer. umleitungen, von der sozialen destruktivität – die so glänzend als konstruktive organisation und ordnung erscheint – erzwungen; unbedachtheiten, die durch das gängige irritiert sind. man sollte sich vorsehen; was angedeutet ist, taucht erst ein halbes jahr später wieder auf und hat vielleicht neuen ausdruck gewonnen. so die sublime art von irrsinn, die allgemein ist und daher den eindruck von normalität macht. da geht es in psychosomatische schlenkerer, oder wer mehr geld hat, geht auf die psychoanalytische couch. auch das warenmäßige der sexualität; fragen, ob eine mätresse, ein bezahlter und darum verfügbarer körper nicht erträglicher wäre als ein halbemanzipiertes und konsterniertes geschöpf mit rollenkonflikten und identitätsproblemen, was nicht beantwortet ist. wer wollte auch noch antworten haben, sie bleiben ohnedies nur im hals stek-

ken. unübliche fragen jedoch haben noch eine spur von ›erkenntniswert‹. auch die trennung von privat und öffentlich, die nicht einfach eine wiederholung, eine bestätigung der von der gesellschaft zurechtgerichteten schalen privatheit und des sogenannten ›freiraums‹ ist. privat, das meint das subjektive, da wo es noch in andeutungen greifbar ist. und auch, daß trotz einer offenlegung der falschheit jener trennung (damit der deklaration des automatenmenschen und seiner verwaltung, regulierung, adjustierung und geplanten abnützung), eine verminderung des ›gefühls‹ der heteronomität festzustellen ist: wenn einer alleine ist, bei sich, gesammelt und unzerstreut vom glamour der zwangskontakte und sozialen rush hours, mit ihrem pesthauch von korruption, protektion und kuschen. die schalen arrangements progressistischer zirkel. die unschuldsmiene der (vielleicht gar nicht einmal absichtlichen) hintermänner, das frohlocken der opferlämmer. die frage, was besser sei, sich einzuigeln und im weindunst zu betäuben, oder enthusiasmiert ein aktivitätlein in die frische luft abzulassen? – sie ist exzellent, entlarvt sie doch jeden, der eine antwort darauf probiert, als unverbesserlichen kreuzzügler des apparats, wo dieser bereits keiner fürsprachen mehr bedarf. zudem ist der bogen des erhältlichen weit gespannt. und standpunkte gibt es genug. sie sind alle im recht, ob sie nun versuche von analyse brandmarken oder im marktwert hochstemmen. ob sie vorsichtig zu werke gehen, mit höflichkeit und vornehmen sitten, oder skandale als ihr markenzeichen führen. hauptsache die identität stimmt, damit auch die kassa.
am schlimmsten aber ist, daß man sich in allen dingen, die man tut, als einen helfershelfer des apparats weiß. es beginnt beim brötchenkauf und endet – egal wie man's dreht – beim selbstmord oder nichtselbstmord. in jedem fall ist man auf die vorproduzierten geschmacksrichtungen angewiesen.
schreiben, briefe schreiben, das heißt also auch, immer wieder feststellen müssen, daß das geschriebene, schon das schreiben, nichts taugt. was zur äußerung gebracht werden soll, gerät unweigerlich in den falschen rahmen. der eigengesetzlichkeit von sprache läßt sich schwerlich entkommen. trotzdem zwingt es einen immer wieder zum versuch. beharrlich und mit aller kälte, der man fähig ist; dann vom haß getrieben und von den zusammengepreßten zähnen, um ihr knirschen loszuwerden, den ekelhaften geschmack auf der zunge und die nervigkeit, das zucken der hände. aber die sprache frißt auf und saugt in sich hinein, was sie gegen den strich kämmen will. und das wird an diesen briefen deutlich, zieht man die perspektive zurück, auf einen entfernteren punkt, von dem aus jene sich zusammenfassender darbieten. in ihrer partikularen gesamtheit umreißen sie den quälenden und verzweifelten versuch, sich der sprache einigermaßen vernünftig zu bedienen: ihre gleichschaltung zu sprengen. ohnmacht, die unentrinnbarkeit vom nor-

mierten – das, wovon die briefe handeln, demonstrieren sie während sie geschrieben werden und als ganzes noch einmal. in diesem sinn wären sie als prozeß von verausgabung zu verstehen. funktionale absichten haben sie keine, sie geben weder verhaltensanweisungen noch denkmaßregelungen, sie dienen nicht zur verständigung, wie das alles in ausgezeichneter weise vom fernsehen geboten wird. sie scheitern als übermittler und transportvehikel affirmativen sinns und von sinn überhaupt, betrachtet man sie in ihrem ganzen. als solcherart sinnlose, nichtkoordinative form von äußerung, entäußerung oder verausgabung, sind sie verschwendung von energie und damit reine kommunikation: poesie.

karl kollmann
(februar 1977)

anhang

bernd mattheus
briefe an horst lummert

lieber h. l.,
die aussage, daß gültiges nicht ausgesagt werden kann, ist ebenso wahr/falsch, wie wenn einer behauptet, ›ich lüge‹.
was ich andeuten wollte, ist, daß die kommunikation die adjustierung des bewußtseins bewirkt, daß sie zur konstruktion der wirklichkeit benützt wird und folglich verkehrsweg und -mittel der repression ist.
gegenüber den vertretern der mittelbaren methode (die sprache ist ein instrument der herrschenden), welche die aufhebung aller pressionen innerhalb eines historischen prozesses zum ziel hat, spreche ich von einem unmittelbaren weg (die sprache ist subjekt der herrschaft selbst), der nicht gefahr läuft, zur fiktion zu werden. die dekonditionierung des bewußtseins, die dissoziation zwischen sprache und bewußtsein schließt die emanzipation von gesellschaftlichen zwängen ein. daß jede private sprache verboten ist, daß jeder verstoß gegen die verfassung einer wirklichkeit, deren basis die kommunikation ist, bestraft wird, zeigt sich nicht zuletzt an den schizos, die mit dieser sprache, dieser wirklichkeit nicht auskommen.
jene werden konfiniert, als staatsfeinde ihrer rechte beraubt: was aber könnte der intelligente schizo ausrichten, der seine ›krankheit‹ im griff hat und sie bewußt gegen sinn und vernunft ausspielt? wenn ich dennoch schreibe, so deshalb, weil ich *keine* gewißheit habe – allerdings in dem bewußtsein, daß ich mich bestenfalls über sprache verständigen kann. es ist mir aber nicht möglich, die andere, zweite sprache mit der unseren anders als in der projektion aufzufassen: dieses abbild wäre unrichtig.
wenn wittgenstein (der ja in den philosophischen untersuchungen den tractatus widerrufen hat) oder duchamp geschwiegen haben, dann nicht unbedingt aus dem gleichen grund, zumindest aber, um die affirmation zu vermeiden.
sicher könnten die schriftsteller sich an die explorierung der einschränkungen des bewußtseins machen, das leisten, was den wissenschaftlern verwehrt ist: nur drängt sich mir das bild der im fache der poesie dilettierenden linguisten auf, die nicht nur mit ihrer gruppeninternen terminologie eine neue hierarchie errichten, gegen die sie sich ursprünglich erhoben haben, sondern darüber hinaus die literatur mit dem ›großen dürfen‹ verwechseln, tun, was von ihnen erwartet wird und dem staat geradewegs in die arme laufen.

ich glaube nicht, daß wir die textsammlung zu artaud in den k. integrieren können: es sind fast 60 seiten.
heidi schmidt in heft 7 ist ein ausblick gegenüber einer angestrengt literatur produzierenden mehrheit.
ist, in dem kleid, in dem der kuckuck sich präsentiert, das methode oder bedingtheit?
bm.
25-6-75

lieber horst lummert: dank für die ersten beiden ausgaben des k., ihren brief. ein phänomen ist es schon, daß diese ›graue maus‹ von anfang an solche heftigen reaktionen provoziert hat, denn die meisten publikationen dieser art leiden an resonanzmangel.
interessant auch das verhalten des reflection-press editors: albrecht d., post-fluxus-mann, dürfte sich wohl für einen engagierten artisten halten, & das nicht erst seit seiner teilnahme an art-society (vormals: kunst im politischen kampf) in london.
die frage nach dem kuckucksbild ist beantwortet. diejenigen, die technische, d. i. marktgängige, perfektion fordern, verdächtige ich, eine aufwertung ihrer inhaltlich und strukturell eher schwachen arbeiten anzustreben. nur meine ich, sie sollten sich entscheiden, für das provisorium und die relative armut (des äußeren), und für professionelle arbeit (im inneren). wenn das vielleicht nur heißt, eher einmal auf eine illustration zu verzichten, als das kleinere übel zu wählen. kennen sie übrigens oskar panizzas ›zürcher diskussionen‹? er verfaßte im exil lebend nahezu alle beiträge dieser zs. unter verschiedenen pseudonymen selbst.
die ansicht von der pathologischen gesellschaft ist weit verbreitet, aber irrig, stellt sie doch als lösung dar, was sich als problem gegenübersteht. das maß für die normalität oder krankheit eines individuums ist dessen sprachverhalten und inwieweit es folglich funktionabel bleibt. wahnsinn gehört einer politischen kategorie, keiner medizinischen an, wird er doch auf grund des abrückens von der kommunikation diagnostiziert. dasselbe kriterium gilt für jede form sozialer devianz, die jedoch statt mit heilanstalt mit gefängnis bestraft wird. wenn die gesellschaft via sprache mein bewußtsein kontrolliert, dann verbietet es sich, unterprivilegierte durch sprach›gewinnung‹ emanzipieren zu wollen, was hieße, den kitt zu verhärten: hören tun wir alle so schon – mit oder ohne akademische ausbildung. daß die herrschaft aufhöre herrschaft zu sein, dazu bedarf es der destruierung ihrer verfassung, deren basis die sprache ist.
auf die gefahr hin, sie zur verzweiflung zu treiben: anbei nun die vierte und endgültige (!) fassung meiner notizen.*

* *jede wahre sprache ist unverständlich*, p. 138 ff.

seltsame koinzidenz: der residenz verlag kündigt eine autobiografie von thomas bernhard an.
die textsammlung zu artho müßte ich für ihre zs. komprimieren: nur kann ich das im augenblick alleine nicht entscheiden, zumal ich noch zuwachs erwarte. reden wir später nocheinmal darüber?
herzliche grüße: bm
2/7/75

lieber horst lummert,
ich bin sicher, daß mich ihre antwort nicht zu einer textlichen änderung verleitet hätte, denn wir schreiben aneinander vorbei. sie interpretieren den text, als ob es meine intention wäre, die sprachbürger ihrer krücken zu berauben: dagegen habe ich eben diese externen elektronischen experimente als untauglich bezeichnet.
offenbar können sie den begriff schizofrenie nicht anders auffassen, als die polizei für geistige hygiene: in diesem sinn gebraucht, würde die kybernetik wieder in ihre rechte treten, die kontrolle verschärft.
ich sprach folglich zum unterschied zu geisteskrankheit von einem schriftsteller, der *wie* ein schizofrener ist und nannte diesen prozeß der emanzipation von sinn und vernunft universumstulp. beide formulierungen umschreiben jenen bewußtseinszustand, der sich qualitativ von demenz und déraison abhebt; die methodische schizofrenie der überlegenen intelligenz verwirft den »kritischen blick der vernunft« (der beherrschten) als sprachabhängigen wahn. d. h. letztlich die zurückweisung jeder art von repräsentanz. das dialektische denken handelt sich ja die aporie ein, daß es an die gleichen mittel gebunden ist, wie das, um dessen klärung/aufdeckung es bemüht ist: was fehlt ist die größe zum vergleich. die ärmlichkeit dieser synthese wird am deutlichsten sichtbar an der sprachtheorie marxistischer provenienz, der meine kritik gilt, ebenso wie jener literaturgattung, der sie stütze ist.
wenngleich ich auch sprache im umfassenderen sinne, als durch konvention festgelegtes system von *zeichen*, gebraucht habe, steht ihr vorschlag, die verfassung der wirklichkeit »mathematisch/logischen denkstrukturen« zuzuschreiben, dem meinigen nicht ausgesprochen antagonistisch gegenüber. entsprechendes ließe sich bei frege finden – soweit sie damit nicht etwas anderes gemeint haben.

ich möchte, daß sie »jede wahre sprache ...« nicht als einen appell zur uneingeschränkten aphasie interpretieren: meine absicht war es, dort zweifel hervorzurufen, wo man sich in einem bereich der subjektivität und spontaneität geborgen wähnt (mein hinweis auf den schmerz). und daß, wenn die sprache subjekt der herrschaft ist, jede veränderung der gesellschaftlichen struktur diese bedingtheit unberührt läßt.
grüße: b. m.
3/9/75

p. s. für eine debatte über die bild-zeitung kann ich mich nicht erwärmen: worin besteht denn die wesentliche differenz zwischen dem bild und z. b dem spiegel oder der zeit?
eine ausweitung unserer diskussion scheint mir auf dem schriftlichen wege kaum ertragreich zu sein – man müßte hier jeden begriff einzeln interpretieren etc. auch wenn uns dadurch der vorteil der »unendlich« fortgeführten reflexion entgeht, das zurücktreten des sinns nämlich. anstelle eines kommentars würde ich vorschlagen, wenn sie den text für interpretationsbedürftig halten, das wesentliche aus unserer korrespondenz zu veröffentlichen.

lieber h. lummert,
es ist seltsam, daß ich zur gleichen zeit einen brief mit ähnlicher tendenz wie der ihre an einen bekannten schrieb, d. h. als ich von ihrem brief noch nichts wußte. bis dahin war ich fast ebenso sicher wie wahrscheinlich sie, daß hier jemand seine flucht tarnt oder brutal: die gesellschaftliche wirklichkeit verkennt und/oder die konfrontation scheut. jetzt sehe ich, daß leichtfertige mutmaßungen/unterstellungen wie projektionen wirken, die dann zum bumerang werden, wenn man negiert, für was einem die begriffe fehlen.
dieses beim-wort-nehmen und das aufdecken nazistischer unterströmungen, wie sie es betreiben, bewegt mich gar nicht mehr noch erfahre ich aus dieser art sekundärliteratur wesentlich neues: denn sie bleiben in der gleichen sprache stecken, der sich ihre kontrahenten bedienen, gefangen im sprachgittergärtchen syntax und semantik. gerade *weil* alle verstehen und sich keine andere ›lesart‹ als die diskursive vorstellen können, ist herrschaft durch sprache möglich. jede andere, nicht im dienste der konditionierung stehende sprache ist unverständlich. ich kann mir deshalb keine aufhebung der repression und der einschränkungen des bewußtseins ohne eine fundamentale veränderung der sprache vorstellen, wohl aber eine *ablösung*.
wenn sie eine sprachliche mutation zum sekundären phänomen, als begleiterscheinung eines revolutionären prozesses degradieren, bezeichnen sie das, was uns trennt: ich nenne überbau was sie die basis nennen. unsere zielvorstellungen können folglich nicht identisch sein, auch wenn sie entfernt miteinander verwandt sind.
in jedem falle scheint mir der ›intelligente schizofrene‹ bewußter, mental gereifter und seinem ziel näher zu sein als alle die, die sich an bibeln, manifeste und wörterbücher klammern, d. h. buchstäblich ans alfabet.
nicht, daß ich ihrem aufsatz absprechen will, daß er absolut zeitgemäß und zugleich zutreffend ist: nur sollten sie bedenken, daß die gleiche struktur, die es ihnen möglich macht, sprachlich getarnten nazismus zu analysieren, diesen selbst erst ermöglicht.

die methode, die sie dagegen in sfb III* angewandt haben, scheint mir überzeugender zu sein.
alles gute und die besten grüße: b. m.
16/10/75

lieber horst lummert,
mein anliegen, nahziel (nicht im sinne einer globaltheorie o. ä. gebraucht, sondern als kleinste einheit von identifikation – transitorischer sinnkonstruktion, die alle aspekte unterdrückt, verschiebt, die gegen meine aktivität sprechen: überhaupt zu schreiben, das geschriebene nach einer bestimmten norm einzurichten etc.) ist es, zu demonstrieren, daß sätze wie »zuletzt ist jeder auf die möglichkeiten seines eigenen denkens, wahrnehmens usw. angewiesen« zu »... auf die möglichkeiten der sprache *verwiesen*, die sein denken limitiert« transformierbar sind.
ich wollte sie – was ihre textanalyse* betrifft – nur darauf hinweisen, daß die resultate, zu denen sie kommen, sprachlich determiniert sind; d. h. erkenntnis & urteil sind schon in der sprache eingeschlossen (in der sprache, in der sie ihre analyse abbilden – dasselbe gilt auch für meinen text).
die frage kann nicht – im umfeld der in »jede wahre sprache ...« tangierten probleme – sein, welche initiative im einzelnen (& deren valenzen – ideologien usf.) hinter einer sprachlichen äußerung (was auch ausdrucksformen betrifft, die nicht-sprachlich zu sein scheinen, aber ähnlich ›funktionieren‹) steht, sondern wieso sie 1. ohne bedenken verstanden wird, 2. die vom sender erwarteten reaktionen bei den empfängern auslöst.
im makrobereich ist diese frage rasch erledigt: sender und empfänger sind einander adäquat, ›verstehen‹ sich – weil sie sich vorher über den sinn verständigt/geeinigt haben. dieses funktionieren ermöglicht organisation, arbeitsteilung etc., aber auch herrschaft, konditionierung, kontrolle. (ein beispiel: ich schrieb »antipode des wiederkäuenden *poh*eten ...« was sie als »poeten« korrigieren zu müssen glaubten; kuckuck 8, p. 25.)
was sich mir folglich aufdrängt, ist die frage, wie ich aus dem regelkreis herausgelange, ohne das ihn konstituierende mitzuschleppen.
wer der aristotelischen bivalenten logik verhaftet ist (die den bereich von 0–1, falsch-wahr, nein-ja etc. umspannt), würde nun den infragegestellten denksystemen – von denen sie einige genannt haben – mit

---

* cf. lummert, h.: *berliner fenster / III. fernsehprogramm sfb* in: *kuckuck* nr. 3 (1974).
* cf. lummert, h.: *getarnter nationalsozialismus in der bundesrepublik d.* in: *kuckuck* nr. 8 (1975).

einem ((solchen)) begegnen, das jenen oppositionell gegenübersteht. das reicht aber keinesfalls aus: ich muß das negierte auch überschreiten, neue entitäten einführen — die zu illustrieren ich mich hüten werde.
d. h. der diskurs ist prinzipiell nicht geschlossen, ja er enthält — bei aller unterschwelligen polemik — gerade so viele widersprüchlichkeiten, die haltestellen innerhalb der zeichenrelation verhindern könnten.

was die auswahl der briefe bzw. zitate angeht, so will ich dies ihnen gern selbst überlassen — wie grundsätzlich die entscheidung, ob dem text ein »postskriptum« folgen soll oder nicht.

29/11/75

lieber horst lummert,
danke für brief und büchersendung.
ich möchte mich nicht selbst interpretieren, schon gar nicht angesichts einer andeutung dessen, was ich nächstes jahr gebündelt unter dem titel »jede wahre sprache ...« zum druck bringen will. hierzu gehören auch arbeiten über georges bataille und den aktionisten rudolf schwarzkogler, letzterer text entstand in kollaboration mit k. kollmann. ich versuche darin, aussagen über die beziehungen zwischen identität und kommunikation zu machen und zu zeigen, welche hindernisse sich dem entgegenstellen, der zu seinem ziel die »wiedereroberung des körpers« ernannt hat, kurz: welchen formats es bedarf, wenn ein solcher existenzentwurf nicht durch die tragik des selbstmordes beschwert sein soll.
um nochmals auf ihre bemerkungen zu »jede wahre sprache ...« zurückzukommen, sei daran erinnert, daß immer sie es sind (als rezipient), der einem text eine bedeutung verleiht, eine ›message‹ etc., die nicht unbedingt mit meinen intentionen korrelieren muß. die differenz also zwischen dem, der den *tractus* gelesen hat und dem, der den *tractatus* liest (liegt nicht allein in dem mehr oder weniger von 2 buchstaben). wenngleich es auch bei wittgenstein lichtblicke, temporäre irritationen gibt: »ist mein verständnis nur blindheit gegen mein eigenes unverständnis? oft scheint es mir so./ wie, wenn etwas wirklich unerhörtes geschähe? wenn ich etwa sähe, wie häuser sich nach und nach ohne offenbare ursache in dampf verwandelten; wenn das vieh auf der wiese auf den köpfen stünde, lachte und *verständliche* worte redete.()/ das wissen gründet sich *am schluß* auf anerkennung. kann es dann nicht sein, daß ich mir einbilde, etwas zu wissen? ist es also so, daß ich gewisse autoritäten anerkennen muß, um überhaupt urteilen zu können?«
man kann annehmen, daß sich wittgenstein aus selbstschutz vor einem anwachsen dieser irritation, die ihm einen qualitativen sprung vom sinn

zum ›wahn‹-sinn gewährt hätte, in ein system hineinrettete, d. h. den prozeß, alles in frage zu stellen, irgendwann zum stillstand brachte. sie pochen so hartnäckig auf die sog. wirklichkeit und operieren zwecks der größe ›beweis‹ mit theorien, die als maßstab gänzlich ungeeignet sind, haben sie doch ihr wirklichkeitsbild schon wesentlich ein- und ausgerichtet ... und mit diesem ›bild‹ ihrer identität sozusagen ein korsett bereitgestellt.
(lösten sie sich von jenem allgemein verbindlichen ›bild‹, gäben sie ihre identität auf, ihre sprache würde eine andere.)
so konditioniert – die identität fortwährend durch kommunikationsflux gefestigt – hieße es die wirklichkeit überprüfen, indem man sich auf den kopf stellt oder ((sich)) dreht und wendet, auf daß das »wißbare, vorhersehbare« irgendwo herausspringt. ich sage: es ist das gestattete, das sie sehen. nicht »organisation hinter der sprache«, wie sie einmal schrieben, sondern absprache/vorschrift, die in der sprache bereits eingeschlossen ist. (was wir im augenblick tun, entspricht dieser erwünschten situation: sich über einen sinn verständigen, absprachen treffen, rede und antwort/zuhören und gehorchen ad. inf.)
ich bedarf absolut keines »teppichs«, auf dem meine eigenen füße stehen. den ›standpunkt‹ habe ich mir einverleibt, sinn und bedeutung liquidiert (verflüssigt), meine füße sind vielleicht eher ein teil des teppichs denn meines ›ich‹, die dinge kommen in bewegung – weil sie nur den gesetzen gehorchen, die ich ihnen unterstelle, nicht: die ich ›erkenne‹.
was wittgenstein widerstrebte war, daß erkenntnis auf anerkennung, d. h. auf glauben reduzierbar ist. [...]
21/9/76

ps. übrigens halte ich den »kuckuck« für disponiert, die bereits beleuchtete ›neue spiritualität‹ etwas genauer hinsichtlich der kommerziellen phänomene, des integrativen effektes und der hintergründe einer solchen tendenz zu untersuchen. vieles erinnert an artauds mexiko-vorträge (in: *die tarahumaras/revolutionäre botschaften*), die nun 40 jahre alt sind.

lieber horst lummert,
ich weiß nicht, warum die nachrichtenübermittlung zwischen uns in meinen augen so häufig ergebnisse à la ›stille post‹ hervorbringt – was ich gar nicht mal geringschätzen möchte, denn das nimmt dem diskurs die schwere, schlimmstenfalls wird er zum monolog.
ich zitierte aus wittgensteins »über gewißheit«, geschrieben zu dem zeitpunkt, als er wußte, daß er unheilbar an krebs erkrankt war. ich zi-

tierte jene notiz über die häuser und kühe als exemplarisch für seine neuerlichen zweifel nach dem ›geschlossenen system‹ »tractatus« und »wissenschaftl. untersuchungen«. während mich dieser wille, alles in frage zu stellen (oder wenigstens das nicht-ausschließen, daß alles anders sein könnte, die eigene sicht nur eine relation, eine übereinkunft ist) angenehm berührte, empfand ich das resümee (?) – im selben buch –, daß die prämisse des erkennen-könnens anerkennung von autoritäten sei... im gegensatz zu ihnen als ein trauriges.
glaube, autoritätshörigkeit, reduktion etc. bringen mich um alternative möglichkeiten, fixieren einen prozeß in unzulässiger weise.
sie haben recht, wenn sie das *wie* betonen. bloß glaube ich nicht an eine kontinuierliche progression – auf welchem gebiet es auch sei – noch daran, daß man etwas ›hinter sich lassen‹ könnte (wie einen abgetragenen anzug): es gibt wiederholungen, quantensprünge, der mensch ist halt kein baum, *das* sagt die wiedereroberung des körpers. beim absolutistischen einfachen bin ich noch nicht und ich sehne mich nicht danach.
14/10/76

lieber horst lummert,
danke für ihre zeilen vom 15. 10.
zunächst will ich ihre annahme zurückweisen, mein standpunkt sei der gewissermaßen astronomische: eine solche pseudowissenschaftliche arroganz treibt mich nicht dazu, gewisse fragen zu stellen.
unbestritten mag der glaube, daß etwas erkennbar sei, verbindlich für die sog. realitätsprüfung bleiben, nur ((be-))zweifle ich, daß letztere kommunizierbar ist. (sie stellen die wesentliche frage: welche autorität anerkennen? falsche oder richtige? nun behauptet wittgenstein, man müsse – um überhaupt *urteilen* zu können, bestimmte autoritäten anerkennen. das kriterium richtig/falsch ist für ihn inexistent, alles urteilen wird relativ.) das heranreichen mittels sprache an die wirklichkeit erweist sich als ein unding, sofern diese in ihrer sprachlichen repräsentation gegeben ist: wir unterhalten uns, auch hier, mit der sprache über sprache und nicht über die dinge an sich, das ›ganze‹. sie schreiben von der »forderung des ›heiligen geistes‹ menschlicher beziehungen ...« und davon, daß man jene nicht *befolge*. ist denn das sein ein sollen, ein gehorchensollen? ist die wirklichkeit etwa ein *rechtstitel* und nicht vielmehr das, was ich ihr zu unterstellen vermag, das sie sei.
ich kann mich nicht erinnern, alternativen dargestellt zu haben, weil ich – im gegensatz zu ihnen – nicht darüber zu entscheiden wage, was ›dem leben‹ oder gar dem ›leben der anderen dienlich ist‹; ich spreche für mich, stelle fragen – nichts weiter. diese eventualität der gefahren ›geistiger ausschweifung‹, auf welchen sie insistieren, vorsorglich den

finger heben – diese geste ist diejenige, die reformler aller disziplinen charakterisiert. der stil der politiker: keine einzige bewegung ohne explikationen, ohne argumentation und teleologie, ihren maßstab eichen sie am zweck; sie wollen überzeugen, mich beschwätzen ... fordern, daß ich mich ebenfalls erkläre, aufs wort höre, gehorche.
sie fragen, mit recht, warum diese fragestellung. meine wünsche sind so bescheiden, wie deren realisierung – und sei es nur eine temporäre – ein höchstmaß von energie verlangt. jene totale freiheit, von der sie schreiben, könnte mit dem abbau unserer steuerung von außen wie auch von innen beginnen, mit einem weniger an identität und identifikation ... indem man sich gegen die selbstverständlichkeit von kohärenz und kontinuität, sinn und bedeutung, gegen das unbezweifelbare, wissenschaftlich ›gesicherte‹ oder gar das ›natürliche‹ wendet – in dem bewußtsein, daß die kommunikation nicht bloß mein empfinden kanalisiert und limitiert, sondern auch meinen quasi materiellen, körperlichen zustand.
dies betrifft auch die krankheit, d. h. wie man sie empfindet → diese minimalen irritierungen, etwa bei leichtem fieber. ich beharre darauf, daß das corps social einerseits *die krankheit* schizophrenie produziert, nebst den zu kurierenden patienten/verbrecher ... andererseits aber der schizo eine souveräne entscheidung fällt, statt in den wahnsinn zu fallen.
k. jaspers nannte die schizophrenie als für das 20. jh. bezeichnend, sie fügen den krebs hinzu. artaud, der beides in sich vereint, vertrat auch die ansicht, daß bspw. die pest inkarniertes denken sei*.
den vater hassen heißt auch, die familiale triangulation abweisen.
»eine schreckliche, brodelnde revolte gegen jede art materieller oder geistiger unterdrückung schüttelte uns alle, als der surrealismus begann: vater, vaterland, religion, familie – es gab nichts, gegen das wir uns nicht in schmähungen** ergingen ...« (a. artaud).
herzliche grüße.
19/10/76

lieber horst lummert,
woran ich messe? an einer vielzahl von maßstäben, einschließlich derjenigen, die sich anscheinend gegenseitig ausschließen. nicht eine kurve über das zu messende legen, sondern eine schar von kurven, damit alles

---

* nicht zu verwechseln mit der »moralischen pest« des christen wilhelm reich, als der er sich z. b. in *the murder of christ* (n. y. 1974) zu erkennen gibt.
** ich teile nicht die ansicht, daß invektiven vor der bedingungslosen unterwerfung kämen. (30–12–76)

evidente, wahre, kohärente etc. aufhört entität zu sein. den sinn zu hinterfragen und zu analysieren, auf welchem gerüst er erbaut ist heißt: abzubilden, in welches nichts hinein er errichtet ist, ein nichts, das paradoxerweise law and order, wahrheit und wirklichkeit die basis stellt – eine solche, die allerdings dann mit physischer gewalt verteidigt wird.
wenn sie so wollen, bemüht sich die gesamte zeitgenössische kunst um den (empirischen) nachweis der autonomie des denkens. des bewußtseins. jedoch davon ausgehend, daß es selbst kommunikativ strukturiert ist – ›drückt sich‹ das denken doch in sprache (bildern, gesten etc.) ›aus‹.
das wird deutlich im urteilen, im messen: es ist ein sprachlicher prozeß, bei dem ein modell an ein anderes gehalten wird – objektivität wird zur phrase. (sie wird es nicht erst, sie ist eine.)
das obstakel scheint mir zu sein, daß sie in das revolutionäre der wahrheit vertrauen, während gerade sie es ist, die ich als hindernis empfinde, wo sie als entität auftritt.
daß das subjekt (das mit sich selbst identische s.), der individuelle bewußtseinszustand, die sexuelle identität usf. zu einem großen teil durch kommunikations-patterns strukturiert werden (nicht etwa biogenetisch) – auch das bemühe ich mich zu zeigen.
die familie als vorschule für das kind, seine sensoriellen empfindungen mit der kommunikation in übereinstimmung zu bringen, so die wahrnehmung nach der norm auszurichten: spracherwerb genannt.
ich fahre den gehaßten vater* nicht auf, um den ödipalisierten sohn darzustellen, wo doch gerade das werk artauds dazu beigetragen hat, mit dem mythos vom ödipus schluß zu machen, und jene interpretationshierarchien in frage zu stellen, die sich seiner bedienen.
die machtfrage stellt sich nur dem paranoiker, von denen einige geschichte gemacht haben. ich sagte es bereits in »jede wahre sprache...«: sich von diesem »kapitalismus des bewußtseins«** lösen bedeutete, sich von der struktur abzunabeln, die für das bewußtsein selbst konstitutiv ist. ich nannte dekonditionierung) was in der psychopathologie als dissoziation, identitätsverlust, wirklichkeitsverlust usw. diskreditiert wird. (was wenig attraktiv für den mit dem konsentierten ideal von geistiger gesundheit identifizierten sein wird: jener bedarf einer allgemein verbindlichen wirklichkeit, er bedarf der ordnung zur stütze seiner identität, er bedarf weiterer identifizierter individuen und einer allgemein verbindlichen sprache, mittels derer er das eine wie das andere perpetuiert ... ja, er braucht diesen ein für allemal – mit der spracherzie-

---

* in meinem text *artaud le mômo*, in: *jede wahre sprache ist unverständlich*, über a. artaud und andere texte zur sprache veränderten bewußtseins, münchen 1977, p. 74.
** er wird wirksam im identifizierten subjekt, das sich zu ›ich-selbst‹, zur kommunikation – und damit zu ordnung und staat – bekennt.

hung – ausgemessenen horizont*, um seine ziele durchsetzen zu können.
den typus, den ich in »jede wahre sprache …« skizziert habe, verbindet mit jenem nur das unverständnis, sie ›verstehen‹ sich nicht, weil dieser typus seinen eigenen gedanken, noch mehr aber den des anderen, mißtraut. das namenlose nomadische subjekt schließt den identifizierten typus zwar ein, doch nur, um sich von ihm zu emanzipieren. dagegen, auch gegen gewisse tendenzen in der body-art, nimmt sich vergleichsweise der feminismus in seiner paranoiden gestalt wie ein atavismus aus.)

übrigens: was wollen sie noch psychoanalysieren, wenn der wille zur macht schon durchscheint?

4/11/76

lieber horst lummert,
mir ging's in den letzten tagen so schlecht, daß ich ihnen erst heute schreiben kann.
was mich beim nomadentum besonders interessiert: das subjekt kommt in bewegung. das prozeßhafte dieser art von reise (kein plan, keine strategie, kein gepäck und keine karten!). und so gesehen ist arto **weiter** gegangen, sooo weit, daß wir heute mühe haben, seine route zu rekonstruieren. ich bin dabei, dies anhand des ›körpers ohne organe‹ zu tun, der nur ein anderes bild für nomadentum darstellt – obwohl eines seiner merkmale gerade das nicht-repräsentative, a-symbolische ist. es gibt dabei nichts von entfremdung (weil entfremdung identifikation voraussetzt, ein fixiertes ich) oder askese (was schuldgefühle voraussetzt; und schließlich ist arto ja kein mystiker, der die **einheit** – von was auch immer – sucht) oder einsamkeit (in der fremde), wenn einsamkeit die furcht ist, daß dieses ich-selbst in die brüche geht, auf der strecke bleibt. wer solcherart das verlassensein flieht, bedarf des dialogs zwecks reinforcement seiner identität, er sucht konsens und kollektiv, dabei eine fiktion gegen eine andere vertauschend.
nicht so das nomadische, mobile subjekt: es ist kollektiv (selbst wenn es isoliert sein mag), kann sich temporär mit allem möglichen identifizieren. sie haben übrigens reise und nomadentum ganz richtig verstan-

---

* sehr anschaulich bei malbüchern für kinder, wo die bilder bloß noch eingefärbt werden müssen. die spracherziehung richtet, in analogie zu diesen vorlagen, das bewußtsein aus, verlegt diese images nach innen. ein solcher mensch lebt in bildern, die generationen vor ihm entworfen haben, gestattet bleibt ihm die nuancierung der farben.
doch es gibt augenblicke des exzesses, es gibt die ›kunst‹, wirkliche mutanten, denen nidentitäten, ngeschlechter, nseh- und ausdrucksweisen zur wahl bereit stehen …

den. die wichtigsten reisen sind für mich die des bewußtseins. natürlich flippt der eine oder andere dabei aus: die revolutionäre maschine ›körper ohne organe‹ kann in gewissen phasen zu einer faschistischen, paranoischen, mystischen, selbstdestruktiven werden (und einige dieser phasen glaube ich auch bei artaud gezeigt zu haben). alles eine frage der dosierung.
emanzipation der »biene aus dem bienenstock«, wenn der staat funktioniert – und funktioniert er denn, oder ist er bloß ein unentdecktes karzinom?
die antwort fällt mir bei dieser fragestellung leicht: aufhören zu funktionieren, aufhören sich organisieren zu lassen, ein organismus zu sein (= der organlose körper). keine funktion mehr sein, sich der identität entledigen, schizophrene politesse statt radikalismus ... auch: in sich selbst den sozius, polizisten, imperator usf. entdecken und in die wüste schicken. ich wiederhole es nur noch 1x und nicht wieder: mir stellt sich die machtfrage nicht, wohl aber den emanzipatoren.

artaud kehrte – zwar auf ›umwegen‹, eine tour benutzend – vor allem deshalb zurück, denke ich, da er ja nicht aufgebrochen war, weil es in frankreich keinen platz für ihn gab, um etwas zu fliehen also; sondern weil er schriftsteller und dichter war (und kein novize oder agrarier, für den es attraktiver gewesen wäre, sich in mexiko oder tibet zu vergraben und den mund zu halten). ihnen, horst lummert, fällt außer askese, entfremdung und flucht aufs land nichts besseres ein, obwohl wir den glauben an asketen, märtyrer und heilige längst aufgegeben haben sollten ... wie andere mythen auch. und ich glaube, artaud kehrte nach paris zurück, um die leute zu ermutigen, sich von diesen mythen zu entlausen – die nicht zuletzt zwei weltkriege ermöglicht hatten und noch immer den ›kapitalismus des bewußtseins‹ (materiell, körperlich) möglich machen. eine seiner letzten arbeiten hieß »pour en finir avec le jugement de dieu« – welche ich mich bemühe, hier als radiofonische demonstration zu realisieren – was nichts anderes sagen will, als daß es für den sozius gelte, sich vom corps social zu befreien, daß wir genug haben von aller triangulation, ödipalisierung, kreuzigung, neurotisierung und vom ungeteilten subjekt des bewußtseins ... und daß jeder genügend mexikos in sich vereint, um nicht die städte verlassen zu müssen. –
genug. ich beginne zu denken wie ein flittchen.
6/12/76

ps. ich wehre mich gegen den begriff emanzipation immer dann, wenn die emanzipatoren ganze programme hinter dem rücken verbergen, während sie noch von emanzipation reden.
sie sehen das auch, diese inflation solcher worte, und man sollte deshalb

»neue identität« vorsichtig in anführungszeichen schreiben, überhaupt eine vielzahl von lemmata für ein und dasselbe gebrauchen (körper ohne organe/ bewußtlose identität/ namenlosigkeit/ nomadentum/ die unverständliche sprache usw.).
schließlich sollte man nicht alles als regression interpretieren, es kann auch eine mutation sein ... im übrigen aber nicht zu deutlich, zu planvoll sein und bei gelegenheit handeln. – [...]

lieber horst lummert,
ich lehne es ab, auf geistlosigkeiten à la rolf schütt* zu antworten.
die ideologische, rationalsozialistische brille macht seine »intervention« blind für meine wesentlichsten gedanken [in *jede wahre sprache*...]; einmal mehr wird im namen der wahrheit das interdikt gerechtfertigt, indem man in polemischer absicht einen erkenntnistheoretischen ansatz à la lettre nimmt und zu imperativen (der form »*soll* der schriftsteller wirklich wie ein verrückter schreiben?«) transformiert.
noch einmal: wahnsinn definiert etwas, das nicht existiert, es sei denn in seiner beschreibung; nicht minder generieren erst verbot und ausschließung den wahnsinnigen, dessen klinische gestalt die dominanz der sog. normalen, geistesgesunden sichert: und mit ihnen die herrschaft eines sprachabhängigen wahns, der dinge wie identität, sinn, kohärenz etc. stiftet, ordnungen auf einem nichts zu errichten gestattet. ich betrachte folglich schizofrenie weder als krankheit noch als restitutionsversuch, sondern als ausdruck der unzufriedenheit mit dem derzeitigen »kapitalismus des bewußtseins«, welcher den freien menschen alieniert, zum sozius reduziert. diese erkenntnis (und die konsequenzen daraus) ist keineswegs das privileg des schizos, zweifellos aber dasjenige einer intelligenz, der es von zeit zu zeit gelingt, sich über die beschränktheiten dualistischer logik zu erheben. ein kurzschluß stellt die forderung dar, derjenige müsse ebenfalls schizofren sein, der über schizofrenie befindet: die unsinnigkeit solchen denkens tritt ans tageslicht, wenn man sich vor augen hält, auf welche weise schizo wie schizofrenie produziert werden (s. o.), wenn man diese forderung auf andere bereiche (z. b. krebs oder tod) transponiert.
das schizofrenesische bringt ›unverständliche‹ zeichensysteme in umlauf, es kennt sogar asignifikante zustände: daß es sich der reterritorialisierung (auf *eine* sinnträchtige einheit oder vielheit) widersetzt, das macht es zu einer gefahr für den konsensus. ich nenne den schizo insofern einen

---

* *soll der schriftsteller wirklich wie ein verrückter schreiben?* in: *kuckuck* nr. 13/14 (1977).

dichter, als er unberechenbar ist, eine sprache handhabt, die das »denken uneben« macht.

wie sehr muß einer frei strömende energien, das unberechenbare – und nicht zuletzt seine eigenen fantasien und wünsche, sein unbewußtes – fürchten, wenn er die affirmation ihrer freisetzung als faschistisch denunziert. unglaubwürdig sind m. e. leute, für die faschismus immer nur derjenige der anderen ist.

14/5/77

[...]

jede wahre Sprache
ist unverständlich

jede wahre sprache ist unverständlich sagt antonin artaud, und ich stimme ihm zu: alles geschriebene ist schweinerei. mein mißtrauen einer sprache gegenüber, die mühelos verständigung, einverständnis über einen gegenstand bei den dialogpartnern erzeugt, einer sprache gegenüber, die sofort ganz bestimmte bilder und empfindungen im bewußtsein des perzipienten abberuft: keine anderen als die, welche der expedient zu evozieren hofft ... rechtfertigt, daß ich wiederhole: jede authentische, jede wirkliche sprache ist kommunikation!

»mein denken, wenn ich etwas zu sagen oder zu schreiben hatte, war das, was mir am meisten verweigert war.« erziehung ist in erster linie sprach-erziehung, ich meine, ausrichtung der apperzeption und darauf aufbauend konditionierung des verhaltens. sinnliche erfahrung, unmittelbare wahrnehmung ist uns seit unserer erziehung zum sprachbürger verwehrt, ich denke nur an die willkür des farbenalfabets. bloß idealisten können von einem vorsprachlichen bereich träumen, wo dem perzipienten eine vielzahl von freiheitsgraden zur verfügung stehen. und welche vorsprachlichen, rein sensoriellen wahrnehmungen kann ich denn machen? fällt, wenn ich eine farbe als farbe und niemals als geruch oder geschmack identifiziere, eine temperatur subjektiv als positiven (angenehmen) oder negativen (unangenehmen) reiz definiere, und nicht als eine besondere art von schallwellen ... nicht unter das sprachdiktat?

die entscheidende erfahrung des schriftstellers ist, sich um die illusion eines privaten, individuellen, dem willen unterstehenden denkens beraubt zu wissen. »mir fehlt die übereinstimmung der worte mit den jeweiligen augenblicken meiner zustände.« die kommunikation ist für die konstruktion von wirklichkeit konstitutiv. sie initiiert die ausrichtung des bewußtseins, d. h. die vorprägung der wahrnehmungskanäle. die materielle realität spiegelt sich im denken wider und determiniert dieses, sagen die marxisten. das denken sei folglich selbst materielle realität. zur widerspiegelung oder abbildung gehören: das abzubildende, der abbildungsmechanismus, das abbild und der kommunikative konsens, welcher das abbild zum modell des abzubildenden erklärt. »zum bild gehört die abbildende beziehung, die es zum bild macht.«[1] die materielle realität, das abzubildende oder das wirkliche ist uns durch die konstruktion des abbildenden apparates unzugänglich.

welche prozesse sind für dieses unvermögen, sind für diese konditionierung verantwortlich? wem oder was ist die adjustierung des bewußtseins zuzuschreiben? soviel nur zur kommunikativen sprache, zum kompatiblen: wenn die normale sprache oberstes kontrollinstrument des bewußtseins ist, dann ist der normative sprachgebrauch reinforcement dieser kontrolle. es erübrigt sich fast, nocheinmal auf die affirmative funktion des geschriebenen hinzuweisen, sofern es verdoppelung (einer verdoppelung) und reproduktion und naturalistische widerspiegelung, d. h. verständlich ist und sich gerade noch mit sinn beladen läßt. nach den wenig befriedigenden experimenten in der avantgardistischen dichtung beginnt sich eine textur abzuzeichnen, die gegenüber der verbalen sprache auf den ersten blick von vorteil ist: die körpersprache oder bodylanguage. sie könnte allen anforderungen einer schizofrenieähnlichen privatsprache genügen, würde sie integraler bestandteil alltäglichen ausdrucksbedürfnisses – ohne sich jedoch jemals dem sinnzwang zu beugen oder sich mit dem utilitaristischen austausch von nachrichten zu kompromittieren. ist aber die körpersprache (gestik, körperhaltung, grimassieren, tanz etc.) in jedem fall garant authentischen ausdrucks? erfüllt er, der körper, als perzipient die forderung nach unverfälschter (wirklicher), nicht durch das filter der sprache gegangener empfindung? oder ist die *wirklichkeit* noch nicht konstruiert, »weil die wirklichen organe des menschlichen körpers noch nicht zusammengesetzt sind« und der körper erst, wie artaud es wollte, neu aufgebaut werden muß nach meinem willen?

»wenn man mir von irgendetwas sagt, es sei wahr, frage ich mich immer, welches wahre da gemeint sein könnte und inwieweit nicht der begriff, den man von einem begrenzten und objektiven wahren haben kann, das andere überdeckt, das hartnäckig aller einkreisung, aller eingrenzung, aller lokalisierung sich entzieht, und das sich letztlich dem entzieht, was man das reale nennt.« ist aber das reale, das wirkliche nicht die sprache selbst? als durch konvention fixiertes system von expressiven zeichen definiert, umschreibt sie eine (durch konvention errichtete) wirklichkeit, die fiktiv ist und hinter der wir mit recht eine zweite und dritte und vierte vermuten.
das geschriebene als abbild sagt nicht zwangsläufig etwas über die eigenschaften des abzubildenden aus, sondern lediglich etwas über den ›stand der kommunikation‹, über den mechanismus der abbildung.

die forderung der entgrenzung heißt: »keine werke, keine sprache, kein wort, kein geist, nichts«.
ich mache mir *mein* bild von der welt, das abbilden überlasse ich den funktionären. und »daß diese welt *meine* welt ist, das zeigt sich darin, daß die grenzen *der* sprache (der sprache, die allein ich verstehe) die

grenzen *meiner* welt bedeuten«[2]. oder: jede wahre, jede wirkliche sprache muß dann unverständlich sein, wenn ich – die gestatteten, bekannten grenzen dessen überschreitend, was als wahr gilt – in ›meine welt‹ eintauche und somit das inkommunikable berühre.
die mittel des schriftstellers sind untauglich dazu, utopien abzubilden oder gar zu erzeugen. er kann sie nicht einmal denken, bestenfalls projektiv erfassen, denn er hält überlieferte vorstellungen an diese zweite, ›andere realität‹ und wird sie mit bausteinen der bestehenden interpretieren. der rezipient erfährt etwas über das interpretationssystem des schriftstellers, er kann ablesen, welche vorstellungen dieser an l'autre monde herangeführt hat, er kann auf den maßstab dieses schriftstellers schließen, utopia selbst bleibt ihm allerdings weiterhin fremd.

»die politischen implikationen der literaturästhetik werden darin gesehen, daß bestimmte merkmale von texten, durch die ›neuartige‹ wahrnehmungen erfahrbar werden, unter gewissen bedingungen die kognitiven charakteristika der rezipienten affizieren, und zwar in einer weise, durch die das problematisieren historisch-gesellschaftlicher phänomene sichtbar wird.«[3] das selektionsprinzip, reflex des sendungsbewußtseins und des pädagogischen selbstverständnisses des ignoranten, erzeugt fortlaufend analogien und geschlossene kreisläufe auch dort, wo es keine kohärenz gibt. der ruf nach der verfremdung, die eine veränderung der seh- und denkgewohnheiten einleiten soll, ähnelt dem versuch, die realität dadurch zu überlisten, indem ich eine kopie des ›originals‹ herstelle, diese kopie wiederum kopiere usw., und die kopie der kopien ›das prinzipiell andere‹ nenne. das resultat dieses kunstgriffs ist ein dürftiges: es verweist allein auf die optik des schreibenden betrachters, ist ausdruck der kapazität und der art der justierung seines wahrnehmungsapparates, keinesfalls ›die sache an sich‹. die kopie ist durch den mechanismus des kopierens determiniert.
abstand von den sprachingenieuren und den im fache der poesie dilettierenden linguisten!

---

der schriftsteller wird wie ein schizofrener sein, oder er wird nicht sein.
der schriftsteller, der wie ein schizo ist, ist der vorsätzlich delirierende, der sich von sinn und bedeutung emanzipiert hat. und er sagt scheiße! zum geist, scheiße! zu einem denken, das nicht das seinige ist und das sich im kreis bewegt, ein netz aus syllogismen strickend. denken, mit dem er sich nicht mehr identifiziert, und das nicht existiert, entziehe ich ihm die sprachmatrize. denn »das denkende, vorstellende subjekt gibt es nicht«[4]. dieser typus zerhaut die regeln, verhöhnt sie und gebraucht die sprache, welche sich als solche noch zu erkennen gibt, wie ein schizofrener. er ist der antipode des wiederkäuenden poheten, zugleich

aber der eigentliche dichter: seine potenz liegt darin, veränderte vorstellungen gleich viruskulturen herstellen und verbreiten zu können – nicht, um eine neue disziplin zu gründen, sondern um sie, sollte sie sich irgendwo bilden, durch etwas zu ersetzen, das diese disziplin daran hindert, sich durch- und abzusetzen.

jede dekonditionierung des bewußtseins könnte damit beginnen, die täglichen nachrichten als science-fiction, die stützpfeiler europäischen denkens einmal als ›große schizofrene‹ (zugleich aber auch als verhinderte) zu ›lesen‹. dieser universumstulp kommt nicht um die notwendigkeit herum, das genre zu fliehen, den kontext zu sprengen.

... ein prozeß, der die kontinuierliche lösung von bindungen zum ziel hat, ein prozeß der delokalisation, unter dem das gedankengut unseres jahrhunderts als das zutodegedruckte aus dem regal kippt. wir haben uns vorgenommen, dir die »fragilität deiner gedanken klarzumachen und auf welch unsicherem grund, über welchen kellern deine schwankenden häuser ruhen« [5].

die angestrebte dekonditionierung der rezeptorvorgänge per e-meter, wie es burroughs propagiert, führt m. e. direkt in den staat zurück. die klinisch angewandte biofeedback-methode ist ja nicht training zur eliminierung, zum ›verlernen‹ *aller* verhaltensautomatismen, sondern derjenigen, die krank machen. nicht zum zwecke reibungsloseren sozialverkehrs gebraucht, könnte das e-meter allerdings ein werkzeug sein, um die außensteuerung durch eine von innen abzulösen.
unzweideutiger, wenngleich noch utopie, sind jene strategien, die mit hilfe von tonbändern, hirnwellensendern und holografischen projektionen die versklavten sprachbürger irritieren und ganze stadtviertel von der verordneten wirklichkeit entlausen wollen.
(ich denke aber weniger an einen künstler vom typ sender, der stellvertretend für alle die weichen stellt und die richtung anzeigt, während er selbst *funktionabel* bleibt. hier ist die rede von jenem schizofrenen, der seine schizofrenie im griff hat, sie bewußt gegen sinn und vernunft ausspielt, aber dennoch keine funktion erfüllt.)

es muß endlich einmal mit der vorstellung schluß gemacht werden, daß es eine durch ›das recht verteidigte‹ sprachwirklichkeit gibt. wer glaubt, diese hierarchie durch das mittel der sprache unterminieren zu können, geht in die irre. jene sprechen davon, die fiktive wirklichkeit dadurch abzuschaffen, indem sie die sprache destruieren.
ich spreche von einem prozeß der bewußtseinsveränderung (wenngleich auch der begriff ambivalente assoziationen sprühen läßt: zu praktiken nämlich, die training zur besseren anpassung ans gegebene sind). die ›tatsachen‹ bleiben unerschütterliche größen, solange ich jagd

auf formen externer herrschaft mache. überschreitung und schizofrenie heißt nicht regression; »sie hebt das verbot auf, ohne es zu unterdrücken«[6]. eine art bruch zwischen bewußtsein und kommunikation zugunsten der erfahrung, des empfindungsspektrums: die entitäten werden bedeutungslos, wenn es nur noch entitäten gibt. ich kann mich zwar nicht mehr ›verständlich‹ machen, verstehe mich aber um so besser.

die freie meinungsäußerung steht nur so lange unter naturschutz, wie man sich einer kompatiblen sprache bedient. unter diesen bedingungen habe *ich* nichts zu sagen. nicht zuletzt deshalb wäre eine subversion der sprachdiktatur durch ver-rückte wünschenswert. so gern wir auch verneinen und die aktion verbaler kraftmeierei vorziehen werden: die entgrenzung (transgression) muß das kleid des opportunismus tragen. eine gewerkschaft zwecks rehabilitierung der verrückten zu gründen wäre – vergleichsweise – das falsche mittel.

»man kann seine (eigene) sprache erfinden, und seine sprache in einem sinn gebrauchen, der jenseits der grammatik liegt, aber es ist nötig, daß dieser sinn für sich genommen gültig ist...« artaud contra nietzsche: »es steht nicht in unserem belieben, unser ausdrucksmittel zu verändern (...) die forderung einer *adäquaten ausdrucksweise* ist *unsinnig*. es liegt im wesen einer sprache, eines ausdrucksmittels, eine bloße *relation* auszudrücken...«[7]

universumstulp und bewußtseinserweiterung (um die dimension der unvernunft, des wahns) als mittel zur heilung von metaphysischen spekulationen, und als ein abstandnehmen vom ich-ideal, von der identität.
es gibt kein subjekt, keine fakten, keine tatsachen, aber es gibt das körper-ich als zeichen im dschungel von zeichen. und dieses ich oszilliert, es bewegt sich.
ich stimme gegen *die* sprache, die diejenigen, denen sie richtschnur ist, abrichtet.
(die wahre, wirkliche und unverständliche sprache begreife ich nicht als negation der unwirklichen, offiziellen und verständlichen sprache: die eine steht zur anderen nicht in einem verhältnis von richtig zu falsch.)

jede subversion der sprache durch das mittel der sprache kommt ihrer aufwertung gleich. was über die sprache hinausgeht, ›das prinzipiell andere‹, darüber kann ich weder sprechen noch schreiben. doch »die unangemessenheit jeder rede muß wenigstens zur sprache gebracht werden.«[8]

juli 1975

literatur

[1] wittgenstein, l., *tractatus logico-philosophicus*, frankfurt 1960, 2. 1513.
[2] ders., a. a. o., 5. 62.
[3] transformierung eines satzes von c. rittelmeyer: *thesen zum thema ›politische implikationen der film-ästhetik‹;* in: *werner nekes, 1966–1973, eine dokumentation*, bochum 1974.
[4] wittgenstein, a. a. o., 5. 631; in seinen *notebooks, 1914–1916* (new york 1961, 5. 8. 16) hieß es noch: »das vorstellende subjekt ist wohl leerer wahn. das wollende subjekt aber gibt es«.
[5] vgl. die artaud zugeschriebene ›*erklärung vom 27. januar 1925*‹; in: nadeau, m., *geschichte des surrealismus*, reinbek 1965.
[6] bataille, g., *l'érotisme*, paris 1957.
[7] nietzsche, f., *werke*, bd. 3, münchen 1969.
[8] bataille, g., *conférences sur le non-savoir;* in: *tel quel* nr. 10 (1962).

impotenz als tugend

rolf schütt wäre nicht der erste, dem die proskynese vor der psychoanalyse – und zwar der vorgestrigen von general freud – aporien der folgenden art einhandelte: »nicht umsonst erinnert die tintenfeder des autors ans pissende zeugungsorgan. nicht abwegig auch der feminine gebärneid des literaten ....«[1] was hänschen! wie verhält es sich dann bei den schriftstellerinnen, die im rahmen solch platter theoreme keine andere motivation haben dürften als penisneid? daß ich nicht lache.
»allmachtsphantasie(n) vor dem jungfräulichen stück papier« scheinen eine spezialität von »sonntagsschriftsteller(n)«[2] zu sein, deren fantasietätigkeit auf dem papier beginnt und endet.
ohne auf schütts feindseligkeiten aus frustration und unverständnis in seinem aufsatz[3] eingehen zu wollen, nötigt mich der gleiche, von ignoranz zeugende unverschämte ton, den er gegenüber karl kollmann anschlägt[4], um ihn politisch zu diffamieren, zur näheren betrachtung einer allergie, welche für leute wie schütt symptomatisch ist.
mehr als überheblich wirkt schütts gestus, mit dem er kollmann eine »auseinandersetzung vor dem gemeinsamen gegner«[5] konzedieren will – ich bezweifle stark, daß letzterem an der vertretung seiner sache durch einen wichtel wie schütt liegt.
seine moralisierende belehrung über das erpresserische des suizids[5] hätte er sich ersparen können. kollmann droht nicht billigerweise mit dem suizid, der niemals aus freien stücken erfolgt, er sagt vielmehr, daß der tod den betrug der wirklichkeit enthüllt und daß einer, der den tod seinen berater nennt, die fragen anders stellt.
schütt unterliegt einem irrtum, wenn er unterstellt, kollmann bitte »um unser verständnis«[6]: es besteht absolut keine notwendigkeit, daß wir uns verstehen. uns interessiert der bruch, nicht das fortleben des despotischen signifikanten und, im besonderen falle des schizo, daß dieser dekodiert und deterritorialisiert. schütt fordert präzisierung[7] dort, wo sie unangebracht ist. wenn karl kollmann von einem »eigenen denk- und wahrnehmungssystem oder dem subjektiven auseinanderfallen aller ordnung« spricht, meint er damit, daß das innere geschwätz aufzuhören habe und mit ihm die aufrechterhaltung der sanktionierten realität; von bewußtseinsveränderung, genauer: emanzipation des bewußtseins von der sprache[8] war die rede (nicht von einem »heilmittel«, wie schütt glaubt), also von einer persönlichkeitswandlung, an deren äußerster grenze suspendierung von identität – bewußtlose identität – steht.
»er ((kollmann)) will den endlosen zirkel von rede und widerrede auch

nicht durch handeln unterbrechen«[4] und darauf – wie auf kollmanns absage an den altruismus – reagiert schütt allergisch, weil er einerseits nicht einsieht, daß alles handeln alternativen erkenntnissen den weg versperrt, weil er offenbar dem primat der aktion vor dem wort verpflichtet zu sein scheint und weil er letztlich opportunismus mit anpassung verwechselt: »vor diesem stolzen verstummen () haben obstruktive künstler, kritiker und irre eines gemeinsam: sie machen das spiel mit, das sie kritisieren und dessen regeln sie analysieren und – indem sie es angreifen«[6].

ein paralogismus stellt die behauptung dar, »karl kollmann will sich selbst verändern, um die welt nicht mitverändern zu müssen«[6], desgleichen die platitüde, daß der »wahnkranke« die »realität in gedanken« verändere. davon abgesehen, daß von der klinischen entität des wahnkranken, an der schütt festhält, bei uns nicht mehr länger die rede war, muß man nicht opfer von allmachtsfantasien sein, um zu begreifen, daß der ausgang eines schachspiels davon abhängt, *wie* einer sieht bzw. gesehen hat, oder daß die beschleunigung und in der folge davon: linearität die wahrnehmung umstülpt. soll heißen: die wirklichkeit ist uns nur in ihrer abbildung gegeben und die wahrnehmung der wirklichkeit selbst wird u. a. determiniert durch die mit der kommunikation in übereinstimmung gebrachten sinnesempfindungen oder, um schütt zu zitieren: »das pralle unmittelbare leben ist doch nun einmal direkt nicht zu haben«[9]. deshalb kann ich es nur als boshaftigkeit betrachten, wenn schütt bewußtseinsveränderung obstinat mit regression ins »familiäre, private, intime, imaginäre«[6] gleichsetzt. »jede flucht ist erlaubt«[6], danke! doch nicht kollmann flieht, er läßt fliehen: ströme, die ausdruck des wunsches sind und die den ›apparat‹ unterlaufen, der auf ihre domestikation, organisation, reglementierung und kanalisierung spannt. kollmann und ich streben keineswegs an, »je herr im haus der eigenen haut zu werden«[7], wir verabscheuen die atmosfäre familiärer intimität von häusern ebenso wie identität und identifikation, wir ziehen es vor, mobil zu bleiben, ohne jemals unsere ziele und zwecke bekanntzugeben.

kollmann empfiehlt schütt und allen, die ihm ähneln, nicht naiverweise mehr »fühlungnahme mit dem leben«[7], er fordert ihn dagegen auf, sich zuallererst selbst zu entblößen statt sein bewußtsein jeweils auszuklammern, sobald er sich in referenzsysteme (noch dazu die verstaubtesten) hineinrettet, mittels derer er objektivität vorzuspiegeln sich bemüht.

außerdem geht es nicht um das »unmittelbare gefühl«[7], sondern um das immanente, unbewußte leben, das leben des unbewußten, das an keinem ende welcher vermittlung auch immer steht, das aber präsent ist als potentielle gefahr für all jene reformler, denen die sozialisation der wirklichkeit immer noch unzureichend vorkommt, so daß sie für »aufklärung, schaffung der systembedingungen für alllgemeinen und chancengleichen teilnahmezugang zu diesen reflexiven diskursen ...«[7] plädieren. nicht allein, daß reformen den status quo untermauern – der allgemeine und chancengleiche teilnahmezugang setzte den stil der sekundärkunst, konventionelle ausdrucksmittel voraus, prämisse wäre ›verständlichkeit‹ um den preis reaktionärer kunst. in meinen augen gibt es kaum etwas idiotischeres als reflexion wie sie schütt betreibt, als unermüdliches zurückführen nämlich auf den »inzestuös-vatermörderischen ödipus im künstler«[7], ödipus, den zu heiraten wir schütt anraten, denn wir haben von ödipus-komplex, kastration, ich, es, über-ich etc., etc., der terminologie orthodoxer psychoanalyse die schnauze voll. sie macht uns gähnen!

»verdrängung erzeugt angst«[7] und vice versa; »wer diese spannung nicht aushält, ist zur regression verhalten ...«[9] doziert schütt – vermutlich auf eigene erfahrungen gestützt –, die flucht nach vorne in die selbstbeherrschung antretend: »wie kann ein ich sich seinen eigensten triebwünschen relativ angstfrei hingeben, ohne reflexiv seiner selbst ein wenig mächtig zu sein?«[9] die als disziplinierungsmittel universell angewandte angst in lust zu verwandeln – auf den gedanken kommt schütt nicht bzw. er versagt ihn sich, eine perversion witternd, noch sieht er, daß er mit seinem ›ich‹ im gepäck niemals den mond erreichen wird. kollmann warf schütt, mit recht, eiskalte distanz vor, d. h. zugleich unfähigkeit zu partizipation und unvermögen, sich selbst ins spiel zu bringen, in frage zu stellen. (kollmann entwickelt seine ästhetischen kriterien anhand des beweglichen subjekts, nicht der werke. übrigens eine ästhetik der willkür und unberechenbarkeit.) der stil der avantgarde ist gewiß derjenige, der früher oder später vereinnahmt wird und uns liegt an dem titel nicht, sei es: »die politik verhindert, die kultur der zukunft vorauszusehen. folglich hat die avantgarde der heutigen zeit und in der westlichen gesellschaft eine begrenzte aufgabe: beseitigen und theoretisieren, was sie tut«[10]. dies nur der »doppelten negation«[6], diesem black-out der logik, entgegengehalten, die banalerweise eine einfache affirmation ist, keine doppelte.

»eigentlich kann ich nur hoffen, daß meine replik nur in den punkten brauchbar ist, wo sie mißlungen ist.«[9] in diesem sinne darf man rolf schütt vollkommene brauchbarkeit seiner ausführungen bestätigen, doch mir sind leute suspekt, die impotenz zur tugend erheben.

18. august 1977

anmerkungen

[1] schütt, r.: literatur und psychoanalyse. *kuckuck* 13/14, 1977, p. 4
[2] schütt, r.: soll der schriftsteller wirklich wie ein verrückter schreiben? *kuckuck* 13/14, 1977, p. 57, 56
[3] schütt, r.: (2)
[4] schütt, r.: leben oder schreiben wie ein verrückter? versuch einer antwort auf karl kollmanns ›anmerkungen‹. im folgenden aus dem manuskript zitiert.
[5] schütt, r.: (4) p. 1.
[6] schütt, r.: (4) p. 2.
[7] schütt, r.: (4) p. 3.
[8] als dem subjekt der herrschaft.
[9] schütt, r.: (4) p. 4.
[10] roland barthes in einem interview mit claude jannoud (*le figaro littéraire*, 27-7-1974).

thomas bernhard spielt sich selbst
oder
der dichter als autobiograph

ein interview

> was wir denken, ist *nach*gedacht,
> was wir empfinden, ist chaotisch,
> was wir sind, ist unklar.
> *thomas bernhard*

herr bernhard: können sie mir etwas über ihre kindheit berichten, über ihre familie ... wie sind sie aufgewachsen und unter welchen umständen?

»meine mutter hat mich weggegeben. ich bin in holland, in rotterdam auf einem fischkutter gelegen ein jahr lang bei einer frau. meine mutter hat mich alle drei, vier wochen dort besucht. ich war ein jahr alt, wir sind nach wien. die großeltern (mutter und vater sind mir unbekannt) unterrichteten mich, großvater in den philosophischen fächern, in den übrigen meine großmutter, wenn ich nicht auf dem hof bin. ich werde eingeführt in die naturwissenschaft, in die geisteswissenschaften. mich unterrichtet kein montaigne, kein pascal, kein schopenhauer, namen, die ich oft höre. ich lese nicht, aber ich höre, *wie es ist*. aber meine intelligenz ist mir jetzt im weg, wie ich jetzt weiß. ich bin gut in geographie und geschichte und liebe die mathematik, was meine vorliebe für die musik erklärt. aber ›das symphonische‹ wird, wo ich jetzt aufgeklärt werden will, verabscheut.«

verstehen sie ihre existenz als konsequente fortsetzung der existenzen ihrer vorfahren?

»ein zusammenhang meiner großen familie, als deren schreibender ableger ich mich empfinde, ist die verachtung. was ihnen fehlt, ist die dummheit, die das leben erträglich macht. sie führen, bis sie es – wie in der hälfte der fälle – selber wegwerfen, abtöten oder durch die fähigkeit praktizierten genusses am erbärmlichen dasein in einen natürlichen tod hinein mit leidenschaftlicher intelligenz beschleunigen, alles in allem jeder für sich ein mehr oder weniger bewundertes aber *unerträgliches* leben. einer ist in einen lichtschacht gesprungen, der andere hat sich eine kugel in den kopf gejagt, der dritte ist mit dem auto einfach in den fluß hineingefahren. nach dem grundsatz: unerträglich ist alles durch den tod, dem einzigen, dem kein mensch widersprechen kann, haben sie sich vernichtet, vernichten sie sich.«

welche eindrücke haben sie vom krieg noch in erinnerung?

»die kindheit ist in das größte politische dilemma der geschichte eingeschlossen. abwechselnd gehe ich aus der hölle der stadt in die hölle des internats. jede nacht bin ich im schlafsaal wie in einem trüben stinkenden faulen menschheitswasser ertrunken. ich bin zum violinspiel gezwungen. der krieg wird zu einem immer lauteren, rücksichtsloseren geräusch. aber ich bin in der obhut der montaigne, pascal, goethe. am ende, der krieg ist aus, du bist vierzehn, begegnest du deiner mutter, einer schönen frau, das siehst du erst jetzt. heute sind alle tot, die ich erwähnt habe.«

herr bernhard, sie waren eine zeitlang gerichtsreporter, sie haben eine kaufmännische lehre durchlaufen, sie haben alle musischen fächer studiert: wie erklären sie sich diese oszillationen?

»verständlichmachen ist unmöglich, das gibt es nicht. zwei brauchbare schulen: das alleinsein, das abgeschnittensein ... dann das fortgesetzte mißtrauen. in der studienzeit völlig allein. man hat einen banknachbarn und ist allein. ich hab' sehr früh zeichenunterricht genommen, ich hab' musikästhetik und ein instrument nach dem anderen studiert, und weil es mir aber *zu leicht* gefallen ist, hab' ich das alles aufgegeben. dann hätt' ich schauspieler werden können, ich hab' viel gespielt, vorallem komische rollen, regie geführt. ich hätte den weg des fleischhauers oder den weg des sägewerkers oder den weg des pfarrers oder den weg des gemeinen verbrechers gehen können, aber nichts davon, leider, ich bin alles zusammen, mehr oder weniger theoretisch die spekulation selbst, daß ich alle und alles *bin.*«

können sie mir von ihren schriftstellerischen anfängen berichten, seit wann schreiben sie?

»ganz früh hab' ich – so bis siebzehn, achtzehn jahre – hab' ich nichts so gehaßt wie bücher, ich hab' bei meinem großvater gelebt, der hat geschrieben, und es war eine riesige bibliothek da. ich bin dann mit achtzehn in ein sanatorium ... monatelang dort gelegen im hochgebirge. und dort hab' ich einfach papier und bleistift genommen, mir notizen gemacht und den haß gegen bücher und schreiben und bleistift und feder durch schreiben überwunden, und das ist sicher die ursache allen übels, mit dem ich jetzt fertig zu werden hab'.«

thomas bernhard, unter welchen arbeitsbedingungen schreiben sie heute?

»man geht zurück aufs land, man zieht sich auf einen hof zurück, man macht die tore zu, wie ich – und das oft tagelang – bleibt abgeschlossen und das immer größere vergnügen andererseits ist dann die arbeit. im grunde ist so ein buch nichts als ein bösartiges geschwür, ein krebsgeschwür?«

sie benötigen also die äußere ruhe, um in die innere unruhe hineinzukommen – wie sie in *gehen* schreiben?

»im grund möcht' ich auch nichts, als in ruhe gelassen sein. das ist sehr anspruchsvoll und mit der zeit interessieren mich auch die äußeren veränderungen nicht mehr. das ist ja *das tagtägliche, von dem man* abstand nehmen muß. man müßte *herausgehen aus allem*, die tür hinter sich nicht *zumachen*, sondern *zuwerfen* und weggehen. meine lebensweise ist für den außenstehenden eintönig. ich bin am liebsten allein. die bücher, oder was ich schreib', *sind wir das,* worin ich hause.«

ich meine, daß sich – mehr oder weniger unmittelbar – ihre geistigen ahnherren novalis, pascal, kierkegaard, montaigne, wittgenstein, valéry usf. in ihren werken niedergeschlagen haben?

»ja, der umgang mit philosophie, geschriebenem ist der gefährlichste, für mich besonders.
es sind ganz einfache sätze, eine landschaft, die sich aufbaut in ein paar wörtern im tagebuch von pavese, eine skizze von lermontov, natürlich dostojewski, turgenjew, im grunde alle russen. die franzosen haben mich außer valéry überhaupt nie interessiert.«

sie erwähnten, daß ihnen alle studien zu leicht gefallen seien. warum schreiben sie also?

»aus opposition gegen mich selbst. ich wollte eben diesen ungeheuren widerstand, und dadurch schreibe ich prosa. der henry james ... ein ständiges zur-wehr-setzen. meistens kommt man sich lächerlich vor gegen solche leute, dann darf man aber nicht arbeiten. aber nach und nach bekommt man gewalt, auch über ganz große, und man kann sie niederdrücken.«

herr bernhard, sie gelten in der literatur als einzelgänger, nicht nur, weil sie die öffentliche diskussion scheuen oder sich nicht – wie einige ihrer kollegen – gesellschaftlich engagieren.
man hat sie als schriftsteller der utopie, des überdrusses, der apathie und

verzweiflung bezeichnet, schriftsteller einer bizarr sinnentleerten virtuosität. sie würden die frage nach dem sinn des lebens stellen, ihr thema sei die trostlosigkeit, die lächerlichkeit des lebens. sie würden von den grausamen ungereimtheiten menschlicher existenz berichten, von einer welt der deformation und der krankheit, des schreckens und der furcht, die in unverhohlenem widerspruch stehe zur welt des sogenannten gesunden menschenverstandes. wie stehen sie zu diesen urteilen?

»ich weiß nicht, was sich die leute unter einem schriftsteller vorstellen, aber jede vorstellung in der beziehung ist sicher falsch. ich bin kein schriftsteller, ich bin jemand, der schreibt. na, ich gelte ja als sogenannter *ernster schriftsteller*, wie béla bartók als ernster komponist, und der ruf verbreitet sich. im grunde ist es ein sehr schlechter ruf. mir ist absolut *unbehaglich* dabei. aber was wir lesen ... in den zeitungen ... ist von einer erschreckenden einfalt. was einer nicht studiert hat und also nicht kapiert hat ... beschreibt.«

ihre bevorzugten themen oder besser: ihre einzigen themen sind der selbstmord (bzw. die selbstmordmöglichkeiten), der wahnsinn, die tödliche vereinsamung des menschen, die absurdität der existenz ... die lächerlichen ablenkungsmechanismen, mit denen wir den lebens- und also absterbensprozeß überspielen würden. welche bedeutung kann man diesen inhalten, die sie mit der sprache transportieren, beimessen?

»warum immer die gleiche finsternis in meinen büchern? in meinen büchern ist alles *künstlich,* das heißt alle figuren, ereignisse, vorkommnisse, spielen sich auf einer bühne ab, und der *bühnenraum* ist total finster. in der finsternis wird alles deutlich. und so ist es nicht nur mit den erscheinungen, mit dem bildhaften – es ist auch mit der sprache *so*.«

dreizehn von ihren einunddreißig kurzgeschichten e r e i g n i s s e enden tödlich; in all ihren prosaschriften – ausgenommen *verstörung* und das *kalkwerk* – begeht ein mensch ausdrücklich durch erhängen, erschießen, zutodestürzen, sich-vor-den-zug-werfen usw. suizid. man ist sogar soweit gegangen, zu behaupten, für sie sei das schreiben suizidersatz?

»wenn wir aufwachen, sehen wir, daß es nichts ist, woran wir interesse haben ... in eine arbeit flüchten ... nehmen eine axt in die hand oder setzen uns an den schreibtisch. aber natürlich lieben wir unsere absterbensmöglichkeiten, wir lieben sie und notieren sie und veröffentlichen sie. wir hassen, was wir sind, was wir aufschreiben, ist der tod. man wacht auf und wacht in gemeinheit und in niedertracht und in stumpfsinn und in charakterschwäche hinein auf und fängt zu denken an und denkt nichts als in gemeinheit, niedertracht, stumpfsinn und charakterschwäche. nichts als in todespathologie und daseinsdilettantismus!«

man beklagt, an ihnen sei ein moralist verloren gegangen, man mißbilligt ihre ›ersatzreligion‹ todessehnsucht. ihre prosa bestätige diejenigen, die sich in ein altes bauernhaus auf dem lande zurückgezogen hätten und sich von den überanstrengungen des gesellschaftlichen lebens in einer wie durch fünfzigjähriges onanieren erzwungenen romanruhe erholen wollten*. ich meine aber, daß sie sich nicht nach dem tod sehnen – noch schreiben sie ja – sondern danach, *nicht zu sein*. würden sie mir darin zustimmen?

»ununterbrochen reden wir von etwas unwirklichem, damit wir es ertragen, aushalten. weil wir unsere existenz zu einem unterhaltungsmechanismus gemacht haben. vorliebe für die komödie: todesangst. mein leben als konsequente ablenkung von meinem leben. man müßte aus der *einen* finsternis, die zu beherrschen einem zeitlebens unmöglich ist, schließlich total unmöglich geworden ist, hineingehen in die *andere, in die zweite, in die endgültige* finsternis vor einem und erst dann die augen wieder aufmachen, wenn man die gewißheit hat, absolut in der finsternis, in der endgültigen zu sein.

vor jahrzehnten hätten wir ruhig diese mauern verlassen und diese möbelstücke verlassen und diese bücher und schriften aufgeben und diese türen zumachen und diese luft endgültig ausatmen können, um nicht ein einziges mal mehr einatmen zu müssen und alles vergessen können, jetzt nicht mehr.«

um auf ein anderes für sie bezeichnendes, ja zentrales thema zurückzukommen – den wahnsinn. in den *ereignissen* schildern sie mehrere verrückte mädchen oder auch verrücktwerdende ... der bruder des erzählers wird in *am ortler* interniert ... in *ungenach* führt der erbe einen bunten strauß psychischer anomalien seiner verwandten auf – während ich den fürsten saurau in *verstörung* nicht für verrückt halte! in *gehen* wird karrer konfiniert, im *kalkwerk* ist es konrad. immer handelt es sich aber bei den verrückten um sogenannte geistesarbeiter: ein plötzlich malender und hartnäckig schweigender lehrer *(verstörung)*, der ehemals musizierende krainer im selben buch, der ›katastrophalveränderungen‹ der sprache durchmacht, oder konrad, der über seiner studie und seiner gewalttat den verstand verliert.
begreifen sie nicht den moment, in dem man verrückt wird – das heißt als wahnsinniger erkannt wird – als den höhepunkt des denkens, der – um sie zu zitieren – ›geistesleistungsfähigkeit‹?

---

* dittberner, h.: *die heimliche apologie der macht*. in: text+kritik 43 (1974), s. 23.

»innerhalb der irrenhäuser ist der allgemein anerkannte irrsinn. außerhalb der irrenhäuser der illegale irrsinn, aber alles ist nichts als irrsinn. die umwelt ist nichts als dummheit und krankheit und unverständnis. die gesellschaft stößt, wer gegen sie verstößt, aus. wenn wir einen wahnsinnigen, einen verrückten in eine anstalt stecken ... das ist ein verbrechen. tatsächlich schämen wir uns vor der allerhöchsten instanz der natur, die sich uns auf dem gipfel der verzweiflung zeigt. wie wir wissen, werden die psychiatrischen ärzte mit der zeit nervenkrank, aber nicht verrückt. aus unwissenheit über ihr lebensthema werden diese leute schließlich und endlich immer nervenkrank, aber niemals verrückt.«

herr bernhard, auffallend ist an ihren geschichten auch das fehlen weiblicher hauptpersonen, ja ich unterstelle ihnen einen gewissen asketismus. ›aus dummheit‹, so in *watten,* ›wie er zugibt, machte er drei gewöhnlichen frauen drei uneheliche kinder und beging damit die bekannte ungeschicklichkeit des gemeinen mannes.‹
dies erinnert mich an einen brief antonin artauds, in dem er schreibt, wir seien eingehüllt in eine zweite, schlechte und kranke phantommenschheit. dies seien menschen, die von geburt an das tier in sich nicht getötet hätten. ›dieses tier ist ein erotismus ohne ende, das unheimliche licht eines erotismus, der aus den letzten tiefen der welt stammt.‹ möchten sie sich dazu äußern?

»der dummkopf kennt keine schwierigkeit, er steht auf, wäscht sich, geht auf die straße, wird überfahren, ist ein brei, ist ihm egal. der macht kinder oder macht bücher, er macht *ein* kind, *ein* buch – ununterbrochen kinder und bücher. es ist ihm ganz gleichgültig, er denkt ja nicht nach. lebenslängliche dilettanten, heiraten sie viel zu früh oder viel zu spät und werden von ihrer fortschreitenden ideenlosigkeit, schließlich von ihren frauen vernichtet.
mein ganzes leben habe ich mich dagegen gewehrt, ein kind zu machen.«

ich sehe noch mehr analogien zu den forderungen artauds, der postulierte, daß jedes wort tot sei, sobald es ausgesprochen werde und daß die geschriebene poesie nur einmal tauge und dann verdiene, zerstört zu werden. ferner behauptet er, das theater sei der einzige ort auf der welt, wo eine geste unwiederholbar sei. sie haben ihr viertes stück, *die macht der gewohnheit,* nur einmal aufführen lassen und *die jagdgesellschaft* nur für berlin, wien und münchen erlaubt...?

»alles wegwischen, alles. nichts auf die dauer entstehen lassen ... wissenschaften, freundschaften, verwandschaften ... wegwischen, wegwischen. es darf nichts ganzes geben, man muß es zerhauen. so war ich über zwei jahrzehnte damit beschäftigt, alles wegzuwischen. man muß ja auch einen weg möglichst an einer unvorhergesehenen stelle abbrechen. so ist es auch falsch, ein *sogenanntes kapitel* in einem buch wirklich zu ende zu schreiben. es ist auch mit den sätzen so, ich hätte fast lust, ganze sätze, die sich *möglicherweise* bilden könnten, schon im vorhinein abzutöten.«

wie ich schon sagte, kann man den monolog des fürsten in *verstörung* leicht durch seine form als den eines wahnsinnigen mißverstehen. daß das problem in ihrer prosa oftmals hinter der form verschwinde, wird unablässig von ihren kritikern reklamiert.

irre ich, wenn ich sage, daß sie form, rhythmik oder tempo eines satzes mehr interessiert als dessen aussage? wenden sie sich nicht gegen die utilitaristischen, der ernährung dienenden quellen der sprache, indem sie diese als musik oder als beschwörung einsetzen?

»ich bin ein geschichtenzerstörer, ich bin der typische geschichtenzerstörer.

die wörter, mit welchen wir sprechen, existieren eigentlich gar nicht mehr. aber es ist auch nicht möglich, vollständig zu verstummen.

was für möglichkeiten eröffnet aufeinmal ein wort wie das wort *konstantinopel*, das ich in ein paar leute hineinspreche, die dieses wort noch niemals gehört haben, wie das wort *afghanistan*, das wort *monomanie*, das wort *aphasie*, das wort *plastidom* ... prockerhof, prandlhof, gasslhof, starkenhof, tagerhof, sistraß, ampaß, ampaß, sistraß ...«

1974/75

fragmentarisches über peter rosei

> gott sei dank gibt es nicht so viele bücher,
> wie es straßen gibt oder häuser oder
> menschen.
> *peter rosei*

in peter roseis erzählungen tauchen bestimmte bilder immer wieder auf: schreiend herabstürzende vögel, bellende hunde – metaphern für existenzielle angst, die in einer bedrohlichen umwelt, in wüsten landschaften und erbarmungslosen städten ihren ausdruck findet.
ein gutshof dient als modell für den verfall von autorität, die fragwürdig geworden ist. er ist der mittelpunkt und die stätte ihrer zerstörung durch die gnadenlosen, unaufhaltsamen wirkungen der natur. mit den gütern wird im weiteren die tradition ganzheitlicher spekulativer weltschau liquidiert, die ihre letzte, verinnerlichte ausformung in dichtung und philosophie des deutschen idealismus gefunden hat, in der formel des *hen kai pan:* alles in einem und das eine in allem. in ihr ist beschlossen, daß jeder teil gleichnis des ganzen sei und durch diese vermittlung alles mit allem gleichnishaft korrespondiere. das entstehende vakuum führt zur anarchie, die alles zerfressend um sich greift. der maskierung wird abgeschworen, die zerstörung wird in ihren ursprüngen und in ihrem verlauf haargenau beschrieben. die erzählungen sind beseelt vom geiste trakls und seiner föhnigen, wahnsinnsnahen verfallswelt.
arbeitslosigkeit und weltwirtschaftskrise sind nur synonyma für ein tiefer begründetes ausgeliefertsein des menschen. die natur präsentiert sich als absolut, nicht nur in ihren äußeren erscheinungsformen wie klima, vegetation, landschaft. die natur wird abstrahiert. es ist die endgültige verfassung der welt, deren schöpfungskräfte versiegt sind und die nur noch einem teuflischen zerstörungswerk ausgeliefert ist. alles in der welt, die peter rosei darstellt, verendet in einer einsamkeit, die menschen schließen sich aus der welt aus, suchen zuflucht. der blick, den peter rosei auf menschen richtet, ist voller distanz zu ihnen, er hält den abstand, der ein beschreiben ermöglicht; aber er ist nie ein denunzierender, häufig jedoch ein angstvoller, immer ein die ursache der kraftlosigkeit aufsuchender. menschen sind ihm die meßgeräte von erschütterungen, die in der landschaft ihren ursprung haben. klima, landschaft, umwelt weisen sich auf diesen meßgeräten als mörderisch aus, die gesellschaft und ihre einzelnen mitglieder verkrüppelnd, vielfache gewalttätigkeiten, körperliche und geistige defekte provozierend.
peter rosei hat nicht den trost einer ideologie bereit. die unerbittliche art der darstellung macht den parabelcharakter seiner erzählungen

deutlich, ihre über den einzelfall hinausweisende allgemeingültigkeit: die genaue beschreibung eines landstriches, wobei die schilderung der außenwelt parabel für die innere landschaft einer person, für den zustand einer gesellschaft ist. das aufsteigen von talstufe zu talstufe entspricht der fortschreitenden verelendung der bevölkerung, einer lage, die in ihrer ausweglosigkeit die situation des erzählers widerspiegelt.
daß seine erzählungen zu fesseln vermögen, liegt an der rigorosen, so imponierenden wie irritierenden erzählweise. alle sprachlichen mittel werden ausgeschöpft, um die zerstörung der welt und ihre allmähliche restlose auflösung darzustellen. das assoziative moment spielt dabei eine entscheidende rolle, das unbewußte sickert in vertrautes ein.
der autor erzählt in einer sehr distanzierten und undramatischen weise. aber präzis beschreibt er unscheinbare situationen, in denen sich personen durch krankheit, durch einen verlassenen ort oder durch einen einsamen weg etwas außerhalb der alltäglichen vertrautheit bewegen. präzise und wissenschaftlich leidenschaftslos beschreibt er seine fälle. der casus macht ihn weder lachen noch weinen. rosei hat etwas von der artistischen sensibilität der archäologen. er ist unsentimental. dabei hat er gefühl.
eine minimale abweichung genügt, und das gewohnte wird bedrohlich, gefahrvoll. selbst realistische details wirken nun wie elemente eines surrealistischen arrangements. am aktuellen erleben eines zwischen den großen städten gelegenen durchgangstales werden die bedingungen, unter denen leben verläuft, offensichtlich. dieser souveränen beharrlichkeit, dieser bohrenden, langsam fortschreitenden verdüsterung entspricht das streng durchgeführte satzgeflecht, durch das sich unversehens einfache beziehungen in ein gestrüpp von abhängigkeiten verwandeln. seine erzählungen sind ein ungewöhnlicher und faszinierender ausdruck des gefühls des nicht mehr zurückkönnens und des alleinseins.
peter rosei beschreibt abgelegene gegenden und ausgestoßene und randständige menschen. die menschen sind in ihrer harten animalität das logisch konsequente produkt ihrer heimat. dabei handelt es sich um ein reziprokes verhältnis. die gleichung zwischen der sogenannten äußeren und inneren landschaft geht bei rosei auf. ohne rest.
für einen vorzug halte ich übrigens, daß rosei die physische landschaft nicht vorschnell spiritualisiert und »beseelt«. seine landstriche sind bei aller phantastik und abseitigen ferne real und individuell. rosei ist mit großer hartnäckigkeit konkret. seine landstriche sind eigenartig und etwas besonderes. er verläßt sich nicht auf abbilder und landkarten. rosei geht ins gelände, weit hinaus ins land.
es wird jeweils von einem außenseiter berichtet, welcher der unbill der witterung ebenso ausgesetzt ist wie der bedrohung durch die ihm fremd gegenüberstehende gruppe, und der sich an ihrem schwächsten mitglied rächt. der sinn des gesetzes ist der zivilisierten gesellschaft verloren-

gegangen. rosei leuchtet also in die randbezirke des daseins hinein, um seine brennpunkte zu erkunden, um ihnen tastend näherzukommen oder auf sie wenigstens hindeuten zu können. roseis argwöhnischer blick nimmt immer gleichzeitig mehreres wahr, so daß das einzelne seltsame unabänderliche zusammenhänge ahnen läßt. das erbarmungslose dieser erzählungen liegt im verzicht des autors auf psychologische motivierung. es wird beschrieben, nicht erklärt, wobei die kargheit der sprache ihre eigene suggestionskraft entwickelt. rosei beläßt uns nicht auf dem beobachtungsposten, in der ruhe des abgesicherten zuhörers. er hat die distanzen unentwegt verändert. er gewährt nicht die chance des sich raushaltens. die unerhörte begebenheit, die unmenschliche affäre ereignet sich eben in dem augenblick, da wir von ihr als ereignis lesen, und sie ereignet sich in dem augenblick, in dem wir das gelesene wieder vergessen.

nur eine phantastische phantasie, verbunden mit einem unbarmherzig geschulten bewußtsein der erkenntnisse und geheimnisse der welt und des menschen, vermag die kraft aufzubringen, ein solches buch zu schreiben, und die lust einzugeben, ein solches buch zu lesen und zu lieben. das nüchterne und subtile distinguieren und sezieren ergibt zuletzt doch einen starken eindruck von gebändigter trauer und melancholie. rosei geht einem nahe. sein pessimismus ist originell und eigenwillig. nicht weil man wieder schwarz trägt, hält er sich ans dunkle und bedrohliche. roseis pessimismus ist unmodisch. er ist von natürlicher richtigkeit und notwendigkeit. man spricht heutzutage soviel von einer neuen prosa, welche die zwangsherrschaft der vorgeprägten erzählerischen formen abschütteln müsse. hier ist sie. allerdings hat sie nicht die absicht, mit den ermüdeten formen auch die menschliche wirklichkeit von sich zu tun, die in ihnen verwahrt war.

keine prosa, die in sprachpantomimen und linguistischer ornamentik erleichterung sucht, sondern die noch einmal das äußerste wagt, nämlich die zeichensprache der natur zu enträtseln.

rolf dieter brinkmann ist tot

sehr geehrte herren polizisten, hausbesitzer, vermieter, gangster, scheißkerle,
ich sagte schon einmal, daß ich aufgehört hätte, zufälligkeiten glauben zu schenken und daß es im leben aller echten rebellen momente gäbe, wo das corps social wie nie sonst einigkeit demonstriert und tätig wird.
ganz so, wie kein zweifel darüber besteht, daß es die verpflichtung des schriftstellers ist, wahrheitskritik zu treiben (und deshalb muß er diese gesellschaft ankotzen), ist es unbezweifelbar, daß diese gesellschaft – die nicht weniger unter wahrheit und wirklichkeit leidet als der schriftsteller, es aber versteht, trotz allem von diesen bedingungen zu profitieren – sich fortwährend zur exekutive aufwirft. darüber hinaus aber sich erdreistet, die opfer ihres instinktiven hasses posthum zu feiern und zu ehren – was zutiefst ungerecht, heuchlerisch und zudem das merkmal jeder staatlich subventionierten kriminalität ist. (denn kriminell ist es, das corps social, und noch nie war sein haß auf alles irreguläre größer.)
wie auch immer die kopro- oder nekrophilen seiltänzer im blauen anzug heißen mögen: sie sind deplaziert und haben kein recht, das opfer ihrer eingefleischten ignoranz ihrem schmutzigen geschäft – kultur genannt – zuzurechnen. ich wiederhole: auf jemanden, den man in den dreck gezogen hat, den man gewiß versucht hat in die knie zu zwingen, notfalls zum übertritt überreden oder sogar bestechen wollte, daß er endlich aufgebe, und den man letztlich liquidiert hat, kann man keinen anspruch erheben!
ich rede von rolf dieter brinkmann, hört ihr, was abermals eine geschichte von insuffizienz und ignoranz gepaart mit unverschämtheit und ressentiment jener kadavermassierung, jener kadavermassierung ist, die sich corps social nennt. ich erinnere mich an die erste todesmeldung vom mai '75, die mit dem poem *na, irgendwie* aufgeblasen war – als hätte brinkmann bereits vorsorglich seinen eigenen nekrolog geschrieben. »der kölner lyriker und romancier rolf dieter brinkmann ist kurz nach seinem fünfunddreißigsten geburtstag am 23. april in london von einem auto überfahren worden« etc., etc., war schon alles, was die gewohnheitsmäßige obszönität irgendeinem feuilletonisten insinuierte. deutsche kritiker und kollegen atmen auf.
dann der petrarca-preis dem kranz nachgeworfen, in sichtweite diejenigen, die schon immer ein mittagessen einer gewissen unnachgiebigkeit vorgezogen haben.
aber kommen wir zur sache und verwenden wir nicht zuviel aufmerk-

samkeit auf die jury, die parasiten, die gutbezahlten statisten, die preisanwärter, die winkeladvokaten und scheinheiligen anwälte der **poesie:** allesamt passen sie in diese 6 buchstaben, die bei festakten zu zynismus gerinnen.
diese geschichte heißt *was von r. d. brinkmann bleibt*, und es ist die vorgeschichte eines toten. ich meine, *westwärts 1 & 2* ist für mich dokument eines scheiterns, einer verzweiflung gewesen – die der brd mit präzision ins gesicht scheißt. das geht doch nicht, das kann man doch so nicht sagen, dieser staat hat doch kein gesicht. ich sah »*diesen« staat/ überall, an jeder ecke, hocken:/ in den wohnungseinrichtungen/ der freunde, bekannten, fremden/ in den arrangierten/ unterhaltungen,/ in den straßenszenen,/ die sich wiederholten.* man braucht nicht erst den radikalenerlaß aus der tasche zu ziehen, wenn man partout jemandem das kotzen beibringen will; manchmal genügt es, das fenster aufzumachen.
guten morgen in köln heißt ein gedicht, auf das ich zufällig stoße, und? das führt zu keinerlei konsequenzen, würde brinkmann sagen, sage ich. man macht zeichen, man macht weiter, der ganze rotz macht weiter, schrieb er im vorwort zu *westwärts 1 & 2*, das nur durch zufall die form eines buches hat, zur tarnung gewissermaßen. ich glaube nicht, daß sich daran etwas ändert, solange man die wichtigsten und gefährlichsten botschaften noch in dossiers, akten und bücher einschließt und mit den vermerken »geheim«, »poesie« oder »kunst« versieht, um ihnen den anstrich der fiktion zu verleihen. aber ich schreibe dir das, lieber freund, weil mir das ganze buch auf der stelle einen tiefschlag versetzt hat. die bemerkung: »ihr deutschen mit euren todeswünschen, wenn ihr sprecht!« ließ mich, wie man sagt, ›aufmerken‹. weil ich 1. diesen ton von brinkmann weder kannte noch erwartete, weil brinkmann 2. die nase von teutschen dichtern randvoll hatte, weil er 3. lieber mick jagger als einem literaturfunktionär die hand geschüttelt hätte, weil er 4. eine platte von den doors einem abend beim mausgrauen samuel beckett vorgezogen hätte, und weil es sich nicht um gedichte handelt, sondern um hochprozentige injektionen, die – einmal dem corps social verpaßt, dieses an den rand des erträglichen führt, zur tat schreiten läßt. (keine gedichte, ich will sagen, nicht ihre ›poesie‹, denn die andere, virulente, fürchten sie – mit recht.) diese gedichte stellen gerade jene sorte literatur dar, die brinkmann den bundesdeutschen verlagen und zeitschriften meistens entzogen hat, denn es gibt leute, denen in der phalanx fußkranker scheintoter übel wird und die der ansicht sind, daß weder diese greise noch die matronen, in welchen sie schleimen ... irgendetwas mit dichtung zu tun haben oder gar die zeitgenössische poesie repräsentieren.
ich spucke auf/ die literatur: auf den schmerz,/ persönlich erlitten und/ artikuliert,/ »lebenserfahrung«, du misthaufen, wut/ & andere schüttelrhythmen. waren sie alle in ihren kästen und pumpten das sperma aus

sich raus? die frage bleibt im gedichtraum stehen, der geneigte leser applaudiert: sei es, weil er sich identifiziert, sei es aus unverständnis, sei es aus überraschung, sei es wegen einer unglaubwürdigen projektion, sei es aus takt, sei es, um witz zu zeigen, sei es, um verstand zu zeigen, der ihm fehlt, sei es, sei es ... ja, ja, ja! ich bin auf der straße aufgewachsen, abgehauen aus dem ewigen gerede über rheumatismus, überstunden, schulgeld, versetzungen. was ich sehe ist der rotz, kleinbürgerliches machtgesocks und ich könnte fortwährend weiterzitieren, höre aber auf, weil ich sonst sentimental werde. (du hast recht, nur der stil hat sich seit den sechzigerjahren geändert: thomas mann und wagner passen sehr gut zu verfassungsschutz. beruhigend zu wissen, daß wir dem hesse- und zuckmayer-jahr entgegengehen.) muff und mief und mickrig hießen in etwa brinkmanns standardbeleidigungen. man verübelte ihm damals, daß er bretons appell (man müßte mit dem revolver ... etc.) wörtlich nahm, aus dem colt ein maschinengewehr machte (akademie der künste berlin, 17. november 1968). ich entsinne mich dieses alten fernsehinterviews: graue bilder von brinkmann, dem dichter der großstädte, der dem interviewer gehässigkeiten um die ohren klatscht; die literaten hierzulande arrivierten zu schnell, sagte er, ich glaube, er wäre gerne amerikaner gewesen, lieber rocksänger denn lyriker made in germany – als der er jetzt gehandelt werden wird.
ich füge hinzu, daß ende '74 die sängerin nico die lp *the end* veröffentlichte. in der anzeige der plattenfirma hieß es ungefähr: *why waste time committing suicide when you could be bying this record?*
also westwärts gehen (the west is the best), den kurs ändern, nebenbei fallen gedichte ab – so wie man mit einer kodak oder polaroid bilder macht, genauer: schnappschüsse, momentaufnahmen mit prächtigen farb›verfremdungen‹ ... könnte die poetik rolf dieter brinkmanns heißen. ich stochere in dem kram 'rum, vielleicht finde ich was passendes. *doch ich schaff's nicht, wie ein/ stepptänzer zu sein und ebenso traurig/ melancholisch wie ein künstlicher blitz.* warhols statement, du erinnerst dich? jeder besucher der alten factory gilt heute als super-star. wer an der nouvelle vague partizipiert hatte, ist jetzt *in* oder immer noch auf dem trip (auf den ihn die cbs und die mgm geschickt hatten), sofern er nicht vorher ausgeflippt ist. hendrix, jim morrison, janis joplin, edie sedgwick, candy darling sind einige namen derer, die ›auf der strecke‹ blieben. ihre präsenz in brinkmanns gedichten. welcher seriöse deutsche pohet nähme die namen von rock & roll- oder film-stars in den mund? wer plagiierte so unverhüllt andere autoren? gut und schön: brinkmann mag sich in die thesen eines reich, eines leary oder mcluhan verguckt haben, und womöglich gibt es nach all dem noch leute, die auf das revolutionäre von sex and crime, brutalität und aggression, drogen, die 4-letter-words setzen. doch welche intellektuellen sind es, die von ›neofaschismus der rolling stones‹ sprechen?

aber machen wir keine theorie daraus. nein, nein: sagen sie, dieses land soll sich nicht ändern, es hat einen dichter wie brinkmann nicht verdient ... jedoch dringend nötig *(in zeiten der krise müssen wir alle wieder und wieder entdecken, wen wir lieben ...).*

ich will dir sagen, weshalb:
weil es noch immer unverbesserliche geistesschwache gibt, denen ein »zeitalter, in dem alles schreiben, malen, komponieren wird, ganz gleich, ob nun irgendein talent vorhanden ist oder nicht« – so marianne kesting in einem brief an brinkmann, die schrecken der apokalypse ersetzt, und die es in rage bringt, wenn einer für die edle oberflächlichkeit plädiert, für das banale, oberflächliche, also tiefe; den film in worten, den abfall, den andere liegenlassen. *ihre kriterien für ein buch sind: es muß dichtung sein, metapher-schwulereien, aftermietegedanken in prosa, tendenzlose modernität, hausfrauenlyrik, und arbeiten irgendwelcher leute, die auf grund ihres berufes mal mit literatur zu tun hatten und texte von dilettanten: ichsagewürdesagen: beatmusik ist besser!*

ich werde mich hüten, von der bedeutung brinkmanns zu reden, seiner vor- oder nachwirkung, behaupte aber, daß ohne ihn bis heute kaum einer wüßte, wer beispielsweise frank o'hara war, und daß er sehr wohl daran schuld trägt, daß in der lyrik überhaupt etwas passiert ist. was, wissen diejenigen, die seine kunst rasch unter pop-, konsum-, trivialliteratur rubrizierten, glaube ich, bis heute noch nicht.
warum?
die kinomythen der 30er jahre spielend, verabscheuen sie das reproduzier- und wegwerfbare, pochen sie auf die unverwechselbarkeit des artisten und seiner handschrift (ohne dabei jemals wirklich persönlich zu werden), in der ansicht, literatur reime sich bloß mit schweiß und preis, kurz: weil sie die beziehung zu den dingen, die sie selbst mit produziert haben, verloren haben. wenn es diese beziehung übrigens überhaupt gibt. sie stehen auf, und die tristesse weht ihnen entgegen, sie gehen aus dem haus, und der bundesrepublikanische all-tag stülpt ihnen den magen um, sie essen, ohne hinzusehen und fühlen sich dumm, öde, leer, auf gut deutsch **ähntfremdet**. eine gewisse haßliebe, obstipation und hämorrhoiden als die wesentlichsten triebfedern der poesie. *merkwürdig und gewiß einer genaueren betrachtung wert ist die angst des »intellektuellen«, am konsum teilzuhaben, auf reizmuster sich einzulassen ... ist es die angst, sein »gesicht« zu verlieren?* wenn brinkmann dieser bande, die sich hinter den tintenburgen von entfremdungsliteratur verschanzt, ein œuvre von sieben oder acht bänden plus 2 anthologien amerikanischer dichtung entgegenstellt, sollte klar sein, daß man sich das geschriebene nicht ersitzt.
es handelt sich um eine art zu leben.

weshalb man nicht unbedingt ins ausland gehen muß. wozu es mehr als einer leidenschaftlichen widerspenstigkeit bedarf.
schon das geringste nachlassen der aufmerksamkeit führt zum tod. nun, ich will nicht abstreiten, wie sehr doch brinkmann die banalität kultiviert hat, und ich bestreite auch nicht, daß er eventuell bense, heißenbüttel und den rest gar nicht verstanden hat – was *seine* überlegenheit ausmacht. *(das ist noch nie meine sprache gewesen! die sprache hat immer anderen gehört.)* lange arbeitszeiten für ein ›werk‹ lohnten sich nicht, formale probleme interessierten ihn nicht so sehr, es gäbe stattdessen besseres zu tun, in der stadt umherschlurfen, in der nase bohren, ficken, musik hören ... *sie können von mir aus auch ruhig weiterhin den berufsmäßigen ästheten und dichterprofis, die ihre persönlichen skrupel angesichts der materialfülle in feinziselierten hokuspokus sublimieren, aufmerksamkeit schenken. die toten bewundern die toten!*
es wird immer wieder solche geben, die kommen und sagen, soundso hätte doch besser statt mit catchup zu werfen, wirkliche sprengsätze verwenden sollen. dieselben, die heute rührige geschichten von demo's aus dem jahre 68 erzählen. doch ich schreibe dir, um zu sagen, daß brinkmann kein autor für leute ist, die mehr angst vor dem leben als vor dem tod haben. nichts für liebhaber der viehlosophie, mit seinen büchern kann sich mancher hände und hirn beschmutzen, trotzdem und gerade deshalb: *bleibt mir mit eurer realität vom leib.* dezember 1976, der tod anlaß zu einem gemeinen witz. des dichters sammlung ›angloamerikanischer untergrund-literatur‹ wird von einem antiquariat für dm 12 000.– angeboten, wie ich gerade erfahre. die fortsetzung der geschichte kann bloß noch zynisch wirken. brinkmann wird in den leichenhallen der literatur irgendwo zwischen bernhard, brecht, breton, bukowski und butor stehen.
auch alle fragen machen weiter. wenn man nicht mehr weiter kann, dann hört man einfach auf. *ein eigenartiger gedanke, der tod ein gedanke, der nicht mehr zu ende gedacht werden kann, aber plötzlich von selbst aufhört, ohne ganz aufhören zu können als eben der satz, ich bin tot.*

1976

anmerkung zu »der körper ist der körper«

> wird die zeit kommen, wo die gott-definition eines präsidenten schreber oder eines antonin artaud mit dem gleichen ernst, der gleichen strenge studiert werden, wie die von descartes oder malebranche?
>
> *f. guattari*

ein verkleinertes modell des ›théâtre de la cruauté‹ nannte artaud sein hörspiel *pour en finir avec le jugement de dieu,* das er ende des jahres 1947 aufzeichnete. es wurde nie gesendet, und nur ein hearing vor geladenen gästen, wenige tage vor dem tod des autors organisiert, war vor rund 30 jahren der einzige weg, die zensur der rundfunkanstalt zu unterlaufen. das interesse einer öffentlichkeit, die der französische rundfunk zweifellos unterschätzt hatte, kommt nicht zuletzt durch zahlreiche nachdrucke des hörspieltextes zum ausdruck – der letzte raubdruck ist in frankreich 1973 erschienen.

unzeitgemäß, liegt die aktualität dieser arbeit weniger in der fortwährend ausgerufenen ›krise des geistes‹ oder dem wiedererscheinen einer heterogenen religiösen subkultur, als in dem insistieren auf einer sache, die wir für bewältigt, wegemanzipiert halten, indem wir sie verschweigen, wenngleich sie auch seit unserer zeitrechnung unvermindert unser denken konditioniert. sie kommt im zeichen des kreuzes: sei es nun in form von fensterkreuzen, telegrafenmasten oder in gestalt des anatomischen skelettkreuzes (bataille: »die beiden am weitesten verbreiteten bilder: das kreuz, der schwanz«) ... sei es in form der trinität der heiligen familie von vater, mutter und kind oder, abstrakt, als dreiteilung des sozius in eine körperliche, geistige und transzendentale ebene. dahinter verbirgt sich gott, verbergen sich die väterlichen gestalten des gesetzes, die allmacht des wortes. »der ›reine geist‹ ist eine reine dummheit«, so nietzsche im *antichrist,* »rechnen wir das nervensystem und die sinne ab, die ›sterbliche hülle‹, *so verrechnen wir uns ...*« ein körper, *der geist ist,* vom geist beherrscht wird durch das verbale intermedium, bezeichnet eine abwesenheit, eine inexistenz, welcher antonin artaud entgegenhält: »... ich, ein mensch/ und nicht der sogenannte geist.« fordert man den körper ein, gilt es, sich mit sprachverbot belegten bereichen auseinanderzusetzen. in den exkrementen wühlen, sie als wurfgeschosse benutzen. die liquidierung der identifikation mit einem von staat, familie, kirche und deren repräsentanten triangulierten körper wird folglich mit der liquidierung der sprache gekoppelt, deren künstlerisches mittel die schmähung und die blasphemie ist. in *schluß mit dem gottesgericht* verbricht artaud gegen jene in den körper introjizierte gerichtsbarkeit gottes (des patriarchats, der institutionen), indem er sie überschreitet in der absicht, »die gewohnten begrenztheiten des menschen und seiner fähigkeiten zu verwerfen und die grenzen dessen, was man realität nennt, bis ins unendliche zu erweitern«. womit er *jede* in eine bestimmte zukunft projizierte fiktion eines besseren oder gar ewigen lebens verhöhnt. vom zustand der enteignung ausgehend, hat sich diese art von atheismus der zurückeroberung des körpers verschrieben. vampirisiert durch organe, mikroben, gott und staat, besitze ich ›meinen‹ körper ausschließlich in deren namen, ein körper, der trotz allem mit mir identisch sein soll. das normative körperbild akzeptieren, den ›eigenen‹ (enteigneten) körper als »ich-selbst« anerkennen hieße, den souffleuren gehorchen.

artauds verbrechen besteht darin, sich von jener kommunikativ konstituierten identität abzunabeln.

die zurückeroberung des körpers erweist sich als eine dekonditionierung, eine abtrennung von diesem dem körper insinuierten »ich«. wirkliche und zugleich unvergängliche freiheit wähnt artaud im organlosen körper.

im pseudodialog des stückes wird klar, daß es sich bei einer solchen transgression um eine echte alienation, ver-wirrung, ver-rückung handelt – einer des sprachgebrauchs, einer der position gegenüber der sprache. vom körper ohne organe behauptet artaud, daß sein skelett, sein blutumspültes skelett, zu tanzen verstehe, daß er zu scheißen und zu zersplittern vermag, partialobjekte abstoßen wie auch anziehen kann. in seiner beweglichkeit *ist* er der prozeß der transgression: mutierend, wird er zum stets erneuerten widerpart des sozius, zum mit sich selbst identischen körper, ganz so, wie die deviante sprache, der glossolalien zum beispiel, die grenze normaler kommunikation markiert.

artauds spiel mit dem ›weichen‹, der scheiße, hat gänzlich asymbolischen charakter. er stellt die tabuierung der exkremente (und der beschäftigung mit ihnen) nicht allein in frage, um sie in die sprache hereinzuholen, er arbeitet vielmehr an der eliminierung des ekels als eine von staat und kirche aufgerichtete barriere; eine schranke, jenseits derer der sozius, der staatskörper endet. artaud rennt, wenn er seine unzufriedenheit mit diesem anatomischen/ biologischen/ physiologischen usf. körpermodell des sozius zum ausdruck bringt, gegen die von der kommunikation abgesteckten grenzen der wirklichkeit an. jene beschränkte ökonomie der kommunikation als für unsere wahrnehmung determinierend entlarvend, perforiert er den circulus vitiosus von absprachen nicht mehr länger explikativ: das streben nach der fäkalität im »skatotheologischen (derrida) stil, schreie, invektiven, exklamationen, interjektionen, geräusche, glossolalien etc. verstehen sich nicht bloß als ein ad-absurdum-führen der kommunikativen funktion der sprache, sondern vor allem als originäre manifestation eines empfindens, das mit dem konsentierten nicht übereinstimmt. der einzige appell in diesem stück lautet, körper zu werden, aus dem bereich der fiktion herauszutreten. den körper zurückerobern, den organismus zurückweisen, weil die organe die parasiten des körpers sind, mikroben oder affen (singes), das heißt (schrift-)zeichen (signes). der exorzismus gottes und seiner doubles (päderastische bzw. familiale dreifaltigkeit) emanzipiert den exorzisten von fremdherrschaft seitens des corps social (das eine funktion dieser dreifaltigkeit ist), seitens des eigenen corps social (dessen bewußtsein aktionsfeld des externen corps social ist):

»... ich,/ der mensch,/ werde der letzte richter sein ()/ *der zustand* meines/ körpers wird/ das letzte urteil fällen.« mit der zurückweisung der prinzipien sozialer evolution, der progression als einer stetigen akkumulation von gewinn (ja, monsieur toto betreibt unter der maske des narren reichlich politik), der abweisung des baum-menschen – und mit ihm die idealität des ungeteilten, fixierten subjekts – müsse eine art von einstiger souveränität wiederzuerlangen sein.

der körper ohne organe wird zum nicht lokalisierbaren – weil sich verändernden, wandernden – ort des theaters der grausamkeit, »denn bei ihm ist **der mensch** allein und fiedelt verzweifelt die musik seines skelettes, ohne vater, mutter, familie, liebe, gott oder gesellschaft«.

oktober 1976

notizen

da man den sinn (die lücke) nicht hat,
hat man den wahn, einen sinn zu haben,
erfreulicheren falls. man ist also inkurabel
wahnsinnig.

w. serner

lektüre georges batailles während der niederschrift der *expérience intérieure:*

st. johannes vom kreuz	de sade
meister eckehart	william blake
heidegger	nietzsche
st. ignatius von loyola	dostojewski
dionysios areiopagites	maurice blanchot
therese von avila	proust
kierkegaard	kafka
descartes	rimbaud
hegel	gogol
angèle de foligno	stendhal
laure	goethe

*

die »unwissenheit um die zukunft« vereint die *expérience intérieure* mit den *lettres de rodez* von artaud: sie treibt dazu an, absurd, sich restlos auszugeben. krieg dem inneren wie äußeren terror.

*

batailles beiträge für den *nouveau dictionnaire de sexologie:*

gilles de rais	jean genet
erzsébeth báthory	pierre klossowski
william heirens	jean douassot

*

»... das wissen ist untrennbar von der ekstase, der ekstase der angst vor dem nichtwissen. ebenso ist die freude mit dem schmerz verflochten, die scham mit der obszönität«. man muß die extasis wörtlich nehmen: außersichsein. den nabel zu einer blutfontäne machen.

*

topographie des exzesses:
der vulkan   die kirche
die corrida   der friedhof
das schloß   der abort

*

»ist mein verständnis nur blindheit gegen mein eigenes unverständnis? oft scheint es mir so. wie, wenn etwas wirklich unerhörtes geschähe? wenn ich etwa sähe, wie häuser sich nach und nach ohne offenbare ursache in dampf verwandelten; wenn das vieh auf der wiese auf den köpfen stünde, lachte und **verständliche worte** redete« (wittgenstein, *über gewißheit*). was wichtig ist: wenn man einmal zum maßstab seiner eigenen beobachtungen geworden ist, kann man ihn auch wieder annihilieren (ohne schrecken), denn man vermag gleichzeitig viele andere zu produzieren – auch solche, die sich anscheinend gegenseitig ausschließen.
entscheidend ist eben der so gewonnene spielraum: »was die dinge charakterisiert, ist, daß sie absolut keine gesetzmäßigkeiten haben ...« konnte artaud 1947 behaupten.

*

»elisabeth putzte sich ihrem gemahl zu gefallen in ungemeinem grade und brachte halbe tage bei ihrer toilette zu. einstmals versah eines ihrer kammermädchen etwas an dem kopfputz und bekam für das versehen eine so derbe ohrfeige, daß das blut auf das gesicht der gebieterin spritzte. als diese die blutstropfen von ihrem gesichte abwischte, schien ihr die haut auf dieser stelle viel schöner, weißer und feiner zu sein. sie faßte sogleich den entschluß, ihr gesicht, ja ihren ganzen leib in menschlichem blute zu baden, um dadurch ihre schönheit zu erhöhen. zwei alte weiber und ein gewisser fitzko unterstützten sie bei diesem vorhaben. dieser wütherich tödtete gewöhnlich die unglücklichen schlachtopfer und die alten weiber faßten dann das blut auf, in welchem sich dann elisabeth in einem troge um 4 uhr morgens zu baden pflegte. nach dem bade kam sie sich immer schöner vor. sie brachte nach und nach 650 mädchen ums leben, theils in tscheita (in der neutraer gespannschaft), wo sie einen eigens dazu eingerichteten keller hatte, theils an anderen orten, denn das morden und blutvergießen war ihr zum bedürfnis geworden« (michael wagner, *beiträge z. philosophischen anthropologie* II, wien 1796).

*

»die angst ist dasselbe wie das verlangen«. bataille/novalis: »alle schranken sind bloß des übersteigens wegen da – und so fort; halbe krankheit ist übel – ganze krankheit ist lust – und zwar höhere«.

*

gestalten der souveränität:
trunkenheit   ekstase
erotische verströmung   lachen
poetische verströmung   absurdität
verströmung des opfers   gegenseitiger haß
heroisches verhalten

*

über *l'expérience intérieure:* »ich lehre die kunst, die angst in wonne zu verkehren, zu ›verherrlichen‹: der ganze sinn dieses buches«. glück = koinzidenz von leben und tod (orgasmus, ekstase, lachen, weinen). die einbeziehung des todes (stimulierendes risiko?) verringert in unserer kultur die attraktivität des batailleschen denkens. er sah das wohl: »es gibt keine leser, die in sich das zeug hätten, meine zerrüttung herbeizuführen«.

*

der ›blutigen gräfin‹, erzsébeth bzw. elisabeth báthory, wurde im jahre 1611 der prozeß gemacht. die enthüllungen während ihrer vernehmung betrachtet bataille als so entsetzlich, daß er sie für geeignet befindet, anderen das bewußtsein für das zu öffnen, was der mensch wirklich sei. zu den torturen der báthory, die diese vornehmlich an jungen mädchen verüben ließ, gehörten das abschneiden der finger mit der schere, das abziehen der haut von schenkeln und brüsten, ferner verbrennungen, die den opfern an händen und füßen mittels glühendem eisen beigebracht wurden. die penrose berichtet, die báthory habe den mädchen auch ein ölpapier ins geschlecht gesteckt, das sie von einer helferin anzünden ließ – sofern man dazu sich nicht gleich einer kerzenflamme bediente. ein hufschmied stellte der gräfin einen apparat her, der das blut fließen lassen sollte: er bestand aus einem zylindrischen käfig, hergestellt aus scharfen metallklingen, welche von ringen zusammengehalten wurden. in das innere dieses käfigs sperrte man eine bediente – nackt – ein; wenn die báthory unter dem apparat saß, reizte eine komplizin das opfer: mit jeder bewegung, die das mädchen im käfig ausführte, um den externen angriffen auszuweichen, wuchsen die blutströme an, die die báthory überschwemmten. sie badete im blut.

*

»die freiheit ist nichts, wenn sie nicht darin besteht, am rande jener grenzen zu leben, wo sich jedes verständnis zersetzt«. lebte g. b. in diesen grenzbereichen, atmete er diese freiheit? die unangemessenheit einer derartigen fragestellung wird deutlich, wenn man verlangte, daß derjenige, der über den wahnsinn befindet, selbst auch verrückt zu sein habe.
»ginge die philosophie von der grundlage der arbeit und des verbots () zur transgression über, wäre sie nicht mehr, was sie ist, sondern würde sich selbst verspotten« (schlußkapitel zu *l'érotisme*). filosofie, literatur, müssen wieder zu einer echten gefahr werden. alles gesicherte, evidente denunzieren, niemals etwas ›fertiges‹ machen.

*

heterologie heißt, für ein qualitätskontinuum einer ulkigen welt, einer nackten frau und der qual zu stimmen.

*

»ekstase/ eros/ kampf: sich auflösen wollen
beruhigung/ ruhe: leben können
solange wir noch sterben, brauchen wir den tod« (konrad bayer, *tagebuch 1963*).

*

steht batailles einschätzung der sprache in kontradiktion zu seiner praxis?
»im gegensatz zu dem, was man gewöhnlich annimmt, ist sprache nicht kommunikation, sondern ihre negation ...; ich kann ein wesen nicht als frei betrachten, das nicht das verlangen hat, in sich die bande der sprache zu durchtrennen; die unversöhnlichsten bewegungen des seins – der maßlose exzeß – können in der kohärenten entwicklung einer rede nicht erfaßt werden; die überschreitung zur grundlage der philosophie machen ... heißt, die sprache durch eine schweigende versenkung ersetzen. () wäre der gipfel zugänglich, wenn die rede den zugang nicht erschlossen hätte? aber die sprache, die ihn beschrieb, hat im entscheidenden *augenblick* keinen sinn mehr, wenn die überschreitung selbst, als bewegung, an die stelle der diskursiven darstellung der überschreitung tritt ...«
die sprache verliert aber gerade *vor* dem »gipfel«, dem ekstatischen moment, ihren sinn. der gipfel wird allenfalls noch durch eine art

sprachmagie zugänglich, sofern die rede sich auf ihre rein suggestiven quellen beschränkt:
externe suggestion (artauds geräusch-theater), auto-suggestion (reden als atemtechnik, lesen als ein pulverisieren der bedeutung: bis zum sinn(es)verlust).

*

man kann den körper ohne organe nur reduktionistisch mit entleerung gleichsetzen. statt den zu eng gewordenen anzug auszubauen oder das wünschen/verlangen ihm anzupassen, sich seiner organe entledigen, ihn rekonstruieren am ort seiner produktion: das blutumspülte skelett.

*

»ich werde durch einen dringlichen tod stigmatisiert, wo der wirkliche tod für mich ohne schrecken ist« (artaud, *fragmente eines höllentagebuchs*).

*

apropos ›der intellektuelle und die revolution‹: »der überfluß, die verausgabung, das opfer, sind für ihn (bataille) vorwände, um die ateleologische mutation des soziohistorischen prozesses denken zu können« (julia kristeva, bataille, *l'expérience et la pratique*).

*

»was wären wir ohne die sprache? sie hat uns zu dem gemacht, was wir sind. nur sie offenbart uns an der grenze den souveränen moment, in dem sie nicht mehr gilt. () in diesem augenblick tiefer stille – in diesem todes-augenblick – offenbart sich die einheit des seins in der intensität der erfahrungen, und in dieser intensität löst sich die wahrheit vom leben und seinen objekten los.« artaud hat die nachts des todes mit blitzen erleuchtet; der fortwährend hereinbrechenden illusionen der welt des bewußtseins erwehrt er sich mit schreien und gesten. der organlose körper sprüht wortpartikel, schnauft, spuckt, niest, hustet, scheißt, geht gegen den symbolischen organismus wie gegen die organisation vor.

*

»aber wer spricht, gesteht schließlich seine ohnmacht ein« (bataille, *l'érotisme*).
[herbst 1976]

... ich plädiere dafür, die wunde offen zu halten (weil ich sie selbst bin, diese wunde?), mir bewußt, welche risiken dies birgt.

*

man kann die »innere erfahrung« zu den zwei maximen des sokrates komprimieren: erkennne dich selbst! (der prozeß) – das einzige, was ich weiß, ist, daß ich nichts weiß (nichtwissen als leeres ›resultat‹ der inneren erfahrung).

*

alles in frage stellen heißt ja, meine eigenen grenzen (und begrenztheiten) in frage zu stellen.
die besten bedingungen hierfür sind diejenigen, die im alltagsleben gewöhnlich vermieden, kompensiert, gleich einer krankheit geheilt werden: konditionen, welche das körperliche wie intellektuelle (ekel schon beim wort) äquilibrium unterminieren (angst, schmerz, isolation etc.).
bataille bevorzugt deutlich gegenüber der passiv-rezeptiven meditation den weg des sich-ins-spiel-bringens: trunkenheit (das fest), erotik, das lachen, atemübungen; bilder, die das diskursive denken in unordnung bringen – also gestalten der verausgabung ((der buddhist dagegen steuert auf ein inneres vakuum zu)). darüber hinaus formen der *kommunikation*, deren sinn es ist, die grenzen des möglichen bis zum äußersten auszuloten (wobei man sie erweitert), seine partikularität zu überschreiten.
das bild des todes ist mit dem des sexuellen exzesses aus dem grunde im denken batailles so liiert, weil es im einen fall die absolute, im anderen die temporäre aufhebung des subjekts darstellt. »das wirkliche problem des lebens ist der tod« (artaud, 1927).
wichtig: niemals gilt das interesse des experimentierenden einem wunschobjekt selbst, sondern dessen jenseits, d. h. dem **nichts.** niemals auch wäre **befriedigung** ein ziel an sich; akkumulation von (lust-)gewinn käme einer entleerung gleich. (in analogie zur überstrapazierung des willens, das böse zu tun: sie annihilierte souveränität, wie bataille am fall von jean genet expliziert hat.) batailles begehren richtet sich auf die **wunde,** den bruch, auf den seiner integrität beraubten körper. es überschreitet ihn dabei.
((bataille ist dem surrealismus, dem surrealismus zu seiner geburtsstunde, nahe. allerdings bewegt sich letzterer im krebsgang ›vorwärts‹, regrediert.))

*

bataille gesteht sich aber auch den ›toten punkt‹ bei jeglicher kommunikation, jeglicher verausgabung ein: das zwingt ihn zur einbeziehung des elementes ›chance‹. notwendigkeit der chance, um es dem menschen zu gewähren, bis an den rand des möglichen gehen und diesen exzessiven zustand aushalten zu können.
aber woher die nötigen energien beziehen, wenn nicht aus sich selbst? (atheismus einmal vorausgesetzt.) bleibt das binäre homöostase-modell: versuchen, energien aus der umgebung zu gewinnen, kommunizieren (die sakrale bedeutung dieses wortes gilt solange, wie gewisse formen der kommunikation diskriminiert werden. kommunikation bezeichnet ja nicht bloß eine anzahl von konventionen, denen die sprachteilnehmer verpflichtet sind, sie installiert zugleich eine für alle verbindliche transzendenz, ganz gleich, ob einem das bewußt ist oder nicht. jede gegenposition, ausgesprochener atheismus z. b., wird deshalb absurd, verbleibt im bereich von signifikant – signifikat. das komplement zur transgression heißt: sensibel gehandhabter opportunismus).

*

batailles denken kann seine verwandtschaft mit dem christentum nicht leugnen. zwar erfindet er sich seinen eigenen gott (das foto eines gemarterten chinesen), doch er anerkennt ein jenseits des seins. der prozeß des infragestellens betrifft folglich ausschließlich die grenzen des seins, die *grenzen* des menschen. (dementsprechend kann sprachkritik nur bis an *die schranken* der äußeren form reichen, in welcher sie auftritt oder abgebildet wird; doch sogar hierfür bedarf es – um der logik willen – einer ›dritten‹ größe, des jeweils noch zu schaffenden terms, der hieroglyphe: ich muß ein ›jenseits der sprache‹ voraussetzen, um zeigen zu können, auf welchem nichts sie errichtet ist und ferner jene konsequenzen, die sich aus diesem ›nichts‹ ergeben. ich vergleiche *die funktion* der ›chance‹ mit der jenes ›dritten‹ terms, hilflosigkeiten wie ›universumstulp‹ oder ›körper ohne organe‹, die ja ohne zweifel eine grenze markieren, besser: eine bewegung auf die grenze zu, kein erreichbares ziel.) was außerhalb dieser grenzen liegt, das unmögliche, erschließt sich mir nur im tod: »das einzige element, das die existenz in das universum einführt, ist der tod ...« das subjekt wird seiner partikularität entledigt und tritt in »das freie spiel der welten« ein.
entgrenzt, ist der mensch **alles** ... andererseits kein mensch mehr – sofern er sich durch seine möglichkeiten innerhalb bestimmter grenzen definiert – also **nichts.**
nun ist aber das nichts nicht nichts, wenn ich es artikulieren kann, will sagen: hier erreicht die tauglichkeit von batailles terminologie ihre äußerste grenze.

*

bemerkenswert, in welchem maße batailles praxis der auto-alienation
– der emanzipation von diesem »verzauberungseffekt« diskursiver
sprache –, der »gefühlsathletik« von antonin artaud nahe ist.
man kann nicht genug auf den wert quasi archaischer ekstasetechniken
hinweisen, die das sprechen seiner bedeutenden funktion entreißen, bei
sprecher wie zuhörer körperlich etwas bewirken. ich habe den eindruck,
als wollte auch bataille beweisen, daß die innere erfahrung (ohne mystizismus!) vor aller kommunikation kommt.
schon deshalb mündet jeder versuch, sie zu beschreiben, in einen tauto-
logischen kurz-schluß ein: die innere erfahrung ist die innere erfahrung ... usf.
sie deckt sich übrigens mit dem idealfall von revolte:
1. aufstand wider die natur (diese natur, so bataille, kann der kapitalismus sein, der enteignete körper, die normative kommunikation etc.).
2. der analytische, ausgerichtete schritt (er muß notwendigerweise destruktiv sein). die daran anschließende dritte phase wendet sich gegen
die richtung selbst. bataille führt nun als dritten schritt den übergang
von der revolte zur revolution an, womit er seine theorie der verausgabung, der transgression korrumpierte. utilitarismus und das streben
nach finalität sind vielleicht aus dem grunde uns so eingefleischt, da
diese ›kopflose‹ revolte die gefahr der selbstdestruktion impliziert.

*

apropos »alaska« (danielle sarréra)
auf der linie der transgression befindet sich die negation einem halte-
punkt gleich, wo man sich verhärtet, sich totstellt. der prozeß fährt fort,
falls dem null-punkt eine art analyse folgt, und sei es nur eine motivation zum weitermachen: denn diese linie ist eine gerade, die weder anfang noch ende hat. transgression als endloser prozeß des überschrei-
tens.
dieser prozeß hält – in analogie zum organlosen körper – wenigstens
zwei gefahren bereit, was ihn so unpopulär macht: wahnsinn und suizid. das erstere risiko beschreibt exakt diesen prozeß, die gerade selbst
(von risiko kann nur im zusammenhang mit dem *klinischen bild* des
wahnsinns gesprochen werden). der suizid entspricht der unmöglichkeit,
beim zustand ›null‹ sich eigene, neue depots erfinden zu können, auf
welchen der prozeß die nächsten nullpunkte (leerstellen) durchstehen
kann: bei totaler evakuierung des vollen körpers seitens des sozialkör-
pers ist das der fall; fast möchte ich sagen: unfähigkeit zum opportunismus, zur schauspielerei radikalisiert den empörer. nicht bloß, daß sich
der destruktive – weil analytische – spaltungsprozeß gegen sein eigenes
zentrum wendet, sondern die ganze maschine fällt aus (krebs). gibt sich
der empörer dagegen durch sein verhalten zu erkennen, initiiert er da-

mit seine wiedereinsetzung zum signifikanten; ob hospitalisiert, konfiniert, tot oder nicht: einmal klassiert, wird er organisierbar, wird funktion, gehört dem sozialkörper an. –
den absoluten nullpunkt des selbstmordes führe ich auf die attraktion zurück, die gewisse illusionen auf die ruinen der identität ausüben, wenn man bereits extreme erfahrungen gemacht hat. das ausgelöschtsein verleitet dazu, in die gewünschte konstellation wieder einzutreten: wenigstens übermensch zu sein. in der *wiedereroberung des körpers* warnte ich vor flugversuchen – da wußte ich noch nicht, daß schwarzkoglers fenstersprung womöglich ein solcher versuch war.
den tod anhalten, sich mit ihm einlassen und dabei durch ihn hindurchgehen ...

*

in seinen briefen aus rodez schildert artaud ziemlich genau sämtliche örtlichkeiten in paris, von denen seiner ansicht nach die zaubereimanöver ausgehen, unter denen er leidet. unter anderem erwähnt er auch das marine-ministerium, über dem charles meryon eines tages schiffe, reiter, fische und seeschlangen in der luft fliegen sah; man sperrte ihn als geisteskranken ein, denn falls sich eine solche sehweise durchsetzte, bedeutete dies das »ende der herrschaft von wucherern, von profiteuren, von eingeweihten, einweihenden, schulfüchsen und anderen zuhältern eines fortwährend infantilisierten bewußtseins« (artaud).

*

jeder satz gesetz, bild, fluch, intoxikation. alles auf geistige abstinenz setzen, auf daß sich nichts mehr absetze, festsetze.
sinn und bedeutung kommen durch eine koagulation einer sinnlosen emulsion zustande, die zu verhindern man verpaßt hat.

*

im gegensatz zu franz kaltenbeck (»einwände gegen oswald wieners theorie von inhalt, sinn und bedeutung«) ziehe ich aus dem ensemble von o. wieners skizzen zu einer theorie der kommunikation nicht den schluß, sie postulierten die wiedereinsetzung des »zentralen subjekts der psychologie«. was diesen *ein*druck erwecken mag, *aus*drücke wie »inneres modell« etc. ist m. e. eine rein didaktische notwendigkeit, zählt zur verbalsophistik, vergleichbar mit der »3., 4., 5. etc. wirklichkeit«.

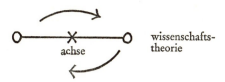

ich füge noch hinzu, daß es wohl weniger um die rettung des mit sich selbst identischen subjekts geht, als darum, gewisse als einschränkung empfundene dinge als **veränderbar** *darzustellen* – aus prinzip und bis zum paradox.
wissenschaftstheorie ähnelt einem windmesser: von zeit zu zeit wechselt man das raster des kurvenpapiers aus oder modifiziert das meßinstrument. mich interessiert der moment, wo man so einen apparat ausfahren wird, um bspw. envoûtements zu messen.
mir geht immer mehr die fähigkeit verloren, einen gegenstand zu akzeptieren, zu situieren. ein tiefes mißverhältnis zur sprache und ein dementsprechend verändertes wahrnehmen, das unkorrigiert geblieben ist, sich hält? anders gesagt: die inkongruenz zwischen meinen empfindungen und konventioneller sprache erschwert das verstehen.
da ich nicht glauben kann, daß dies eine genetische anomalie ist, muß ich den ursprung im prozeß der sozialisation vermuten, der seinerseits an sprachliche adaptationsleistungen gebunden ist. einzig lückenlose übereinstimmung zwischen bewußtsein und kommunikation wäre also der garant für unbezweifeltes verstehen, für identität schließlich, da sie ja eine funktion des verstehens und sich-verständlich-machens ist.
in diesem rahmen kann man von ›individualität des sinns‹ als der folge einer unvollständigen sozialisation sprechen, deren aufhebung bzw. reversibilität durch einen bewußten akt ich in *jede wahre sprache ...* postuliert habe.
[winter 1976/77]

das gefühl, zwischen zwei gleichstrom-elektroden eingespannt zu sein. ähnelt der marter des zerreißens bei lebendigem leibe.

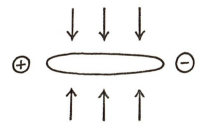

der innere motor arbeitet ebenfalls gegen mich. annihilierung.
schmerz ⋛ lust

*

was schwerwiegend ist, ist, wenn man bei vollem bewußtsein den eigenen verlust des beteiligtseins empfindet.
sich selbst zusehen: ekelhafte qual, weil das desinteresse an diesem ›ich-selbst‹ eigentlich stärker ist.
fraglich ist nicht bloß, ob ich empfindungen adäquat ausdrücken kann, es stellt sich auch die frage, *ob ich irgend etwas überhaupt empfinde.*
das sensorium scheint intakt, provoziert aber keine emotionen. **das ist das tote auge,** durch das man nach hinten hindurchsehen kann.
b. m. leidet wie ein tier, sagt nichts, hat kein denken mehr.

*

das zweite mal meinen eigenen tod erträumt.
in innerer wie äußerer nacht liege ich da und will um hilfe schreien, wobei ich mich bei dieser *unmöglichkeit* beobachte. ich mache mundbewegungen, schnappe nach luft, aber kein ton kommt hervor. aufwachen mit rasendem herzklopfen (wie das erste mal). vermutlich eine zwischenstufe von wachen-schlafen, die mit gewissen räuschen identisch sein muß. das eingehülltsein in seinen eigenen tod, der gleich wellen den körper überschwemmt (overdose, das schwarz als inwendiger und äußerer mantel, schwarz als einziger ›inhalt‹). kaum zweifel an der suggestibilität des sterbens oder nicht-sterbens, also **willensakt.** lust am sterben.
ich übersehe jetzt sehr deutlich den zustand meiner terme: sofern das wünschen und verlangen, das streben nach lust die funktion eines motors hat, so läuft der meine leer (man rays zahnräder, die nicht ineinander greifen); wenn sich der wunsch an kein objekt anklammern kann ... verwandelt er sich voraussichtlich in destruktivität, aggression: der motor schreitet zur demontage seiner selbst. der filosofische standpunkt – mag er nun skeptizismus, fatalismus, irrationalismus, relativismus etc. heißen –, also die kontemplation, ist letzten endes als glaube entlarvbar (wie im taoismus z. b. das angestrengte nicht-denken von gegensätzen). er bedarf eines tragenden fundaments, dessen elektion eine selbstbeschränkung darstellt, er ist mir, kurz gesagt, nicht möglich.
   engagement, passion u. ä. beinhalten ein überzeugtsein, ein überwältigtsein von der wahrheit, vom ›sinn‹ einer sache, verstehen oder erkennen genannt. praktische vernunft, rationale erkenntnis, die nicht notwendigerweise fantasiefeindlich sein muß, wird bedauerlicherweise oft von ihrer schwester, der nicht-anwendbarkeit im leben, begleitet. unsere denker brin-

gen nun die sinnlichkeit ins spiel, errichten tätige erkenntnis auf liebe: erkenntnisqualität, mit der es sich leben ließe, die den binarismus sozusagen suspendierte. fusionen, aufhebungen oder alternative lösungen sind in meinen augen nicht mehr als ein stehenbleiben in der aristotelischen logik. man übersieht dabei, daß *passion* auch *leiden* bedeutet, sinnloser schmerz. und man will weder schmerz noch etwas sinnloses, noch frustrationen. batailles »let it bleed« sagt ja nicht nur aus, daß die glückliche aufhebung der partikularität mit einem sich-verströmen, einem sich-öffnen beginnt, sondern auch, daß es hierzu einer wunde bedarf, einer art initiation und deren vorgeschmack des todes. alles schmerzhafte ist aber in mißkredit geraten – vom bumtrip bis hin zum wahnsinn: unermeßliche sedierung jener intensitäten, die womöglich sprengend in die artifiziell stabilisierten zustände eingreifen könnten. die engen, dem bewußtsein vorgeschriebenen pfade werden nicht verlassen, sondern kultiviert.

die ephemeren köder (geltung, status, gewinn jeder art) als ballast verworfen, bleiben mir jene momentsekundenaugenblicke des glücks zur motivation der fortsetzung der suche. um diese winzigkeit wußte ich übrigens schon früher; man läßt sich jedoch erneut täuschen, vielleicht sogar mit freude, vergißt die einst erreichten gipfel, weil man sie für illusionen gehalten, für zu unscheinbar befunden hatte. doch ein handfesteres, dauerhafteres glücksgefühl als eben dieses verschwinden des bewußtseins von sich selbst ... gibt es wohl nicht. das klingt sehr egoistisch, aber man komme mir nicht mit den naiven anstrengungen, dem leben einen sinn zu unterstellen. »wenn schon keine revolution und keine utopien, so doch wenigstens das fliegen vorbereiten, das wir selbst niemals erreichen werden«. wie selbstlos. daß ich nicht lache! und all die herrlichen nutzlosen schulen für masochisten: die einsamkeit, die meditation, das schweigen, das fasten, die kontemplation, sämtliche fraktionen der askese, deren raffinierteste die ekstase ist (ohne askese kein exzeß). ja, ich schreibe auch *gegen* mich.

warum also schreiben? sagen, daß man nichts ist und deshalb leidet, unter einem bewußtsein leidet, welches das unmögliche will? gerade das fragen nach dem warum, wie und weshalb habe ich so satt. doch wie die myriaden von fragen loswerden, die auf mich einstürmen und mich verfolgen. sich von ihnen zu emanzipieren hieße, einen neger durch waschen zu einem weißen machen zu wollen. andererseits ist man tot, wenn das fragen aufhört, sobald man aufgehört hat, sich fragen zu stellen. totgeschlagen das wünschen. (fragenstellen: wünsche produzieren.)

das **eine** wie das **ende** nicht mehr zum gegenstand der betrachtung machen setzt eine basis voraus, und diese wiederum glauben oder wenigstens vertrauen in ihre tragfähigkeit; also neuerlich transzendenz – ob das den rhizomatikern* nun paßt oder nicht (alle revolutionären prozesse führen solche regressiven elemente mit sich). denn: *erfahrungsgemäß* verträgt jene basis »n–1« keine modifikationen, keine kritik. die auf ihr niedergelassenen zementieren im gegenteil dieses plateau, schirmen es in zunehmendem maße ab.

was also sagen? daß es nur die perspektive(n) gibt, die man sich selbst in gestalt diesseitiger transzendenzen konstruiert, indem man die sinnlosigkeit auf später verschiebt? schreiben, daß mir alles versagt, unmöglich ist, daß ich an mir sterbe, daß es schmerzvoll ist und – wie banal – zum tode führt.

nicht mehr spielen mit der beschleunigung, das messer sicher führen. jetzt weiß ich, wie das ist: die hände und arme abgeschnitten, lebendiger stumpf, halbtot sein, die augen gestorben. weniger als tot ist bloß quälend, unerträglich auf lange sicht.

kunst beginnt, wo das leben endet? (soutter)

*

der satz »ich verstehe dich, aber nicht so, wie du es wünschst« ist der sophistischen distinktion zwischen denotativer und konnotativer bedeutung verpflichtet. wer eine derartige aussage macht, behauptet ja meine intention verstanden, ›durchschaut‹ zu haben – was m. e. niemals möglich sein kann –, und dieses verstehen ist vielleicht eher ein mißverständnis. der hörer hat verstehen mit affirmation gleichgesetzt. der satz, indem er sich über die parameter des verstehens dessen, der ihn ausspricht, ausschweigt, *urteilt* ganz einfach über den sinn meiner aussage, der als bekannt vorausgesetzt wird. umgekehrt beinhaltet in einem bestimmten kontext der satz »das kannst du nicht verstehen!« die behauptung, daß man um das negative *urteil* des hörers (über einen gegenstand) wisse. er berührt jedoch das eigentliche verstehen keinesfalls. kann der hörer trotzdem ›verstanden‹ haben, wenn er den zur debatte stehenden gegenstand mißbilligt? wenn verstehen – wie gewöhnlich – als einverständnis definiert wird, dann ist dies nicht der fall. nichtverstehen drückt sich folglich in form analytischer, interpretierender usw. sätze aus.

unüberprüfbar bleibt, ob ich verstanden worden bin. kommunikativ ist allenfalls eine verständigung über den sinn, ein sich-absprechen möglich. verstehen ist etwas anderes.

die frage nach dem verstehen stellt sich vor allem auch dort, wo es nichts zu verstehen gibt.

* deleuze, g./guattari, f., *rhizome*, paris 1976.

der satz müßte lauten: wir können einander niemals verstehen (wohl aber uns ›verständigen‹), weil die sprache das verständnis verhindert.

*

»... könnte krankheit nicht ein mittel höherer synthesis sein? – je fürchterlicher der schmerz, desto höher die darin verborgene lust ...« das verhältnis von novalis zu sophie mit dem von bataille zu laure vergleichen, die sie verbindende ›nekrophilie« untersuchen, das »romantische« des surrealismus, d. h. dessen arbeit im innern des körpers.

bretons religion der liebe ist idealistisch, harmonisch, aseptisch und infantil, die von bataille (und mit einschränkungen auch die von artaud) surrealistisch, exkrementös, mit einer atmosphäre von kampf, aderlaß und exitus.

zölibatäre maschinen sind marterinstrumente von und für schreibwütige autisten.

*

wenn man nicht mehr weiter weiß, fiktionalisiert man die sog. wirklichkeit (»wir sind noch nicht auf der welt«). verlust der kommunikation, emanzipation des bewußtseins oder: sein eigener vater-mutter werden. der plan einer veränderung ›von innen‹ hat nichts avantgardistisches oder elitäres. die unzufriedenen werden die ihnen nützlichen werkzeugkisten zu finden wissen, sie werden es verstehen, die werkzeuge zu handhaben und neue zu erfinden. das anwachsen ihrer zahl ist zweifellos nur die sorge des staates. gegen unberechenbar gewordene menschen ist er ohnmächtig.

*

»der tod verrät in der tat den betrug der wirklichkeit.() die ordnung der wirklichkeit weist weniger die verneinung der wirklichkeit – die der tod ist – zurück, als die affirmation des inneren, immanenten lebens, dessen maßlose gewalt für die stabilität der dinge eine gefahr ist, und die nur im tod vollständig enthüllt wird« (bataille, *théorie de la religion*, 1948).

*

»wir erleben die effektive übertragung allen lebens zu gunsten eines schmutzigen, kleinen, fiktiven, individuellen universums ... der intellektuelle inhalt der toxikomanen: inexistenter inhalt. nichts. hochstapelei ... drogen zu nehmen ist nicht lyrisch. es ist ganz einfach jämmerlich« – so louis aragons tiraden gegen jeglichen eskapismus in seinem *traité du style* aus dem jahre 1928. man würde ihm den applaus nicht versagen, wüßte man nicht, daß derselbe mann später schriftsteller wie pierre guyotat verfolgte. hält man die biographien der eskapisten gegen die der wirklichkeitsfetischisten (engagiert, pragmatisch, doktrinär und letzten endes etabliert), ermöglicht das allein ein urteil auf moralischer ebene. zu bedenken wäre vor allem, ob es nicht so etwas wie flucht in die wirklichkeit gibt.

*

der vorwurf, der an suizidwillige ergeht, doch endlich etwas für die erfüllung ihrer wünsche zu tun, um ihre umwelt nicht mehr länger zu irritieren und zu terrorisieren.
wer ist hier der faschist?
die therapeutik – geübt sowohl von freunden als auch von feinden –, die durch verallgemeinerung die ›besondere natur‹ eines leidens leugnen will, damit den leidenden an den mauern der verzweiflung aufklatschen läßt.
therapeuten, ungerufene helfer sind durchweg krude, hören nicht zu, sie haben nichts begriffen. verkappte sadisten aus eifersucht.

*

unter dem titel *ende der christlichen ära – geburt des dritten menschen* schrieb in den 40er jahren roger gilbert-lecomte von der notwendigkeit einer »metamorphose des menschen: – transformierung/umkehr – wende – totale subversion/ revolution – aufhebung – transmutation und auferstehung aller menschlichen werte, ordnungen, institutionen, weltanschauungen, kultur, zivilisation, glaube, ideal, empfindungen, moral, ästhetik./ totaler umsturz des menschlichen lebens«. ein anderer atheologischer vorläufer aus dieser zeit: artaud forderte in seinen mexikovorträgen wie in *le théâtre et son double* die wiedereinsetzung des ›heiligen‹, des mysteriösen und geheimnisvollen.
n. o. browns buch *love's body* (new york 1966, dt.: münchen 1977) wirkt allein deshalb schon wie ein atavismus.

»der geist weiß weder ein noch aus«: reine rhetorik trifft man überall dort, wo einer von katastrophalen bedingungen redet, um damit empfänglich zu machen für die neue ›message‹ und überdies ihr auftreten zu rechtfertigen. selbst die professionellen gurus sind da bescheidener, wenn es darum geht, die notwendigkeit ihrer methode zu akzentuieren. dichtung unterscheidet sich unter anderem vom mystizismus eines n. o. brown in der bescheidenheit ihrer ansprüche auf allgemeingültigkeit, -interesse usf. ist es das authentische moment, das artauds »revolutionäre botschaften« oder die didaktischen berichte eines castaneda glaubwürdiger machen? marginalien zur und exzerpte aus der geisteswissenschaftlichen literatur von der antike bis heute, thematisch klassiert, aphorismen genannt: akkumulation totgedruckten wissens, ein buchkörper, ein leichnam mit namen *love's body*. »... das wissen wieder fleischlich machen, nicht deduktiv, sondern unmittelbar durch wahrnehmung oder sinne; die körperlichen sinne« (p. 196). es hätte sich gelohnt, sich über wahrnehmung und das unmittelbare, körperliche an ihr gedanken zu machen. **sprachkritik** erschöpft sich in sentenzen wie ›vom buchstaben zum geist‹ (mit phallischen und feurigen attributen) – überhaupt nimmt der geist in einem buch, das dem sprachlosen körper gewidmet sein soll, eine beträchtliche stellung ein, aber brown interessiert ja ausschließlich der *mystische körper*, in welchem alle eins in jesus christus (p. 98) sind. der aphorismus ist keine echte alternative zum rationalen, logischen diskurstyp; ihn »die form der ewigkeit« (p. 205) nennen, das ist geschmacksache, um nicht zu sagen: naiv.

der sozius »die psychoanalyse zeigt, daß die sexuelle organisation des physischen leibes eine politische organisation ist; der körper ist ein politischer körper« (p. 116).

phallozentrismus brüderlichkeit, bündnis (teilung der macht), interdependenz versus herrschaft, monopol, gleichstellung, unterordnung und unumschränktes selbstgenügen des patriarchen. bezeichnend, daß n. o. brown der schwesternschaft überhaupt keine aufmerksamkeit schenkt, da er ja – gemäß der bibel – die frau als derivat des mannes beschreibt.

betrachtet man die situation des anthropos unter dem aspekt seiner ödipalisierung, muß berücksichtigt werden, daß von ihr tochter wie sohn, bruder wie schwester betroffen sind.

die finalität der sogenannten »endlust« entwertet die vorgebrachte kritik am primat der partialtriebe (p. 119, 126). ohne »endlust« gibt es bei brown nichts anderes als in arbeit investierte libido, kastration (partielle opferung), »sublimierter koitus« oder »masturbation« (p. 70).

reaktionär erscheint mir auch das festhalten an der **reproduktiven funktion der sexualität**: »die ehe verbindet eros und thanatos, liebe und zwist« (p. 30); »jeder koitus wiederholt den sündenfall, bringt tod und geburt in die welt« (p. 52); »... in diesem feuer bringen die götter den samen dar. aus dieser darbringung entsteht der fötus« (p. 158). unfruchtbarkeit eine perversion?

symbolbewußtsein, symbolik als »polymorphe perversion« definiert – also eine solche, aseptische, die keinem weh tut. universale symbolik versucht in einem fest der archetypen die toten wiederzubeleben.

reduktionismus, mystischer synkretismus »geburt, paarung und tod gleichgesetzt« (p. 51). browns spinozismus fusioniert die alten paare eros und thanatos, yin und yang, das »trennende« und das »erfassende« zu einer einzigen substanz: alles ist prozeß, intensität, bewegung, wandlung. alles handeln sei destruktiv oder wenigstens umwandelnd (p. 139); jenes amalgam aus heraklit und hegel wird wenig später von einer attacke wider ein »bewußtsein, das von der verneinung beherrscht ist, das heißt vom todestrieb« (p. 221) abgelöst: konversion in ein und demselben werk.

regression, reaktion n. o. brown nennt den schlaf »regressiv« (p. 50), sein eigenes vorgehen nimmt stets zuflucht zur freudschen urszene, zu ödipus und kastration: »die lösung des kastrationskomplexes ist genitalorganisation. genitalorganisation ist aber die grundsätzliche gleichung von *körper (selbst)* und *penis*« (p. 65). reterritorialisierung: zurück zu einer früheren identität, zu einer verlorenen **einheit**, zu einem »verlorene(n) kontinent« (p. 79), »die **einheit** von leben und tod als feuer« (p. 157). konstitutiv für krieg, selbst, feinde seien die mechanismen von introjektion und projektion (p. 134), andererseits soll »die versöhnung der gegensätze ... auf dem schlachtfeld« (p. 159) geschehen. da es bei brown nichts als synthesen, vereinigungen sowie vereinheitlichungen, reduktionen auf das **eine, ganze** gibt, erlebt auch hier der mythos vom hermaphroditen reprisen. was ich als mystischen reduktionismus (vergleichbar dem ideologischen) bezeichnen würde, heißt in n. o. browns terminologie **mystische partizipation**: »selbst und nichtselbst werden im augenblick der erfahrung miteinander identifiziert« (p. 111) – »die lösung des kriegsproblems im abendmahl, mit der transsubstantiation« (p. 154).

die kritik des utilitarismus, der senilen und senatorenhaften akademischen orthodoxie, die kritik am subjekt-objekt-dualismus, an der entweder-oder-dialektik, am buchstabenglauben, an der distanz-dualismus-konzeption wendet sich summarisch **gegen das realitätsprinzip.** »wahrnehmung wird ebenso wie politik durch stellvertretende institutionen vermittelt« (p. 111) – rolle der sprache?

»›animismus, magie und allmacht der gedanken‹ – das kind, der wilde und der neurotiker haben recht« (p. 135) – dreifaltigkeit überall, selbst die **revolution** ist ›permanent, spontan oder gnadenvoll‹. politischer und poetischer akt seien identisch miteinander: ohne daß man erfahren würde worin, bleibt die frage offen, ob das eine wunschvorstellung des autors ist.

souveränität »freiheit, symbolisch verstanden, entsteht durch die fähigkeit, verlust zu erfahren. weisheit ist trauern; selig sind die, die trauern« (p. 226). konkrete freiheit stellt sich folglich als ein erleiden dar. qietismus statt verausgabung.

wahrheit wird durch schmerz verifiziert, märtyrertum ist das unterpfand der wahrheit für brown (p. 156), so wie das *nicht-handeln* den *wissenden* auszeichnet.

affirmation von nicht-selbst, wider die identität »es liegt nicht daran, daß kinder, neurotiker und primitive ((1, 2, 3)) zu dumm wären, um zwischen worten und dingen unterscheiden zu können, sondern daran, daß sie nicht so unterdrückt sind, um sich nicht dessen bewußt zu sein, daß persönlichkeit eine soziale funktion und ein name eine magische beschwörung einer bestimmten rolle im sozialen drama ist« (p. 87). identität konstituiert sich aber aus mehr als einem bloßen »wiederholungszwang« (p. 90), charakter wird durch mehr als ein ensemble von von stereotypen fixiert.

leben = traumloser schlaf. bretons ›punkt‹, der zur überschreitung der antinomien tendiert. es kommt auf den punkt an, sagt bataille, egal, wie man ihn erreicht (erreicht: hinter jedem verworfenen ziel steckt ein weiteres).

wahnsinn, der weg ins freie »die lösung des identitätsproblems heißt: verlorengehen« (p. 144). »intellekt ist mut, der mut, das leben des geistes aufs spiel zu setzen, mit dem wahnsinn zu spielen« (p. 165). »statt organischer differenzierung spaltung oder selbstentfremdung...« (p. 126).

das nichts »das ich ist geschwätzigkeit, der innere monolog, das selbstgespräch, das isoliert. der weg des schweigens führt zur auslösung, zur abtötung des ich. leer werden, nichts werden...« (p. 299).

vom kathartischen effekt des *nichts* kann man z. b. in angst- oder streßsituationen profitieren, wenn man für momente die unangenehmen zipation.

wirklichkeitsaspekte ›ausblendet‹ - willkürlich. das gegenteil von partiaußerdem ermöglicht die dreifaltigkeit von schweigen, leere und nichts erst recht die okkupation von seiten des sinns, der identität. die faszination durch das *nichts* macht blind für seine signifikativen, reintegrativen valenzen. intelligenter als derjenige, der seinen namen verschweigt, ist der, der einen großen verschleiß an namen hat.

in *love's body* erlebt der säende, rächende, richtende und versöhnende (verzeihende) gott seine wiederauferstehung, der gern dionysos gewesen wäre.

*

(gina pane)
drei phasen der aktion *autoportrait(s)* (paris, januar 1973). 1. konditionierung: auf einem eisengestell, unter dem brennende kerzen stehen, so lange liegen, bis der schmerz unerträglich wird; 2. kontraktion: mit der rasierklinge den mund verletzen, während dias von einer frau projiziert werden, die ihre fingernägel blutrot lackiert; g. p. wendet sich – den rücken zum publikum – dem an der wand befestigten mikrophon zu, der schmerz hindert sie, etwas verständliches herauszubringen;

3. ausstoßung: g. p. kniet – vor sich ein glas milch und eine schüssel – auf dem boden, gurgelt mit einem schluck milch, spuckt das rotgefärbte gemisch aus blut und milch in die schüssel, absorbiert auf diese weise 1 liter milch. (die wenigsten zuschauer bleiben bis zum ende der aktion; die mobilisierten aggressionen richten sich gegen die ausgestellten aktionsrelikte, die gestohlen bzw. zerstört werden.)
aus liebe zum ›anderen‹ den körper öffnen, damit jene ihr blut sehen könnten ((*lettre à un(e) inconnu(e)*)). körpersprache gegen die diskursive sprache der gesellschaft gehalten (welche sich den körper einverleibt), das leben des unbewußten (libido) gegen die wirklichkeit ausgespielt. den phantasmus vom körper als entität der individualität demaskieren, das heißt seine funktion als corps social denunzieren.
gina pane sichert sich notarisch das fortleben als künstler nach dem tod – eine bestimmte person ist beauftragt, ihr posthumes portrait zu realisieren (das *œuvre posthume*, 1972, besteht aus portraitfotos der künstlerin, die alle zehn jahre, bis zu ihrem tod, angefertigt werden). konträr dazu setzt sie in ihrem aktionismus ihre gesundheit – wenn nicht das leben – aufs spiel.
schnitt ins fleisch, blut auf beton und schnee (*le corps pressenti*, innsbruck 1975); das eine ist die kultur, das andere fließt (und schmilzt).

*

die verausgabung dient der *kommunikation*, sie ist ihr als mittel untergeordnet.
das streben nach kommunikation entspringt dem verlangen, die grenzen des subjekts zu überschreiten. kommunikation heißt hier nicht kommunion, vereinigung, vereinheitlichung, interpolation, auch tendiert sie nicht zur mystischen fusion mit dem ›universum‹: im prozeß der kommunikation stelle ich mich selbst in frage – sofern ich mich weit genug öffnen kann. gleichermaßen dient das objekt des verlangens (ein mensch) der bewegung auf das jenseits dieses objekts hin: dem nichts, und das bedeutet, daß diese bewegung destruktiv (oder transgressiv) sein muß. ermöglicht durch den bruch der integrität eines menschen, verändert sie selbst, annihiliert sie im extremfall das objekt des verlangens.
dem **nichts** der inneren erfahrung müßte sein artikel entzogen werden, um wirklich ›nichts‹ (keine sache) sein zu können.

*

mit dem **gipfel** verhält es sich wie mit dem **sinn**. wenn der **sinn** im wesentlichen **non-sens** ist, wird auch der sinn ›non-sens‹ sinnlos, und das ad. inf.
freiheit bedingt ein freisein von der »sorge um die zukunft«. das »nichts

der obszönität«, der erotische exzeß wird von dieser freiheit durchdrungen. man kann sie sich nicht verdienen, ihr ist jeglicher heroismus, jegliches märtyrertum fremd. wie drückt sich freiheit nach außen hin aus? nicht zuletzt durch das wilde, verrückte, kindliche lachen. es ist, aus der nähe betrachtet, kein ›unschuldiges‹: bataille stellte sich vor, daß nietzsche lachte, ehe er ver-rückt wurde. um zum lachen zu gelangen, mußte bataille das naheliegende, die orgie, überspringen.

*

das *unverständliche* gefährdet die wahrheit, den ›sinn‹ des verständlichen auf dieselbe weise wie der tod das leben in frage stellt, wenn nicht negiert: nämlich derart, daß die unverständliche sprache die kommunikative, ratiologische sprache der lüge überführt und damit dem inkommunikablen raum schafft. jenen spielraum, der so etwas wie »individualität des sinns« ermöglicht. es wäre falsch, von privatsinn zu sprechen, der sinn findet sich suspendiert.
wie das?
es gibt einen punkt, wo oben und unten verschwinden durch ein übermaß an verzweiflung, das einen wie ein tier anspringt, von innen heraus korrodiert, wo ich nicht mehr die notwendigkeit artifizieller kontradiktionen spüre. vielleicht die rückseite bataillescher erfahrung, kopfverdrehender schmerz, das bin ich, wenn ich nur noch schmerz bin. die wahrheit: ein grinsendes schwarzes stück scheiße in einer ecke. ich befinde mich ohne frage auf der höhe der negation, doch was ich sonst noch darüber sagen könnte – das zu verstehen seid ihr zu intelligent. stets bereit, alles auszukotzen, dieses dreckige leben hier mit seinen simulanten – das ist eine echte bewußtseinsveränderung. genug. ich bin weder

*

ich hatte tatsächlich geglaubt, alles wie eine dreckpatina abgeschüttelt zu haben. irrtum. es war das übermaß an verzweiflung. unfähig, etwas zu tun, unfähig, in der taubheit zu versinken. »wilde trauer« ...
alle ambivalenzen gegenüber einer person in einem zeitraum von fünf minuten zusammengedrängt erlebt – das gefühl, von kopf bis fuß in sich zu ›stecken‹, keine selbstabtrennung vom körper mehr – selbstgespräche in einer fremdsprache ›verschlüsselt‹ – unerfüllbarkeit meiner erwartungen von solidarität (diese wird letztlich identisch mit der abwesenheit von sinn – sinn, dieser fallgrube, von der wir angezogen werden, weil das stabile gleichgewicht, die ruhelage immer verführerischer ist als die instabile, schwebende, fragile position: mit angehaltenem atem oberhalb der fallgrube, auf der dachspitze der kontradiktio-

nen. nivellierung und stabilisierung sind eine obsession aller außerkünstlerischen disziplinen; sie schütten beharrlich den abgrund der sinnlosigkeit mit amorphem material zu, während es darum ginge, dessen stetige präsenz anzuzeigen. ich lache also, wenn mir bewußt ist, von welcher fragilen konstruktion ich getragen werde, auf welcher fallgrube ich stehe, wenn die abwesenheit von sinn den primat des realen für einen augenblick aufgehoben hat – ich bin von sinnen. bleibt das risiko, bei diesem balance-akt ein- und abzustürzen – und die vorhergehenden notizen zeigen, auf welche weise und wodurch das passiert.

ich glaube, der selbstmord ist kein einbrechen in den sinn, nicht nur, sondern in erster linie ein akt, der dieser instabilen position, diesem labilen gleichgewicht ein ende bereiten will. daß es nicht-tödliche formen des selbstmordes gibt, bedarf nach rimbaud u. a. keiner erwähnung mehr.

die härte des ›poetischen‹ zustands könnte vielleicht durch eine gewisse form von solidarität gemildert werden und existenzbedrohende konklusionen verhindern. nur verstehe ich sie keinesfalls als mittel zum zweck, etwa um sich auf der höhe der kontradiktionen halten zu können, und welchen sinn hätte sie dann? der fehler liegt darin, einen prozeß als objekt zu beschreiben; wenn man sich ›sinnlos‹ verausgabt, ohne berechnungen anzustellen, ereignet sich kommunikation, erlebt man auch so etwas wie solidarität. was brüchig wird, das sind schein-entitäten wie die integrität der person, identität vor allem.

*

ich bemühe mich, ›liebesbriefe‹ zu schreiben; wenn sie gewissen leuten zu todes $\frac{m}{w}$ ütig, zu bitter schmecken, so liegt das auch daran, daß man mir ganze pakete voll haß und dummheit schickt.
[april–juni 1977]

roland barthes' inaugural-vorlesung am collège de france (7–1–77) denunziert vehement die sprache als das objekt, in dem sich die macht einschreibt (macht = parasit eines transsozialen organismus, der mit der ganzen geschichte des menschen verknüpft ist). provokativ wirkt weniger die feststellung, daß sprache die legislative sei oder insofern entfremdung impliziere, als sie dem sprecher eine soziale oder affektive suspendierung verweigere, noch der hinweis auf die fundamentale inadäquanz von sprache und wirklichkeit, sondern daß
1. alles klassieren unterdrückung bedeute
und 2. faschismus darin bestünde, zum reden zu zwingen.
kritiker wie andré jacob ((langue, pouvoir et responsabilité intellec-

tuelle, *le monde*, 23./24. 1. 77)) warnen angesichts dieser thesen vor einem neuen babel, vor barbarei, vor regression auf eine unartikulierte sprache hin, und appellieren, die distinktion nicht zu scheuen, um nicht der konfusion zu verfallen.

barthes' these, daß die sprache an und für sich schon faschistisch sei (indem die rede, der sprachakt vorgibt, die ganze sprache zu repräsentieren), hat fragwürdigen charakter. der einwand, daß die sprache unter einem repressiven system eine faschistische subversion erleide und der faschismus in seiner ersten phase den menschen schweigen auferlege, weicht seinerseits dem eigentlichen problem aus, das barthes' postulate stellen.

zum reden zwingen heißt: permanent sich-ausweisen müssen, interpret und interpretiertes, signifikant wie signifikat sein müssen. partizipation an der kommunikation bietet der kontrolle das größte anwendungsfeld: am kommunikations-stil des einzelnen wird seine funktion als sozius gemessen, d. h. ob er als staatsbürger, und wie, funktioniert, welche rolle er spielt, auf welche position er festzulegen ist. die auflage, zu kommunizieren, betrachtet als ein fortschreitendes identitäts-setzen bis zur erstarrung des essentiell beweglichen subjekts, zwingt zur identifikation (von kommunikation und bewußtsein) und diskriminiert jede bewegung auf den »transsozialen organismus« oder ›körper ohne organe‹ hin.

die macht der sprache sei verborgen, weil sprache klassiere und jede klassierung etwas unterdrücke. barthes ist sich der fatalen identität von objekt und mittel seiner kritik bewußt; eine machtminderung der sprache erwartet er sich vom ›stil‹ der fragmentation, abweichung (exkursion).

den sinn, die *eine* bedeutung unsicher machen, in vielheiten auflösen, das klassieren vom mechanisch-arroganten *ausschließen* befreien, weitgehend ›sinn-neutralen‹ bereichen eine chance einräumen: die freiheit, schweigen zu können, nichts zu bedeuten, nicht funktion zu sein.

*

mich interessiert an einem ›autor‹ nicht, welche philosophie (oder welche lösungen, interpretations-methoden) er ins leben gesetzt hat, sondern welche bewegung zu initiieren, welche mythen zu destruieren er vermochte, welche fragen er gestellt, wie er sie gestellt hat.

die strikte ›werkimmanente‹ lesart, die versucht, den textproduzenten als gesellschaftliches, psychologisches etc. subjekt zu ignorieren, täuscht sich über die ›objektivität‹ experimenteller texte und häufig auch über die objektivität der eigenen ›lesart‹ – deren konditionen zu beschreiben aufschlußreicher wäre als eine pauschalierende textanalyse.

mit welchen vorstellungen messe ich einen text; wo reichen sie nicht mehr aus und steht mir ein präformiertes urteil im wege, damit mir etwas auffällt; wo müssen diese vorstellungen selbst verändert bzw. erweitert werden, auf welche weise und warum (letzteres verweist auf die spezifischen qualitäten eines textes); über welche informationen verfüge ich, um die besondere information eines textes wahrzunehmen; was bedeutet der text für mich? sind jene fragen, die mich fesseln.

in dem maße, wie ich über die person des schreibers informationen besitze, müßte das rein projektive element verringert werden können – falls man hinreichend verunsichert in bezug auf identitätsimages ist.

*

(ein heißer sommerabend, über eine performance von jürgen klauke, documenta 6, juli '77)
der raum dunkel, ein als altar (selbst fotosequenzen ordnet klauke, der aus dem erzkatholischen köln kommt, als triptychon an) drapierter tisch, den ein helfer mit devoten gesten mit weingläsern bestückt, in die er grün-fluoreszierende kerzen steckt – in der mitte des tisches ein metallkelch.
auf die wand werden – musikalisch untermalt – farbdias aus der aktion *bi-gott (grüße vom vatikan)* projiziert. klaukes gestik ist ausgesprochen sparsam, so daß die aufmerksamkeit sich unwillkürlich auf die spannenderen dias richtet. die performance wirkt traurig, cool, resignativ: klauke blättert in einem buch, schlägt den kopf mehrmals auf das buch, wischt sich mit pathetisch-lässigen gesten den schweiß vom gesicht, prostet mit dem abendmahls-kelch, macht kniebeugen, setzt sich schließlich – mit dem rücken zum publikum – vor den altar-tisch; der helfer schenkt dem akteur einen cocktail aus, klauke entzündet eine zigarette, verändert seine sitzposition, so daß er mit dem gesicht zum publikum agiert, d. h. trinkt und raucht (im hintergrund musik und geräusche, die einer bar o. ä. entsprechen könnten).
mehr als die intendierte (?) travestie stellte klauke für mein empfinden die unfähigkeit zu kommunizieren aus.
die lust zu leben heißt eine seiner fotoserien, welche verschiedene wege des suizids zynisch vorführt.

*

(zur auferstehungsliturgie des o. m. theaters)
nitsch hält an der selbstverwirklichungs-idee (»selbstfindung«) des menschen fest, der sich als »mittelpunkt des ganzen« fühlen soll. identifikation mit dem ganzen, jedoch durch persönlichkeitsauflösung und -erweiterung.
das leben in ein fest transformieren, »selbstwerdung« auf dem wege der liturgie (des dramas) ermöglichen, das tragische überwinden, das nichts

durch das sein (das schöpferische) ersetzen, wahrnehmung und empfindung steigern (intensität generiert sensibilität), sein zu liebe machen, die gleichung kunst=leben zu verwirklichen suchen ... ist gut und schön. fragt sich, ob ein »ausgelasteterer menschentyp« allein schon durch den kathartischen effekt von nitschs spielen imstande ist, sich von »instinktbereichen« (verdrängungen, kollektivneurosen) zu emanzipieren, indem er sie sich bewußt macht und ob diese art von psychohygiene einer »seinsmystischen lebensform« den weg bahnt. (der mißglückteste, strukturell totalitärste versuch, auf ›profane‹ gesellschaftliche zwänge zu antworten, stellt muehls aao-sekte dar – was jedoch nitsch nicht von der beantwortung der frage suspendiert, wie die gleichung kunst=leben realisierbar sein soll, einmal davon abgesehen, daß man sich aufs land zurückzieht und ein schloß anmietet.)
»ein psychohygienisch geregelter breiter ausfluß von energien läßt vorerst jene als **liebe** bezeichnete vitalitätsaufwallung entstehen, welche das gesamte menschliche dasein erfassen soll.« ich weiß nicht, ob nitsch wirklich die menschheit mittels liebe erlösen will – seine »entbanalisierte« definition von liebe als mystischer rauschzustand, sinnestrunkenheit und überfluß, losgelöst vom karitativen wie genitalen imperativ, unterschlägt nicht, daß sie in der hauptsache verausgabung, exzeß ist. streng genommen stellt aber für den exzeß alles destruktive, der mord, ein menschenleben kein tabu dar. derartige intensitäten sublimieren, das hieße symbolisch handeln, tiere schlachten. welches kultur-kritische element enthält danach nitschs gesamtkunstwerk noch, wenn die derzeitige kultur auf eben dieser sublimierung errichtet ist?
ich kenne formen der ekstase, für die der begriff ekstase schon zu extrem sein mag. bloß habe ich nie den eindruck, »mittelpunkt des ganzen« zu sein, eher etwas undifferenziertes (also ›das ganze‹ selbst?). und von den reaktivierten intensitäten könnte ich nicht sagen, daß sie ausschließlich eine art liebes-fluxus hervorbrächten. was mir bedeutsam erscheint, ist, daß ich zu werden vermag, was ich nicht bin, daß ich heraustreten kann aus dem gefängnis der identität – ohne guru, noch (psycho)drama, noch fest.
zurückgekehrt, bleibt noch immer diese wunde, ich bin weder geheilt, geläutert, versöhnt noch ›erlöst‹, sondern angelöst, frei für neue dissimilationen und einen atemzug lang ›bewußter‹, weil frei von bewußtsein gewesen.
die erlösung des o. m. theaters von allem mystizismus: heliogabal.

*

erotik/mystik/poesie/toxische ekstase
die distinktion von »erotik der herzen«, »erotik der körper« und »hei-

lige(r) erotik« (mystische erfahrung), die bataille in *l'érotisme* vornimmt, plädiert für eine wesentliche einheit bezüglich des wunsches derjenigen, die einen der drei wege beschreiten: der wunsch, vom zustand der diskontinuität zu dem der kontinuität zu gelangen.

den tiefen sinn der erotik erblickt bataille in der »affirmation des lebens bis in den tod«, in der herausforderung des todes, dem eindringenlassen der negation.

was jener distinktion ihre berechtigung gibt, ist, daß sie unterschiedliche mittel beschreibbar macht, die das gefühl der kontinuität herbeiführen: während die »erotik der herzen« wie die der körper aspekte von gewalttätigkeit hat (nämlich die gewalt der passion), den tod nicht ausschließt (mord, suizid: die filme takahiko iimuras oder robbe-grillets verdanken der theorie batailles sehr viel), widersetzt sich die »heilige erotik« dieser gefährdung weitgehend, d. h., die mystische erfahrung vermeidet die kopflose bewegung auf das ungewisse zu, ist darauf bedacht, die integrität des subjekts nicht verletzen zu lassen.

in übereinstimmung mit andré breton erklärt bataille den poetischen zustand zu einem solchen, in dem die »ununterscheidbarkeit«, die »verschmelzung der unterschiedlichen gegenstände« erfahrbar werde.

stets führt der weg von der diskontinuität – über die angst, den bruch, die wunde, die erfahrung des todes, die zustände der ekstase – zu vorübergehender kontinuität, die sich nur im tod ganz erfüllt.

weder auf seiten der sinnlichkeit noch auf seiten der mystik stehen die ›toxischen ekstasen‹ derjenigen, die drogen nehmen. mit den mystikern (adepten der »göttlichen erotik«) verbindet sie die absenz eines objekts, von den mystikern trennt die toxikomanen, daß sie bereit sind, den willen partiell aufzugeben. w. s. burroughs hat den satz geprägt »euer problem ist nicht das fixen, sondern das ficken« – der zwar, die junkies diffamierend, die psychoanalytische ersatz-theorie perpetuiert, jedoch die wesentliche identität der ziele ignoriert.

> wenn antonin artaud behauptet, als 22jähriger seine sexualität »bezähmt« zu haben, was ungefähr mit dem zeitpunkt seiner inklination für drogen zusammenfällt, bestätigt das scheinbar das burroughs'sche diktum. gleichzeitig sollte man aber artauds mädchen, die ›filles de cœur‹ nicht vergessen, neben der offensichtlichen antierotik, welche sich in ›romantischen‹, der »erotik der herzen« verpflichteten sentenzen wie: was die menschen vereint, ist die liebe, was sie trennt, ist die sexualität – manifestiert. sich drogieren begreife ich als eine andere art der verausgabung ohne objekt, vergleichbar dem anlegen, inkorporieren einer zölibatären maschine, die ausdruck der schmerzlichen kontradiktionen zwischen »erotik der herzen« und »erotik der körper« ist.

mit anderen worten: die leidenschaftliche bewegung auf das unmögliche hin — ob es nun ununterscheidbarkeit, ›point suprême‹, aufhebung der partikularität, ›das heilige‹ etc., etc. heißt — im einen fall als sozial im anderen als asozial adjektivieren, das ist die methode der wissenschaftlichen, technokratischen, politischen, bürokratischen eliten.

*

der »objektive zufall«, betrachtet als prozeß, von andré breton in den *vases communicants, l'amour fou, nadja* und anderswo rekonstruiert, ist das gegenteil grenzüberschreitender verausgabung. insofern, als er
1. die gefahr des unvorhergesehenen vermeidet
2. ein prozeß der ich-restitution (heilung) ist.
breton beschreibt, wie die wahrnehmung des in seiner identität blessierten subjekts immer mehr dem wunsch folgt. wollen wird mit wünschen identisch. der auf gegenstände der außenwelt projizierte wunsch übernimmt die rolle der kommunikation.
das selektive wahrnehmen, das — indem es das subjekt gefährdende wirklichkeitsaspekte ausblendet oder ignoriert — nur fakten, daten, hinweise registriert, ist in diesem fall ein bewußt sinnstiftendes. das lädierte subjekt befindet sich auf der suche eines sinns (ja es konstruiert ihn mittels analoger interpretation von zeichen aller art, genauer: alles wird zum zeichen gemacht, zeichen, die meistens geschrieben sind, bestehen doch bretons traum-autoanalysen aus assoziationen zu wort-bedeutungen), der einerseits für die zukunft des subjekts verbindlich wird oder wenigstens aufschluß über seine determination geben soll (ausschluß der ungewißheit) und andererseits die wunden der ich-identität schließt. man vergleiche die promenaden bretons mit denjenigen von strindberg *(inferno/legenden),* der den prozeß bis zur paranoia hochschraubt.
wenn die libido die wahrnehmung determiniere, bezeichnet man das so manipulierte ›eingangsmaterial‹ als erfolgsrückgekoppelt, d. h. als irreal. ähnlich piaget, der postulierte, daß verrückt werde, wer sein denken nicht an der kommunikation kontrolliere (er spricht von überkompensation der fantasie, wodurch sich das subjekt den versagungen und frustrationen entzöge).
breton gelingt die annäherung von wahrnehmung und wunsch, was nichts anderes als den poetischen blick umschreibt, die fähigkeit, anders zu sehen; er vermag die realität zu relativieren, nicht aber sich selbst; *nadja,* falls das buch authentisch ist, belegt, daß diese begegnung die integrität der person breton intakt ließ.
vielleicht verdeutlicht dieses beispiel den abstand, der breton von bataille trennt. breton verschließt sich der exzeß, der rausch, als dieser

über das objekt des wunsches *hinausgeht,* die erwartete lust übersteigt – in absoluter gleichgültigkeit gegenüber der zukunft.

*

»alles existiert nur als funktion, und alle funktionen laufen auf eine hinaus; – sowohl die leber, die die haut gelb färbt, das gehirn, das sich die syphilis holt, der darm, der den dreck ausscheidet, der blick, der sein feuer da und dorthin sprüht, sie laufen für mich, *wenn ich den geist aufgebe,* auf mein bedauern hinaus, gelebt zu haben, und auf den wunsch, mit dem leben schluß zu machen« (artaud, *heliogabal*).

*

authentizität: du brauchst bloß dein hirn zu erbrechen.
ohne rest.

*

gewisse schlüsse besitzen die tendenz, sich gegen den zu wenden, der sie ›gezogen‹ hat. es ist dieses »nieder mit den schwachen!« eines nietzsche, einer laure, einer danielle sarréra.

*

freude – frustration
wie vermeiden, daß beides obstinat paarweise auftritt? und so, daß die *intensität* des ersteren (größte freude) exakt derjenigen des zweiten schrittes (große depression, enttäuschung) entspricht.
exaltation, wenn man freunde trifft: ich freue mich ja so und dann bemerke ich, daß ich wieder allein bin, mein einziger verteidiger, daß sich – auf grund der umstände oder feigheit – nichts geändert hat: laure (*le sacré*, 1938) sagt so einfache dinge, die ins fleisch schneiden. sollte man aber seine erwartungen im voraus derart reduzieren, um der enttäuschung auszuweichen? statt die ›umstände‹, die schwächen, die unfähigkeit angesichts der ›umstände‹ klar zu sehen, ins rampenlicht zu zerren, bevor sie zur schauspielerei verführen. aber was ist das wahre, ungeschminkte. schon mal gemerkt, daß oftmals der verbale oder gestische ausdruck einer ›tiefen‹ empfindung kaum zu unterscheiden ist vom trivialen der alltäglichen komödie?
sich die chance geben, verändert zu werden.

*

sich niemals hingeben, sich nicht in frage stellen und sich nicht in frage stellen lassen: solche bevorzugen freunde, welche sie bei nächster gelegenheit denunzieren können.
es handelt sich nicht bloß darum, keine ›zwei sprachen‹ zu sprechen, sondern auf die blutige, restlose sektion seines dialogpartners – wider besseren wissens – zu verzichten. komme ich an den punkt, wo ich nicht allein das verschweigen billige, sondern zu rechtfertigen suche, ist das vertrauen maßlos.
unheilbare chirurgen warten darauf, daß das inkommunikable eines tages seine sprache finden, der verschwiegene rest ausgeliefert werden möge; bewußt durchtrennen sie sämtliche fäden der attraktion (aus furcht vor gefährdung), wie um sagen zu können, alle relationen glichen sich letzten endes und um triumphierend ausrufen zu können, daß jede erfahrung schmerzlich, enttäuschend sei. eine burg bauen, sie wieder zerstören und sagen: alles bloß sand.
sieht man nicht, wie hier erfahrung als repetition eines gut gelernten schauspiels, ja im grunde inszenierung (getragen von vorurteilen, ängsten etc.) ist.
fehlt ein zuverlässiges kriterium, gespieltes vom authentischen zu trennen.

*

ein gelber, total verrückter hoffnungsfaden, den zu benennen sich nicht scheut, wer mit dem abgrund, dem schmerz und dem tod intim vertraut ist: »jenseits von vernunft und wissenschaft und allen parolen gibt es liebe.
fülle den becher und wir werden verrückt sein« (laure, *le sacré*).

*

es gibt leute, die – tot – ihr leben verzweifelt damit zubringen, in der wüste den sinn zu suchen, ohne jemals auf diese fallgrube zu stoßen.
auf dem gitter der fallgrube federn und high-sein: die psychoanalyse hat diesen zustand mit dem ausdruck angst–lust belegt.
ich hätte lust, das adjektiv ›pervers‹ den wortschöpfern zurückzugeben.

*

warnung, an einer wohnungstür anzubringen (frei nach laure): »wer hier eintritt, bilde sich nicht ein, ein anderer/etwas anderes zu sein als er ist –
hier lebt man nackt«.

*

zu batailles theorie der verausgabung vgl. matthäus 10/39 (»schöne verlierer«).

*

panizzas *psichopatia criminalis* (zürich 1898) liefert jetzt der pathologisierung von »terroristen« die argumente.

*

»es ist sinnlos, sich einem werk opfern zu wollen« will sagen: es geht um dich selbst als ›werk‹.

*

jeden morgen ist mir zum sterben zumute; wiederholt zu erleben, daß man noch immer nicht in die wirklichkeit hinein aufwacht.

*

hilferufe generieren – wenn nicht schadenfreude – oftmals bloß ein echo bei anderen, eine art umkehr-effekt: unversehens wird man selbst zu dem, der ratschläge erteilt ... aus verlegenheit angesichts der hilflosigkeit der anderen.

*

der mit der außenwelt kommunizierende körper ist von vornherein in eine abhängigkeit gestellt. batailles theorie der kommunikation bedürfte erst dann einer revision, wenn der menschliche organismus, komplettiert um den bio-computer, autonom wäre.

*

autobiographie & sex-life unica zürns
was ihr buch *der mann im jasmin* fortwährend umkreist und zugleich verhüllt, wird sprache in *sombre printemps*, einer einfachen, weniger manierierten prosa als die »eindrücke aus einer geisteskrankheit« und dennoch besitzen die bilder dieser erzählung die gewalt von bellmers zeichnungen.
»ich bereue es jetzt nicht mehr, daß ich mich nicht schon als zwölfjährige aus dem fenster gestürzt habe.
sollte das hoffnung sein?« (1959, »in großer angst geschrieben«). im oktober 1970 führt sie aus, was sie in *dunkler frühling* angekündigt hatte. als kind von ihrem bruder vergewaltigt, entdeckt sie ihre masochisti-

sche neigung (beschreibung, wie sie sich von einem hund das geschlecht lecken läßt, während ihr ein harter stein in den rücken drückt). ihre zweifel angesichts des eigenen geschlechts, die abwesenheit von ›leidensgenossinnen‹, die angst vor der eindeutigkeit und die aus erwartung und distance resultierende spannung: die chance, immer zu lieben, mit ein und derselben kraft, kommt nur dem zu, der ohne hoffnung liebt, sagt sie.

die rituelle konservierung der ›ersten liebe‹: ein paßfoto im mund zerkleinern und dann hinunterschlucken, portrait-zeichnungen vernichten, ein haar in eine kugel aus siegellack einschließen und als medaillon tragen, aus dem fenster springen.

unica zürn widerlegt meine gedanken über die absorptionskraft der solidarität: sie stieg sozusagen vor den augen bellmers ›aus‹, ihrem lebensgefährten der letzten jahre. kommunikations-zusammenbruch.

laure, danielle sarréra, unica zürn: haben sich nicht damit aufgehalten, ›werke‹ zu schreiben. es sind songs of love and hate, die sich schonungslos entblößende sensibilität, die über die passion zur selbstvernichtung schreitet.

in der genealogie der suicidés de la société stellen sie den bisher ignorierten weiblichen teil.

*

nicht alles sprechen (wie das memorieren, rezitieren usw.) sei intellektuelle leistung. ohne das zusammenfallen von denken und sprechen affirmieren zu wollen, erlaubt die *leistung* wygotski ((*denken und sprechen* (1934), frankfurt 1969)) eine differenzierung, hierarchisierung. es gibt keinen grund, dem deklamieren oder der unartikulierten rede weniger geist zuzusprechen als einer artikulierten, kohärenten, mehr oder minder mühselig zusammengesetzten rede. vielmehr ist jene distinktion frucht von ressentiments gegenüber sämtlichen nonverbalen ausdrucksformen, die – gewissermaßen unter dem primat der physis stehend – als atavismen abgewertet werden.

doch ein weinkrampf, die einfachste grimasse unterläuft die diktatur des signifikanten.

*

gelegentlich habe ich mich als tot beschrieben. ich verstand darunter einen in seiner genesis weit zurückliegenden zustand des dissoziiertseins von mir selbst. nicht dissoziiert in zahllose fragmente, nicht teil von allem, sondern eine art auge, das den körper von b. m. überwacht. das führt zu ganz praktischen konsequenzen, z. b. der verantwortungslosigkeit gegenüber meiner person und dem kollektiv. schwierigkeiten,

sich mit dem gesagten, gedachten, geschriebenen zu identifizieren. abneigung und widerwillen vor ja/nein-alternativen usw. (der suspendierte zustand, unpolar, kann auch folge von isolation sein. für identität braucht es wenigstens zwei, rollen gebiert ein ›soziales umfeld‹, die kommunikation.)
unerreichbarkeit der ›essenz‹ – ähntfremdung genannt.
das alles ist scheiße. es beschreiben fingerfertigkeit, geduld, stumpfsinn und narzißmus.

[juli–august '77]

der publikums-›erfolg‹ von sartres *der idiot der familie:* neurotiker applaudieren der studie eines neurotikers über sein double. weil sartre das objekt seiner studie – da genial – als konkurrenz empfindet, muß er es, per projektion, auf seine persönlichen abmessungen zusammenschrumpfen lassen.
gerade jene methoden freuds, adlers oder jungs, die sartre 1943 in seinem essay über bataille ›grob‹ und ›verdächtig‹ nannte, bilden das antiquierte instrumentarium seiner flaubert-studie.

*

maria erlenbergers ›bericht‹ (*der hunger nach wahnsinn,* reinbek 1977) stilisiert die regression zur privaten revolte. es ist der bericht einer sog. magersucht, die die klinik als einzigen mutterleib begreift, als zufluchtsstätte und hort der geborgenheit. ich schätze sie als supranormal, ja voll identifiziert ein. sie lebt dort – ihren schilderungen gemäß – in einem rhythmus aus essen und kacken, wobei sie darauf achtet, beides durch »ficken« und »partner« zu ergänzen – im werbetext steht etwas von »wiedergewonnener identität«, und da darf die triebbefriedigung nicht fehlen. diese art von identität, dem »hunger nach wahnsinn« entsprungen, ist allerdings ein *kinder*spiel. mit wahnsinn verwechselte bewußtlosigkeit.
ihre randbeobachtungen spiegeln das klinische bild des irren in der psychiatrischen praxis von heute wider, seine durch psychopharmaka imbezilisierte, entwürdigte und infantilisierte gestalt.
die erlenberger sagt indirekt, daß gelegentliches aussteigen rekreativ sein kann (sofern man sich die hintertür, die zum ausgang führt, offen hält) und daß konformismus – gute führung – gegenüber den exekutivorganen des staates sich stets auszahlt.

*

den *bierkampf,* den achternbusch mit pueriler wut führt, seine invektiven gegen eine kultur, deren angestellter er längst ist, all das kommt mir wie die attitüde eines mannes vor, der den dichterrebellen im harlekinskostüm mimt. (ich habe wahrscheinlich den fehler begangen, sowohl buch als auch film in nüchternem zustand zu mir zu nehmen.) genet, der heute bekanntlich in tranquilizern untertaucht, hat sich wenigstens das dilemma eingestanden: was wäre, soll ein solcher tun, den allein die wut am leben hält und der sich als notorischer aufständischer wohl fühlt, wenn es keinen anlaß mehr zum schimpfen gibt? (›die revolution‹ würde genet unglücklich machen. seine leidenschaftliche verteidigung der raf hat darin ihre ursache – er schätzt ihre revolte als verzweifelt, heldenhaft und selbstmörderisch, also romantisch ein.)

*

artaud, laure, guyotat: katholizismus und/oder disziplinierung in kinderzuchthäusern (pensionat, kolleg, privatklinik). fast könnte man meinen, derartige zweifelhafte privilegien erzeugen notwendigerweise militanz.

pierre guyotat versucht mittels verleugnung sich aus der klasse zu katapultieren, aus der er stammt (sein vater war landarzt) und die er haßt; im grunde sucht (und findet) er bloß – verunsichert auf grund der soziologisch nicht erfaßbaren situation des schreibenden – die integration in eine neue klasse, die effektiv die alte ist, daher sein nachbeten *tel-quel*istischer rotchinesischer phrasen (*littérature interdite*, paris 1972). natürlich erreicht er mit experimentellen triebtexten wie den seinen nicht die vielbeschworenen ›massen‹, sondern die aufgeklärten, liberalen intellektuellen – falls der staat nicht interveniert (guyotats *éden éden éden* wurde 1970, der pornographie verdächtigt, in frankreich verboten). guyotats theater (das sprechstück *bond en avant*, 1973) verwendet elemente der einstigen disziplinierungs-szenerie (z.b. eine schulbank), es dramatisiert die sexualität (akteure, deren geschlecht mit wundverbänden umwickelt ist, ein akteur in eine zwangsjacke geschnürt). er setzt, unbelastet von der prüderie seiner surrealistischen vorväter (obwohl er mit ihnen die romantische tradition teilt), das drama homosexualität in szene. dies allein – die minutiösen schilderungen seiner sexpraktiken – würde guyotats werk kaum abheben von jenen bekenntnissen und geständnissen, dieser masturbation in der öffentlichkeit, wie sie in fast jeder zeitschrift abgedruckt sind.

er folgt bataille, indem er die tragischen und schmerzhaften aspekte der sexualität der zeitgenössischen leistungsorientierten vollzugsideologie entgegenhält, der orgasmusdespotie, der freizeitlichen sublimation via geschlechtsverkehr.

guyotat bringt materielle, gesellschaftliche zwänge zur sprache, probleme der praxis insgesamt, worüber sich bataille in seiner erotologie ausschweigt. für *bond en avant* beansprucht guyotat das prädikat »philosophischer text«. es überrascht mich nicht, daß er die vulgarität unerträglich findet.

*

bataille behauptet die identität von erotik und kommunikation. beides ist für ihn bloß eine art *umweg*, um zum eigentlichen, nicht greifbaren ›objekt‹ des begehrens – der nacht (dem tod) – zu gelangen, umweg, der indessen notwendig sei.

*

fritz zorn (*mars*, münchen 1977), bernward vesper (*die reise*, frankfurt 1977), ernst herhaus (*kapitulation*, münchen 1977): drei lebensläufe – ›bürgerliche‹, versteht sich –, jeder eine ausnahme, ›gestrandete‹, nur einer der autoren überlebt, erlebt das erscheinen seines buches, die anderen begehen suizid (vesper, indirekt auch zorn).
herhaus ist weniger deshalb ›noch mal davongekommen‹, weil er sich des alkohols entwöhnt hat, sondern weil er die kraft zur sinnkonstruktion hatte; daß sein buch ›wie ich mir gott erfand‹ oder ›wie ich zu gott zurückfand‹ heißen könnte, ist nicht metaphorisch zu verstehen. und: alle drei autoren stellen die frage nach gott, d. h. die sinnfrage.
zorn reklamiert im laufe seiner autobiographie den chronischen zustand von gewissermaßen suspendierter identität und identifikation, der sein elternhaus – und damit ihn selbst – beherrscht habe: »... die sprache zerfällt in eine amorphe masse von bedeutungslosen partikeln; nichts ist mehr fest, und alles wird unwirklich«. zorn erleidet also die mehrdeutigkeit, weil sie ihn letztlich lähmt, jemals zu handeln, stellung zu beziehen, eine ›eigene meinung‹ zu haben.
»... wenn die kinder einmal beim psychiater gewesen sind, sind sie nachher auch nicht mehr bürgerlich«, ein satz, der durch *mars* selbst widerlegt wird, denn weil zorn seine existenz immerfort und ausschließlich an der existenzform der bürgerlichen gesellschaft mißt, muß er sich als verlierer fühlen und leidet er, läßt er sich zu der meinung hinreißen, daß »glück ist, was funktioniert«, die notwendigkeit eines verbindlichen sinns abstreitend. vermutlich infolge der psychoanalyse, verkürzt zorn seine – zwar neurotische – reaktion auf und gegen die gesellschaft zu persönlicher inkonsequenz und/oder impotenz, verfällt er darauf, seinen wunsch, die schweizer kreditanstalt in die luft zu sprengen, als symbolischen anschlag wider seinen vater zu interpretieren.
nein, die psychoanalyse bildet in ihren patienten gewiß keine gesellschaftskritiker heran, vielmehr mystifiziert, symbolisiert, mythologisiert, vernebelt sie deren auseinandersetzung mit allen formen der herr-

schaft und liefert bestenfalls, wenn man danach verlangt, jedem seinen ödipus. zorns krebs entwickelt sich nicht allein auf dem großbürgerlich-puritanischen nährboden seines elternhauses, wie er glaubt, weder die entjungferung noch das ›normale funktionieren‹ auf allen gebieten hätte letzten endes diese art von suizid unterbunden. allerdings glaube ich, daß zorn während der analyse vielleicht zum ersten mal erfahren hat, was kommunikation sein könnte: er ertrotzt sie sich, doppelt dafür bezahlend (mit arzthonoraren und mit dem leben). seine krebserkrankung führt eine begrenzte kommunikative situation herbei (analytiker-patient), mit ihr entsteht für eine kurze zeitspanne identität: der todkranke zorn beginnt mit der niederschrift seines als verfehlt empfundenen lebens.

verbaltherapie auch bei herhaus (selbsthilfe-organisationen).

bernward vesper stieg eines tages aus: »zehn jahre lang habe ich versucht, die verhältnisse zu verändern. aber sie haben sich nicht geändert. das leben verläuft, während wir noch immer damit beschäftigt sind, die verhältnisse so zu verändern, daß wir leben können. ich halte das nicht länger aus« und »wir können nicht ewig mit dem erigierten glied der hoffnung herumlaufen, ich kann es einfach nicht durchhalten, diese hoffnung«, schrieb er 1970, als er von der apo auf acid umgestiegen war. sich selbst revoltieren – ist das zwangsläufig ein kamikaze-unternehmen?

»... vereinzelung und zerstörung jeder hoffnung führt hunderttausende zur masochistischen vernichtung ihres lebens durch alkohol und drogen«; diese bemerkung aus *die reise* hervorzuheben wäre überflüssig, wenn sich die presse nicht entblöden würde, die dealer als ursache des »rauschgift-mißbrauchs« darzustellen, noch dazu die ›lösung des problems‹ in der liquidierung von händlern sowie gewissen drogen zu sehen. jene leute, die zerbrochen worden sind, werden immer ein mittel finden. »solange es uns nicht gelungen ist, irgendeine der ursachen der menschlichen verzweiflung zu beseitigen, haben wir nicht das recht, zu versuchen, die mittel zu beseitigen, durch die der mensch versucht, sich von dieser verzweiflung zu befreien« (artaud, 1925). die trip-erlebnisse vespers – typographisch hervorgehoben! – sind austauschbar und streckenweise banal (hat man c. g. jungs archetypen studiert, kann man sie auch unter acid reproduzieren), der andere teil seiner reise ist es ganz und gar nicht.

worauf wollte ich hinaus? die chancen zu überleben sind für den geringer, der es nicht schafft, wenigstens für minuten *seinen geist aufzugeben*, das heißt, irgendeine art von transzendenz zu akzeptieren. solidarität, kommunikation etc. verhindern keinen suizid. wer klar gesehen hat, absolut illusionslos, den bringt die gesellschaft um. unzufriedenheit, wut, zorn, krebs – es sind die falschen zellen, die verrückt spielen.

(in seinem vorwort zu *mars* warnt adolf muschg jene leser, die nur schale kost gewöhnt sind, indem er dem buch literarische qualitäten abspricht, es ein autistisches dokument nennt und unterstellt, diesem gebräche es an der gabe, »einem leser *unwillkürlich* zu herzen zu gehen«. glückliche meinungswissenschaftler! welche raster, mit denen ihr operiert, geben euch das recht zu so viel frechheit?)

*

ausspruch von b.: es ist immer gut, zu den dingen distanz zu halten – die statements der anekstatischen, die sich immer nur als zynische betrachter des ›films realität‹ verstehen, vielleicht aber bloß die schlechteren schauspieler sind.
offensichtliche authentizität wäre also ausdruck der beherrschung des spiels, verkrampfung und angst, sich schwimmen zu lassen. die zwei techniken zur konservierung von identität: sich niemals selbst einbringen und permanent andere attackieren, provozieren.

*

in der letzten, kleinsten schachtel, mein lieber, steckt nicht das ›ganz andere‹, sondern ein nichts, eine banalität, ein schlechter witz. suche und öffne sie also nicht, wenn du dir die frustration ersparen willst. (ebensogut könnte ich ›stirb!‹ sagen.)

*

empfindlichkeit, sensibilität gilt unter barbaren als wahnwitz, wer sich zu ihr bekennt, spricht sein eigenes todesurteil.

*

sich selbst lieben können, um ich-los leicht wie eine feder zu werden und überleben zu können (nietzsche); umgekehrt könne nur derjenige von sich sagen, daß er ein dreck sei, wenn er wahnsinnig werde oder sich ändere (wittgenstein).

*

die erkenntnis ist die billigste der huren.
lernen, wie eine sau zu denken.

*

mir nimmt niemand ab, daß ich manchmal überhaupt nichts denke,
nur plunder absorbiere: eine rein mimische täuschung.

*

wenn ich ab sofort lauter spräche, deutlicher (kohärenter), wenn ich
meine vorstellungen (durch überempfindlichkeit bedingt falsche) rascher
korrigieren könnte und empfindungen ihr echo in meinen gesten fänden... wäre das höchstens ein rollenwechsel.

*

während des sechstägigen wartens auf b. gesichtshalluzinationen. jeder
beliebige kopf alarmierte mich. beim zweiten hinsehen mußte ich die
täuschung ›einsehen‹. was ist bei diesem zweiten hingucken passiert.
andererseits habe ich b's gesicht gar nicht genau studiert. es existiert in
kürzester zeit nur noch in meiner vorstellung und es könnte sein, daß
ich beim nächsten hinschauen mein mentales bild auf das gesicht projiziere, ohne wirklich zu ›sehen‹.
pointillismus.

*

die vorstellung, daß ich – euphorisiert – selbstgespräche nicht in deutsch
führe, beunruhigt diejenigen, denen ich davon erzähle. sie täuschen
besorgnis vor.

*

das gewohnte bild: ein zimmer betreten und das gefühl haben, nicht
allein zu sein. der aberglaube, daß sie einen in horizontaler lage entweder nicht erreiche oder weniger angreife: die angst.
die andere variante des versteckspiels: in menschenansammlungen flüchten und sei es nur, um zu erfahren, daß ich in der depression meine
stimme bis zur unverständlichkeit zurücknehme.

*

kommunikation, der zusammenhang sind das *unmögliche*, einzig die
sprache spiegelt das gegenteil vor. ich verstehe mich durchaus, es ist
jedoch illusorisch zu glauben, man könne ›sich verständlich machen‹:
auf das, was ich sage, projiziert ein zweiter jeweils seine vorstellungen,
die mit den meinen wahrscheinlich nichts gemeinsam haben – wahrscheinlich, weil dieser prozeß unüberprüfbar bleibt, verhindert doch
die sprache das verstehen.
›den‹ sinn gibt es ebensowenig wie ›die‹ identität, beide müssen also

von *denjenigen* erst – per identifikation mit der kommunikation – produziert werden, *die ihrer bedürfen.*

*

– was willst du?
zerrissen werden. ohne ich, denken usw.
– was fürchtest du?
u. a. die abwesenheit von sinn, genauer: die sie begleitende angst.
– also wünschst und fürchtest du zugleich die angst.
– was kannst du nicht, obwohl du es willst?
lachen, weinen, mich selbst lieben – ausnahmen nicht mitgezählt.
– wer berät dich?
der tod, dann alle traumähnlichen phantasmen und bilder.
– du willst also jeweils das, was augenblicklich untangierbar ist. idiot! daraus folgt ein scheißdreck...

*

b., nebenbei solche dinge wie »es wäre jetzt gleichgültig, ob wir tot wären oder nicht« von sich gebend, gefällt sich darin, angesichts von menschenmengen zu behaupten, sie hätte das gefühl, einem life-film zuzusehen, ohne zu sehen, daß auch sie zu seinen akteuren gehört (für andere). den bumerang-effekt von undifferenzierten urteilen über ›die masse‹ usw. bedenken.

*

ich versuche mich b. zu nähern, muß aber die berührung auf halbem wege abbrechen, die rechte hand zurückziehen, da sie schmerzt: ungläubiges erschrecken, als ich auf der innenhand und am daumen blutige schnitte bemerke, die von einer rasierklinge stammen müssen. der zweite anlauf bringt mir zusätzlich die verletzung der linken hand ein – diesmal keine schmerzempfindung. der horror läßt mich mitten in der nacht aufwachen. wie ein echo des traums der intensive eindruck, völlig mit blut verklebt zu sein (schweiß).
der traum, eigentlich eine reprise nach vier bis fünf jahren, fusioniert verschiedene elemente: die farbe der kleidung von b. (rot), striemen an der innenseite ihres handgelenks, ein gespräch, in dem ich mich als »offene wunde«, nackter unter gut gepanzerten ausgab und solche menschen als wichtig bezeichnete, die es verstünden, einem das messer in die richtigen stellen zu rammen.
der traum sagt mir, daß eine person, die mit rasierklingen die gefähr-

dung ihrer integrität von außen abwehrt (auf so heimtückische weise!), wohl alska ist.

*

warum die fortgesetzte diskriminierung psychiatrischer autoren? einerseits ruft navratil ernst herbeck zum »interessantesten lebenden österreichischen dichter« aus, ediert aber dessen gesamtwerk unter einem pseudonym (*alexanders poetische texte*, münchen 1977). die beiträge sieben anderer »namhafter« autoren, die dem buch zwecks »legitimation« (navratil) beigegeben sind, ich lese sie – von zwei ausnahmen abgesehen – wie armutszeugnisse, die herbeck eher beschämen als daß sie ihn in den rang des dichters einsetzen. gerhard roth schreibt über ›alexander‹ wie einst waiblinger über hölderlin: auch in seinem report findet sich die »stille würde«, die verniedlichung eines (wenn auch gebrochenen) aufständischen durch einen ignoranten.

*

bei manchen leuten habe ich den eindruck, daß ich ihnen früher (in welcher, anderen, welt?) bereits einmal begegnet bin. die anziehungskraft, die von ihnen ausgeht, hat nicht unbedingt ein kommunikatives, verbales äquivalent: es ist so, als würde man sich genau kennen, als sei das spiel gemacht. wir haben uns nichts zu sagen als eben jene feststellung.
umgekehrt denke ich bei leuten, die sich als gefroren, unbewegbar erweisen, daß man sie vielleicht besser später ... wiedertreffen sollte.
[september–oktober '77]

»wenn wir den zug nehmen, um nach tarrascon oder rouen zu fahren, so nehmen wir den tod, um unter die sterne zu gehen. sicher ist bei dieser überlegung wahr, daß wir ebenso wenig im *leben* uns auf einen stern begeben können, als wir gestorben den zug besteigen können.« (van gogh, 1888/89)

*

batailles verbrämung des elends in *das halleluja* (VII.) möchte ich kollmanns (?) these gegenüberstellen, die keiner philosophischen spekulation über die freundschaft, sondern einer erfahrung entspricht, der ich zustimme: *geteiltes leid wiegt doppelt schwer*, es addiert, potenziert sich. sagen, daß freundschaft usw. niemals an externen, z. b. materiellen barrieren zerbricht, heißt einem gefährlichen romantizismus verfallen.

*

ekel, aggressivität und wut füllen die lücke ›angst‹.
meine verbitterung ist so groß, daß sie mir alles produktive unmöglich macht (selbst kein von negativität oder destruktivität getragenes schrei(b)en, auch keine schrift, die sich formal selbst zerstört).

*

(aus dem gespräch mit einer unbekannten. wir vereinbarten gleich, die austauschbaren ›angaben zur person‹ nicht zu berühren, auch unsere namen zu verschweigen, damit identität in der schwebe zu lassen.
ich stand in einer kneipe, trank, rauchte, hatte für stunden kein wort geredet – das übliche . . .)
– glaubst du *anders* zu sein?
– ich bilde mir ein, authentisch zu sein. gleichzeitig sehe ich mich aber mit, als hätte ich permanent einen spiegel vor mir und beobachte mich.
dem statement mißtrauen.
diese art von selbstkontrolle kann nur eine richtungsänderung erfahren, sofern es jemand versteht, mich zu ›treffen‹, zu verletzen, indem er mir zeigt, was an dem ›authentischen‹ bloß schauspiel war. die prämisse, daß ich verletzt werden kann, besteht darin, daß mir die andere person nicht gleichgültig ist.
das ganze hat nur sinn, wenn dieses spiel endlos vorangetrieben wird: identität, eine der schönsten mystifikationen, zersetzt sich unter dem druck ihrer infragestellung, hebt sich indessen nicht gänzlich auf. bleibt jener rest von individualität, der nicht zur identität beiträgt. nicht kommunizierbare empfindungen, die sich der kommunikation entziehen, von außen nicht korrigierbar, in frage zu stellen sind (dem zweiten fehlt gewissermaßen der kode, um mich zu erreichen: deutlich im rausch, in der depression).

*

vergessen
warten
schweigen

feel like strike down everybody
murder is in the air

*

alaska
she put her fist through the window pane
it was such a funny feeling. (lou reed)

*

schild für meine wohnungstür: fragile. handle with care!

*

kafka (»es gibt unendlich viel hoffnung ... nur nicht für uns«) paraphrasiert von achternbusch (»du hast keine chance, aber nütze sie«).

*

haß und verbitterung sind mit die sichersten anzeichen für idealismus, ironischer: illusionismus. sie sind die reaktion auf eine zurückgewiesene oder unerwidert gebliebene liebe, die nicht begraben wurde. andererseits entledigt sich derjenige, der sein affektives leben kastriert, zugleich aller hoffnung, daß er veränderbar sei, sich verändern könne. er über-lebt bloß noch, stirbt ab. die wut dagegen ist destruktiv, also kreativ, selbst wenn sie sich gegen einen selbst richtet – letzteres heißt man in seiner verdünnten form ›selbstkritik‹.

*

die sinnfrage stellt sich nicht immer angesichts eines mangels (die leere), sie kommt mir wie eine ableitung des schmerzes vor, treten doch denken und leiden paarweise auf.

*

batailles satz über die identität von begierde und angst, gelesen durch proust: »da sich begehren immer auf einen gegensatz richtet, zwingt es uns zu lieben, was uns leiden macht«. es wäre ein irrtum, daraus den schluß zu ziehen, das leiden sei begehrenswert.

*

die präsenz ist eine täuschung. befinde ich mich irgendwo – ganz gleich, ob in einer mit reizen gesättigten atmosphäre oder nicht, sei es allein oder in einem gespräch –, bin ich zwar präsent, hier, aber nicht da. dennoch registriere ich die situativen wahrnehmungen, die ich zu beliebiger zeit, an einem anderen ort, abberufen kann (replay). die fiktionalisierung (interpretation) der mit ›wirklich‹ adjektivierten informationen/ daten beginnt bereits mit deren aufzeichnung, mit der ›unmittelbaren wahrnehmung‹.

die wunde der katalysator der kommunikation.
ein passant, solange er geht, kommuniziert sehr wenig; stürzt er aber...
(weshalb menschenaufläufe bei unfällen nicht bloß auf pure sensationslust zurückzuführen sind.)

*

am 31. 12. 76 las ich heidi schmidts *anfälle*. ich will mich nicht dazu verleiten lassen, ihre »art zu leben« mit derjenigen danielle sarréras, etwa, zu vergleichen: »wir schreiben nicht dem entsprechend, was wir sind, wir sind dem entsprechend, was wir schreiben« (maurice blanchot). und gerade der unmögliche versuch, den körper schreiben zu lassen, die schrift dem sein soweit wie möglich anzunähern (und umgekehrt), das machen die imperfektionen, die brüche – sie allein zählen – in den diaries der h. s. sichtbar. unter dem signum der repressiven entsublimierung läßt h. s. ausgiebig das geschlecht sprechen: geschwätz, das seinen gegenstand unfreiwillig (?) banalisiert. letzteres mag klauke mit seinen »erotographischen tagesberichten« und -zeichnungen intendiert haben – neben der selbstdarstellung, deren ›korrektur‹ – demystifikation der person klauke – die bücher h. schmidts u. a. anstrengen.
wenn die wut schreibt ...

*

– welchen gebrauch machst du eigentlich von der sprache?
– wahrscheinlich lange nicht in einen spiegel geguckt, sonst würdest du sehen, daß du ein brechmittel bist, ein dreck, ein stück scheiße (antwort, die im entscheidenden augenblick immer ›fehlt‹).

*

eine woche fast absoluten schweigens (autokommunikation, schreiben). entzugs-symptome. mir ist zum kotzen vor angst. physisches unbehagen. nicht bloß mangels kommunikation, sondern mangels menschen. deren alleinige anwesenheit manchmal beruhigt.
ich begreife meine nächtlichen streifzüge immer weniger als jagd- oder beutezüge (objekt: kommunikation): sie sind in erster linie eine ableitung exhibitionistischer wünsche (minimierung der identität).

*

die furcht ein poetischer zustand (rage: poesie)

*

a. spielt ein wenig ›femme fatale‹, ohne über den ansatz hinauszukommen. die gesteigerte sensibilität kleidet sich ›frivol‹ und gibt diese technik obendrein zu.

*

mich ins schwimmen gebracht bis an den rand der selbstvernichtung (suicide ride).
wie kommt man zur inertheit und resistenzfähigkeit der barbaren – ohne deren brutalität. einzig der nichtbesitz einer waffe bewahrte mich bisher davor, zum mörder zu werden.

*

entweder die begierde/angst verzehrt dich allmählich, oder du stillst die begierde ... indem du sie tötest (kann heißen: aneignung des begehrten objekts oder suizid). unblutige ›aufhebung‹: das objekt der begierde verliert seine ganze anziehungskraft.
encore ...

*

wenigstens sollte man den zwang, den druck sehen, unter dem der kollmann-briefwechsel steht. ich verwechsle schreiben nicht mit ›eine notdurft verrichten‹. die frage heißt, welches das ... ste fahrzeug ist, nicht, wohin die reise mich führt.

*

meine rede, meine schrift negiert diejenigen, an die sie sich wendet (jene, die mich ›verstehen‹).

*

»kann man nicht mehr auswandern, wird man seine eigene reise.«
(alex silber, 1974)

[november '77]

*

der neue kurs
sagen, eine gewisse politische resignation und theoriemüdigkeit habe die neue empfindsamkeit geweckt, wäre eine pauschalierung. gerade jene retrospektiven, die jetzt fortwährend angestellt werden (z. b. das *kursbuch* 47 f.: ›zehn jahre danach‹, ›frauen‹, ›sinnlichkeiten‹), unterschlagen, daß es '68 und seit '68 durchaus keine einheitsfront politisierter agitierender künstler gab (brinkmann, wiener aktionismus etc., um keine neoklassizisten zu nennen). die konstatierte resignation, regression auf das ›private‹ hat also nur für einzelne gültigkeit. die wende fällt natürlich besonders bei jenen auf, deren kunst linientreu war bis zur idiotie.
jetzt scheint die zeit gekommen, tagebücher, seine biographie zu schreiben. an den *gedruckten* arbeiten fällt mir auf, daß sie in der hauptsache events, bizarre, verschlungene lebensläufe in szene setzen – das verschlungene ist aber die norm, nicht das umgekehrte (siehe die ›ereignisarme‹ existenz eines flaubert, kafka, van gogh). ferner gibt es wieder reisejournale (z. b. ralf thenior, *text + kritik*-jahrbuch) ... s e e h nsucht nach ›wirklichen‹, erlebten abenteuern? die für mich aufregendsten schriften artauds entstanden wärend seiner konfinierung, das m. e. interessanteste werk von bataille, die *expérience intérieure*, wurde in der zurückgezogenheit geschrieben. was also ist die wiederentdeckte empfindsamkeit? für einen, der sich mit den erfahrungen, die die texte abzubilden bemüht sind, nicht identifizieren kann ... vielleicht eine mischung aus sozialreportage, selbstanalyse (nicht: -entblößung), psychologismus und ungebrochenem vertrauen in den »direkten ausdruck« als garant der »ehrlichkeit« (heidi schmidt). die nachfrage nach solcher sensibilität wird allein vom wunsch nach dem wiedererkennen genährt.
vorsätzliche ›unmittelbarkeit‹, wie in chris bezzels und ralf theniors journalen, verkehrt sich in ihr gegenteil. diese journale wurden im hinblick/ mit rücksicht auf den leser geschrieben. daß daniel dubbe seine *schrittweise annäherung* aus der irritation heraus notierte, bleibt wahrnehmbar, selbst wenn er allzu rasch – bereits beim hinsehen – das persönliche, individuelle in das typische überführt. womöglich üben aber eher die ›szene‹ und die ›typen‹ eine so große anziehungskraft aus, als das wahrnehmungsorgan des autors. nebenbei: es ist eine schwäche, gewisse konstanten eines individuums bloß geschichtlich ableiten zu wollen – so die rückblenden im text, um den familiären kontext zu geben.
dubbes projekt der autodepravation (enthirnung per dreckarbeit) möchte vermutlich eine romantische forderung einlösen, nach welcher dem dichter das attribut der erfahrung (im ›wirklichen leben‹) als unterpfand seiner wahrheit zukommt und das schreiben sich entsprechend der lebensweise des dichters entwickelt. der intellektuelle in dubbe ist

es aber, der hingesehen hat und schreibt; mag er im augenblick nun lastwagen fahren oder sonst etwas tun.

*

rechtfertigungsmanie der künstler, schriftsteller, intellektuellen aus schlechtem gewissen. skrupel an der existenzberechtigung ihrer arbeit, an ihrer eigenen existenzberechtigung. unter dem diktat von produktivität und effektivität gerät der artist in den ruf, ein parasit zu sein. ängstigt ihn die einzige ihm vorbehaltene soziologische kategorie der asozialen und arbeitsscheuen? identität und rente – ist es das, was ihr wollt?

*

»wählt man den tod, so kommt eine stärkste vitalisierung auf, nämlich die todesbeschleunigung durch die abenteuer der verwandlungen, also der tod wie der schmerz sind intensitätsverstärker« (carl einstein). die frage ›liebe oder tod?‹ war zentral in artauds leben. sich abtrennen von der welt – mittels askese, opium, isolation – hieß sein programm, das anscheinend diese intensitätssteigerung erfüllt. wollte er eine art energie-akkumulator werden? mit vierzig zieht er in die ›wüste‹ (mexiko, irland), verläßt er für kurze zeit den schmalen grat der kontradiktionen, auf dem er balanciert war, um einen sinn zu suchen, etwas, was der welt mangelt, wie er weiß. von jetzt ab ist die rede von einer persönlichkeitswandlung, er spürt und erwartet, daß ein anderer mensch aus ihm hervorgeht. brutale, wenn auch freiwillige desintoxikationsanstrengungen. der sprung von der menschlichen zur göttlichen liebe. dann der wahnsinn.

*

die schlichtheit philippe sollers' deutung von lucia joyce's schizophrenie: sie habe, da joyce's frau nora die bücher ihres mannes abgelehnt hätte zu lesen, die ehre ihres vaters verteidigen wollen *(tel quel 70/ 1977).*

*

wem nützte die aufrechterhaltung der differenz zwischen der ›anderen‹ sprache des wahns – und dies meint sämtliche a-signifikanten ströme der wünsche – und der ratiologischen, kommunikativen, ›verständlichen‹ sprache? erstere zur grenze erklärt, gewissermaßen zum komplement, bestätigte sie nicht die rechtmäßige existenz, die hegemonie, die ›wahrheit‹ der vernunft (welche immer nur in einer sprache gegeben ist); den wahrheitsanspruch rationalisierten wahnsinns?
die affirmation des unverständlichen verfolgt ja nicht einfach dessen

assimilation und damit: dessen neutralisierung, es fordert den umsturz der allgemein bindenden logik auf der grundlage dieses unverständlichen.

*

das theater hierzulande ist pädagogisch und repräsentativ, oder es ist nicht.
wenn ich an artauds vorträge, selbstdarstellungen, an sein ›autistisches theater‹ denke, kann ich mir vorstellen, daß ihm rock-konzerte gefallen hätten, nicht: grotowski und co., der weihrauchgeruch, das elitäre publikum, die phobie vor allem technischen und maschinellen, die angst vor der exaltation.
man wird einwenden, rock-konzerte seien kapitalistische installationen, illusionsmaschinen, betäubungsapparate, deren betrieb einzig des profites, nicht aber der ›emanzipation‹ wegen unterhalten werde. ja doch, bei rock-konzerten gibt es verstärker, geschrei, schweißgeruch, drogen und andere unberechenbarkeiten.

*

als ich mit b. über kleidung redete, den traurigen zustand meiner klamotten, hatte ich das gefühl, von ›frau zu frau‹ zu sprechen.

*

verstrickt in einen monolog, werde ich von meinem gegenüber durch eine gegenrede in der weiterentwicklung des monologes unterbrochen. man kennt diesen moment danach: fadenriß, der gegenstand des gespräches ist verschwunden. ich denke, daß dies nicht auf mangelnde konzentration oder auf vergeßlichkeit zurückzuführen ist, sondern vielmehr auf eine gründliche irritation hinsichtlich der bedeutung dieses gegenstandes, hinsichtlich der tauglichkeit der rede, dem gegenstand auch nur annähernd gerecht zu werden.
diesen augenblick des fadenrisses empfand ich jedenfalls als beglückkend. ich bildete mir ein, wir verständen uns endlich. –

*

laures *histoire d'une petite fille* enthüllt, welcher art die anziehungskraft batailles gewesen sein mag: ein priester versuchte als erster sie zu verführen. in ihren aufzeichnungen deliriert sie vom »gott bataille«.

*

beim wiederlesen der auswahl unserer *briefe* der eindruck, daß – abgesehen von der kürzung um ›unwesentliches‹, um plattheiten und rein informative zeilen – etwas fehlt, das vielleicht in den späteren briefen steckt. bliebe die reine darstellung der bewegung des schreibens, des prozesses. oder sollte man brief-verkehr zu den perversionen zählen?

*

batailles gedanken über die begierde daraufhin untersuchen, inwieweit und ob sie mit dem entwurf der orthodoxen psychoanalyse übereinstimmen: rufen sie zur unendlichen entsagung (das ›unmögliche‹) auf, indem sie die begierde als wunsch definieren, der einen wunsch produziert?

[dezember '77]

nachweise

karl kollmanns brief vom 13. 3. 1976 erschien auszugsweise in: *heimlichkeiten der männer*, ans licht gebracht von rochus herz, münchen 1977.

briefe an horst lummert: fragmente aus unserer korrespondenz druckte lummert in seiner zeitschrift *kuckuck* (nr. 12, 1976) ab.

jede wahre sprache ist unverständlich: veränderte fassung des im *kuckuck* (nr. 8, 1975) publizierten textes.

thomas bernhard spielt sich selbst oder *der dichter als autobiograph:* erschien in anderer form unter dem titel *interview mit thomas bernhard* in der zeitschrift *kuckuck* (nr. 7, 1975).

fragmentarisches über peter rosei: ein rezensions- und klappentextverschnitt zu den schriften von p. rosei, e. y. meyer und t. bernhard, erstveröffentlichung in *kuckuck* nr. 7 (1975).